T. 2660.

EXAMEN

DES

DOCTRINES DE CABANIS,

GALL ET BROUSSAIS,

PAR

E. Frédéric Dubois (d'Amiens),

Professeur agrégé à la Faculté de médecine de Paris, Membre
de l'Académie royale de médecine, etc.

1re Livraison.

PARIS,
CHEZ H. COUSIN, LIBRAIRE-ÉDITEUR,
RUE JACOB, 21.
—
1842.

EXAMEN

Cet ouvrage ne sera pas continué. L'éditeur a fait imprimer de nouveaux frontispices et a mis en vente cet ouvrage sous le titre de : Philosophie médicale. Examen des Doctrines de Cabanis et de Gall. Paris, 1845. 8°

PARIS,
CHEZ B. COSSE, LIBRAIRE-ÉDITEUR,
RUE JACOB, 21.

1843.

FRAGMENTS

DE

PHILOSOPHIE MÉDICALE.

EXAMEN DES DOCTRINES

DE

Cabanis, Gall et Broussais,

Par

E. Frédéric Dubois (d'Amiens).

Professeur agrégé à la Faculté de médecine de Paris, Membre
de l'Académie royale de médecine, etc.

PARIS,
CHEZ H. COUSIN, LIBRAIRE-ÉDITEUR,
RUE JACOB, 21.

1842.

FRAGMENTS

DE

PHILOSOPHIE MÉDICALE.

(§ Ier. CABANIS.)

On sait avec quel talent et avec quel éclat MM. Cousin et Jouffroy sont venus naguère prouver l'insuffisance du sensualisme de Locke, d'Helvétius, de Condillac et de Saint-Lambert, tout en se bornant néanmoins au point de vue purement psychologique. Semblable tâche devrait aujourd'hui être entreprise par les médecins spiritualistes à l'égard de l'organicisme de Cabanis, de Gall et de Broussais, et cela tout en se bornant au point de vue purement organique.

C'est la philosophie tout entière du 18e siècle que les modernes éclectiques ont ainsi attaquée ; c'est la philosophie du 19e ou plutôt la doctrine qui a marqué le commencement de ce siècle qu'il conviendrait aujourd'hui d'examiner, avec les nouveaux documents que fournit la science ; l'organicisme n'est d'ailleurs que la continuation du sensualisme ; seulement il se donne comme plus complet, comme plus satisfaisant encore ; suivant Broussais, les doctrines de Locke, vraies au fond, n'avaient besoin que d'être rectifiées par celles de Cabanis.

Locke, Helvétius, Condillac et Saint-Lambert avaient cru pouvoir édifier leurs doctrines sans en appeler à l'organisation, à ses modes, à ses accidents ; les éclectiques modernes les ont combattus à l'aide des mêmes armes, ils n'ont rien demandé non plus à l'organisation.

Cabanis, Gall et Broussais avaient cru de leur côté consolider à jamais les doctrines du sensualisme, en leur donnant pour base unique l'organisation ; Broussais surtout pensait avoir dit le dernier mot et fermé la bouche à tous les opposants, en faisant continuellement intervenir les données de l'anatomie et de la physiologie ; or, c'est précisément à l'aide des mêmes armes, c'est-à-dire, en faisant intervenir les faits anatomiques et physiologiques, qu'il faudrait chercher à démontrer l'insuffisance de l'organicisme.

Il nous semble que le moment est arrivé d'attaquer le sensualisme, corroboré qu'il est de nouveau par l'adjonction de l'organicisme.

L'œuvre du 18e siècle, on le sait, avait été l'établissement de cette doctrine exclusive et étroite qui faisait dériver des sens, non seulement tous les matériaux de la pensée, mais jusqu'à la pensée elle-même, jusqu'au principe de cette intelligence que Locke cependant avait considérée comme une *activité* et qu'il avait séparée à ce titre de la sensation; cette doctrine régnait sans contestation dans nos écoles, lorsque M. Royer-Collard, fort des travaux de Reid et des Écossais, lorsque M. Cousin et M. Jouffroy, sont venus dans leur enseignement attaquer de front ces mêmes doctrines et opérer ainsi une réaction dans l'esprit de la jeunesse, réaction en faveur du spiritualisme et dont un écrivain distingué, M. Pierre Leroux, a reconnu la salutaire influence. Cette réaction assurément n'est pas éteinte : elle se manifeste, elle se décèle encore de toutes parts ; mais si on n'ose plus, à l'exemple de Condillac, soutenir que l'intelligence tout entière dérive de la sensation, la doctrine de l'organicisme qui n'est, je l'ai déjà dit, que le sensualisme déguisé, tend à paralyser, à arrêter cette réaction, surtout dans cette partie de la jeunesse qui cultive plus spécialement les sciences naturelles. Il y a donc nécessité d'examiner et surtout d'examiner physiologiquement les fondements de cette doctrine, de parler le même langage, d'en appeler aux mêmes faits afin de montrer que le spiritualisme peut tout aussi bien se montrer dans l'amphithéâtre du physiologiste que dans la chaire du philosophe.

Mais avant d'aller plus loin, et pour bien

poser les termes de la question, il convient de rappeler brièvement quelles ont été les bases du sensualisme tel que le siècle dernier nous l'avait légué, et les principales objections faites à cette doctrine ; puis nous reprendrons l'examen du sensualisme réédifié sous les formes de l'organicisme par les physiologistes de ce siècle, afin d'en soumettre les dogmes prétendus positifs au critérium d'autres faits puisés aux mêmes sources, c'est-à-dire, à l'histoire des phénomènes de la vie.

Peut-être devrions-nous aussi, en exposant les dogmes du sensualisme et les objections de l'école spiritualiste, faire remarquer les lacunes, les *desiderata* laissés dans la discussion par le fait de cet oubli complet de tout ce qui a trait à l'organisation. Mais ceci nous entraînerait trop loin ; il suffira, pour en avoir une idée, de se rappeler que jadis dans les écoles, on croyait pouvoir se passer de tous les documents fournis par la physiologie; on allait jusqu'à soutenir que l'étude du principe de l'intelligence, de ses facultés, de ses actes doit constituer un corps de science à part, science qu'on appellerait psychologie par opposition avec la physiologie qui ne serait que la science du corps! Mais, à ce compte, la physiologie ne serait pas même la science du corps, elle serait la science du cadavre et prendrait la place de l'anatomie.

Il faut le déclarer ici, la physiologie serait

incomplète, serait tronquée, mutilée dans ses plus beaux attributs, si elle ne tenait aucun compte des phénomènes psychologiques, et la psychologie ne le serait pas moins, si elle était prise à part, si elle était étudiée isolément et abstractivement, c'est-à-dire, sans tenir compte de son substratum organique, sans chercher à la soutenir, à l'éclairer par d'autres notions physiologiques.

Elle ressemblerait à la théologie étudiée abstractivement et par des adeptes qui fermeraient les yeux à toutes les merveilles de la création, c'est-à-dire, qui ne voudraient tenir aucun compte des manifestations de la puissance divine elle-même. Soyons donc moins exclusifs et disons que si la psychologie doit désormais tenir compte des faits d'organisation, par contre la physiologie ne doit pas borner ses investigations au côté matériel, au côté purement plastique de la vie ; elle doit comprendre tous les faits dynamiques sans exception, et alors elle méritera véritablement le nom de science de la vie ou de biologie.

Chose étrange! on serait tenté de reprocher aux psychologistes d'avoir trop accordé soit à l'innéité des idées, soit au spiritualisme en général, par ce fait surtout qu'ils n'ont pas tenu un compte suffisant des faits d'organisation, et cependant la vérité est plutôt dans l'opinion contraire ; on va en avoir la preuve.

Il suffira en effet de quelques citations pour démontrer que les philosophes du 18e siècle ont fini par tomber dans un matérialisme absurde, précisément parce qu'ils ne s'inquiétèrent nullement de rechercher quelles étaient les lois de l'organisation, ou bien parce qu'ils invoquaient à cet égard, non des faits positifs, mais des erreurs grossières.

Ainsi Saint-Lambert prétend que *l'homme, en entrant dans le monde, n'est qu'une masse organisée et sensible;* et voilà tout d'abord une erreur qui sera pour lui fondamentale. A son arrivée dans le monde, ce qui doit être l'homme n'est, au contraire, qu'une masse homogène, privée de toute organisation; voilà ce qui est matériellement et positivement décrit et démontré en anatomie; mais ce qui ne l'est pas moins, c'est qu'un travail va s'établir dans cette masse encore amorphe, c'est qu'en elle réside déjà un principe d'activité qui va procéder à un travail d'organisation; donc la physiologie tend à démontrer que l'homme en entrant dans le monde, loin d'être, comme le prétend Saint-Lambert, une masse organisée et sensible, n'est qu'un principe virtuel, principe qui va organiser ses propres moyens de manifestation.

Mais laissons Saint-Lambert et reprenons l'histoire du sensualisme à partir d'un auteur plus sérieux, c'est-à-dire, de Locke lui-même.

On sait que Locke s'est surtout attaché à réfuter l'innéité des idées dans l'entendement humain ; l'école spiritualiste lui a donné raison, en ce sens, que nul travail, nulle opération ne peut avoir lieu dans l'intelligence avant et indépendamment des sensations ; mais quand il a dit que l'entendement n'est d'abord qu'une *table rase*, elle lui a d'abord objecté avec Leibnitz, que cette *table rase* n'est qu'une fiction ; qu'à la vérité il n'y a d'inné dans l'entendement que l'entendement lui-même, mais que ● cela même il y a déjà une disposition particulière à l'action et à une action plutôt qu'à une autre, une tendance à l'action...

Puis elle lui a reproché d'avoir nié un grand nombre d'idées très réelles pourtant, mais qu'il ne serait pas possible de réduire à l'origine de la sensation ou de la réflexion ; d'avoir altéré le vrai caractère d'autres idées pour les faire rentrer plus aisément dans l'une de ces origines et enfin d'avoir rapporté à la sensation ou à la réflexion des idées dont ces facultés ne seraient pas capables. (*Cousin, phil. mor., écol. sens.* 87.)

M. Cousin a prouvé en effet que si l'objet concourt à la production de l'acte intellectuel en fournissant à l'entendement une matière, le sujet y concourt aussi en appliquant à telles matières, telle loi, ou telle disposition intérieure (86); en un mot, a-t-il ajouté, le sens ne donne que la matière de la connaissance, tandis que l'entendement y met la forme et convertit la donnée sensible en véritable connaissance. »

La pensée de M. Cousin est parfaitement juste, et j'en trouve en quelque sorte la vérification matérielle dans un autre ordre de faits.

Saint-Lambert, dans le passage que j'ai cité tout à l'heure, après avoir parlé de sa masse organisée et sensible qui constituerait l'homme à son arrivée dans le monde, ajoute avec légèreté et prétention « que cette masse reçoit de tout ce qui l'environne et de ses besoins cet esprit qui sera peut-être celui d'un Locke ou d'un Montesquieu, ce génie qui maîtrisera les éléments et mesurera les cieux, etc. » Eh bien, cette masse, loin de recevoir un dynamisme quelconque de ce qui l'environne, n'en reçoit pas même ses agens de réparation matérielle ; il est prouvé que la masse embryonnaire ne puise dans sa mère que de simples matériaux, et qu'elle est obligée de se *créer* des éléments d'assimilation et d'acroissement; en effet, le liquide réparateur, nutritif par excellence, le sang ne passe pas directement de la mère au fœtus ; il n'y a pas de voies propres à opérer cette transmission ; c'est le fœtus qui forme son sang de toutes pièces et par suite son organisation toute entière.

Donc, à cette période de l'existence, il y a quelque chose d'analogue entre l'action du principe de la vie sur les matériaux propres à constituer le corps, et l'action du principe de l'intelligence sur les matériaux propres à constituer l'esprit.

Ainsi, la psychologie de Locke est incomplète en ce sens qu'il n'a pas tenu compte des dispositions *innées*, c'est-à-dire des dispositions que le principe de la vie a imprimées dans l'organisation elle-même et indépendamment de tout accident extérieur.

Passons à Condillac. Si le philosophe anglais a été obligé de laisser sans explication une foule de faits intellectuels par la raison qu'il avait fait de l'esprit une *table rase*, une simple activité attendant du dehors tous les éléments de sa constitution, Condillac sera bien plus incomplet encore, puisque méconnaissant cette même activité mentale, il a tout rapporté à la sensation.

Condillac imagine d'abord un homme formé, organisé de toutes pièces, sans se demander comment cette formation, cette organisation s'est accomplie; puis, supposant que cette organisation est inerte, comme le serait une statue, il ouvre en quelque sorte et successivement la porte de chaque sens pour faire pénétrer en elle toute la somme de nos connaissances.

Et c'est la sensation, suivant lui, qui va doter sa statue, non-seulement des matériaux à l'aide desquels l'esprit peut former des idées, mais encore des facultés elles-mêmes; si, par exemple, ouvrant un accès par le sens de l'odorat, il fait agir sur ce sens une cause extérieure, il suppose que l'impression qui en résulte est due toute entière à l'action de cette cause extérieure ; il ne se demande pas comment il se fait que ce sens va se montrer impressionnable ; il ne recherche pas les conditions de cette impressionnabilité ; non, tout vient de la cause extérieure.

Ce n'est pas tout : sa statue qui se trouve ainsi pourvue de la *capacité* de sentir, est toute entière à cette première impression, et voilà ce que Condillac appelle *l'attention* ; que si cette capacité s'applique à une sensation passée, c'est *la mémoire* ; que si elle aperçoit des différences ou des ressemblances entre les sensations, c'est *le jugement*, etc., etc. Il est inutile d'aller plus loin pour faire sentir la subtilité du système de Condillac et pour montrer qu'il ne repose que sur des hypothèses toutes gratuites.

Helvétius appartient à la même école. Il développe précisément les mêmes doctrines dans le livre de l'*Esprit* et dans le livre de l'*Homme* ; la sensation est toujours le point de départ, l'origine première de toutes nos idées et de toutes nos connaissances ; de plus, les hommes naissent avec des aptitudes intellectuelles parfaitement égales ; l'éducation seule amène entre eux des différences sous ce rapport.

Ainsi, après avoir posé en principe que si l'homme est supérieur aux autres animaux, c'est à raison d'une plus grande perfection dans ses organes, Helvétius, bien que subordonnant ainsi le moral au physique, et, bien que convaincu sans doute des différences que présente l'organisation pour chaque individu, n'en conclut pas moins à une parfaite égalité dans les esprits.

Helvétius a cru sans doute que le principe de l'égalité des intelligences concordait avec sa théorie; mais même en supprimant l'innéité de l'esprit, comme le fait ce philosophe, on n'est nullement conduit à admettre l'égalité primitive des intelligences; en effet, l'inégalité physique ne saurait être mise en doute; il y a autant de différences qu'il y a d'individus; forme, volume, poids, densité, forces, etc., etc., tout diffère; or, si l'esprit n'est qu'une simple fonction organique, il doit traduire, exprimer dans ses actes toutes ces différences. Au reste, l'expérience est là pour prouver à quel point Helvétius s'est laissé abuser.

Nous ne reviendrons pas sur Saint-Lambert; cet écrivain n'a fait que commenter, que développer Helvétius; celui-ci, comme le dit M. Cousin, avait établi le principe de la morale sensualiste; Saint-Lambert a appliqué ce principe aux divers cas de la vie humaine; du reste, et ceci est à remarquer, à l'exception de Locke qui était médecin, tous ces philosophes pour qui le côté psychique de l'homme n'était rien, qui subordonnaient tout au côté plastique, tous ces philosophes, disons-nous, ne se sont nullement enquis de rechercher en quoi consiste après tout cette organisation matérielle d'où ils faisaient tout dériver ; forts d'études faites dans le silence du cabinet, ils sont venus dire à ceux qui jusque là n'avaient voulu étudier l'intelligence humaine que d'une manière abstraite, qu'avant cette intelligence il y a un substratum, et que c'est de ce substratum que tout dérive ; mais quant à étudier ce substratum, c'est là ce qu'ils ont omis de faire.

Toutefois, et nous l'avons déjà dit, si les philosophes sensualistes ont ainsi procédé dans le dernier siècle, ce n'est pas ainsi que de notre temps les organiciens ont discuté. Cabanis, en sa qualité de médecin, de physiologiste, a tenu compte des accidents de l'organisation et des différents phénomènes de la vie ; Gall n'a voulu marcher qu'appuyé en quelque sorte sur l'organisation, et Broussais a consacré une grande partie de son livre à gourmander les spiritualistes sur ce qu'il appelait leur ignorance en anatomie et en physiologie.

Ceux-ci auraient pu répondre victorieusement en s'appuyant sur les mêmes faits, en puisant aux mêmes sources ; c'est une lacune dans leurs ouvrages, et c'est pour la remplir que nous allons examiner successivement les écrits de ces défenseurs de l'organicisme en commençant par Cabanis.

Cabanis débute dans son premier mémoire par un aperçu historique. Suivant lui Pythagore,

Démocrite, Hippocrate, Aristote, Épicure auraient fondé leurs systèmes rationnels et leurs principes moraux sur la connaissance physique de l'homme. Mais d'abord, tout en reconnaissant qu'on ne possède rien des écrits de Pythagore et de Démocrite, il cite, à l'égard du premier, la doctrine de la métempsychose et celle des nombres, comme propres à prouver qu'il avait bien observé la transmutation de la matière et la périodicité de toutes les opérations de la nature. Mauvais choix de preuves assurément ! Non-seulement le dogme de la métempsychose est essentiellement en opposition avec l'idée de la vie, mais il ne peut résulter que d'une observation tout-à-fait inexacte des faits matériels. Si en effet l'âme émigrait d'un corps pour passer dans un autre, il faudrait admettre que le nombre des êtres animés est toujours égal, et qu'il y a constamment équilibre entre la mort des uns et la naissance des autres ; il faudrait admettre, en outre, que chaque organisme s'est établi de lui-même afin que l'âme défunte pût pénétrer en lui et le trouver en mesure de répondre à ses besoins, conditions insoutenables et qui ne reposent sur rien de vraisemblable.

Quant à la doctrine des nombres, Cabanis invoque l'expérience des siècles, et il cite la *doctrine des crises* ; mais l'observation a fait justice de cette doctrine elle-même, de sorte que ces deux titres de gloire, la métempsychose et la force des nombres ne sont que de vaines hypothèses.

Hippocrate et Démocrite n'avaient que des idées très vagues en anatomie : les écrits du premier en font foi ; il faut arriver jusqu'à l'école d'Alexandrie pour trouver quelques notions positives. Aristote lui-même avait commis sous ce rapport les erreurs les plus grossières ; il supposait que dans les grands animaux le cœur n'a que trois cavités ; il a soutenu, et Galien a été étrangement surpris de cette erreur, il a soutenu que le cerveau n'avait d'autre fonctions que de rafraîchir le cœur, et, comme Archigène, il croyait que cet organe est étranger aux facultés de l'intelligence. Enfin, il suffit de lire Lucrèce pour voir que son maître Épicure ne connaissait rien en anatomie, et que sa physiologie était un tissu d'erreurs ; l'âme, suivant lui, est un organe comme un autre, comme la main et le pied, par exemple ; seulement elle est composée de corpuscules légers, petits et ronds !

Voilà cependant les auteurs anciens qui, au dire de Cabanis, auraient fondé leur système psychologique sur la connaissance physique de l'homme.

Arrivé aux temps modernes, Cabanis, comme on le pense bien, a réservé toute son admiration pour les chefs de l'école sensualiste, pour

Hobbes, Locke, Helvétius et Condillac. Dans ce tableau rapide, Cabanis voit clairement un rapport bien remarquable entre les progrès des sciences philosophiques et ceux de la physiologie ou de la science physique de l'homme, ce qui cependant n'est nullement démontré ; car les derniers philosophes cités, c'est-à-dire Helvétius et Condillac, étaient restés complètement étrangers à la physiologie ; toutefois, ajoute-t-il, ce rapport se retrouvera bien mieux dans la nature même des choses ; c'est précisément ce que nous aurons à vérifier.

Cabanis entre alors en matière, et tout d'abord il montre qu'il appartient à l'idéologie professée dans le dix-huitième siècle, car il débute par l'examen de la *sensibilité physique*, dernier terme, dit-il, auquel on arrive dans l'étude des phénomènes de la vie ; dernier résultat, ou plutôt, reprend-il, principe le plus général que fournit l'analyse des facultés intellectuelles et des affections de l'homme ; d'où il conclut, sans plus de développement, que, *ceci étant*, le physique et le moral se confondent à leur source, ou pour *mieux dire* (c'est toujours Cabanis qui se hâte de conclure en ces termes) le moral n'est que le physique considéré sous certains points de vue plus particuliers. Cabanis, comme on le voit, ne cache pas le fond de sa pensée ; il montre le but où il veut arriver ; mais reste à voir si le physique peut être considéré sous les points de vue en question, et si dès lors il serait en effet le moral lui-même.

Du reste Cabanis, dans ce même passage, a la bonne foi, nous dirons même la naïveté, de déclarer que si l'on croyait que cette proposition demande *plus de développement!* la proposition que le physique n'est que le moral, *il suffirait* d'observer que la vie est une suite de mouvements qui s'exécutent *en vertu* des impressions reçues par les différents organes, et que les opérations de l'âme ou de l'esprit *résultent* aussi des mouvements exécutés par l'organe cérébral.

Il faut que Cabanis ait été d'une part bien convaincu, et que d'autre il ait cru ses lecteurs bien accommodants pour supposer qu'ils devaient se tenir pour satisfaits d'un semblable raisonnement ; d'abord, sa proposition matérialiste lui paraît si claire qu'on peut l'admettre sans plus de développement, et il ne remarque pas qu'il n'a donné aucun développement, qu'il a simplement énoncé sa proposition ; que si cependant on n'est pas satisfait, il lui suffira de faire observer que de même que la vie est une suite de mouvements suscités dans l'économie, en vertu d'impressions reçues par les organes, de même aussi l'intelligence n'est qu'une suite de mouvements suscités dans l'organe cérébral par des impressions particulières ; théorie qui n'est même plus celle de Locke, mais bien celle de Condillac, c'est-à-dire d'un philosophe qui ignorait complètement quelles sont les conditions de la vie.

Mais reprenons cette fameuse proposition qui forme la base, le fondement de toutes les doctrines matérialistes ; la vie n'est *qu'une suite de mouvements*, dites-vous? Nous, nous dirons la vie se *manifeste, se traduit* par une suite de mouvements ; mais ne discutons pas sur ce point ; admettons, si vous le voulez, le premier membre de la proposition ; vous ajoutez, dans le but de prouver, comme votre maître Condillac, que tout procède de la sensation, tout, les idées aussi bien que les facultés ; vous dites que ces mouvements s'exécutent *en vertu* des impressions reçues par les différents organes ; mais que voulez-vous dire par *en vertu*? Est-ce que les mouvements ne reconnaîtraient d'autres causes productrices que ces impressions reçues? Est-ce qu'ils n'auraient d'autre mobile que ces mêmes impressions? on ne saurait en douter ; c'est là ce qu'entendent les organiciens, et en cela ils raisonnent absolument comme les idéologues du dernier siècle ; ceux-ci avaient dit : c'est la sensation qui fait naître à la fois et les idées et les facultés ; ceux-là répètent : c'est l'impression qui suscite les mouvements cérébraux, mouvements en vertu desquels s'accomplissent les opérations de l'âme ; ais c'est une erreur qui se représente sous de

2

nouvelles formes; les psychologistes l'ont déjà réfutée par le raisonnement; il faut maintenant en appeler aux faits.

Décomposons la proposition de Cabanis, car elle est fondamentale; nous l'avons dit, c'est la pierre angulaire du matérialisme physiologique.

Cabanis pose d'abord en fait que la *vie est une suite de mouvements*; c'est là une première assertion; nous, nous disons la vie se manifeste par une suite de mouvements; mais nous n'insisterons pas, parce que la proposition n'en reste pas moins posée comme l'entendait Cabanis.

Deuxième assertion. Ces mouvements vitaux s'exécutent ou du moins sont suscités par des impressions préalablement reçues.

Pas de preuves encore à l'appui de cette assertion, que cependant nous ne saurions laisser passer. Et d'abord il suffit d'observer les différents actes de l'économie pour voir que les mouvements en vertu desquels ils s'accomplissent, sont de plusieurs ordres; que, s'il en est en effet qui résultent d'impressions reçues par les organes, il en est qui se manifestent par une sorte de *spontanéité*.

Prenons pour exemple les mouvements musculaires. Ces mouvements sont de plusieurs sortes :

Les uns sont déterminés par des irritations locales, soit sur le muscle lui-même, soit sur le nerf qui s'y rend, soit sur les organes centraux ; ces mouvements appartiennent à ceux que désigne Cabanis quand il dit qu'ils s'exécutent en vertu d'impressions reçues par les organes.

Mais il en est d'autres qui sont d'un ordre tout différent ; ceux d'abord qui sont rhythmiques, comme les mouvements du cœur, mouvements qui ne dépendent point du sang qui exercerait une impression sur le cœur, car ils persistent alors même que le cœur a été séparé du corps et qu'il ne contient plus de sang ; ce n'est pas l'air non plus qui impressionne le cœur, car ils persistent dans le vide. (Muller, *physiol.*, 535.)

De même, pour le tube digestif dont les mouvements persistent après son excision, de même enfin pour l'oviducte arraché du corps d'une tortue et dont les mouvements continuaient jusqu'à l'expulsion des œufs (*loc. cit.*).

Tous ces mouvements échappent à l'hypothèse de Cabanis ; mais ceci est plus évident encore peur les mouvements *continus*, tels que ceux des sphincters ; il n'y a point là, et même il ne peut pas y avoir d'impression préalable pour rendre raison de ces mouvements ; loin de là, car l'activité, la réaction que suscite la volonté, consiste non à exciter, mais à suspendre ces mouvements pour l'accomplissement de certaines fonctions ; et encore ne pouvons-nous réellement suspendre ces mouvements qui persistent aussi bien pendant le sommeil, en l'absence de toute impression, que pendant la veille; nous ne pouvons que les contrebalancer par des mouvements d'antagonisme.

Que dirons-nous maintenant des mouvements musculaires dus à l'intervention pure et simple de la volonté? Faudra-t-il reconnaître pour cause efficiente de ces mouvements une impression reçue, impression telle que la volonté n'aura pas même eu le choix dans la production de ces mouvements?

On ne saurait véritablement rendre raison de ces effets à l'aide de cette hypothèse ; toutes les fois qu'on l'a tenté, on s'est toujours perdu en vaines recherches pour expliquer les motifs si divers qui peuvent déterminer le *moi* à susciter tel mouvement musculaire plutôt que tel autre.

Mais admettons qu'à l'égard de tous les mouvements, les physiologistes de l'école de Cabanis puissent nous faire remonter bon gré mal gré à une impression reçue préalablement; comment chercheront-ils à expliquer ces mouvements en vertu desquels l'embryon finit par s'organiser? D'où vient que cette force, comme l'a dit Muller (594), primordialement contenue dans la matière prolifique fécondée du nouvel individu, s'en va créer tous les organes dans une masse amorphe? Y a-t-il là des impressions reçues pour rendre raison de tous ces mouvements? Non, assurément; c'est la vie qui se manifeste, qui se traduit d'elle-même et par elle-même ; elle crée des organes nerveux qui plus tard recevront des impressions ; elle va les rendre aptes à éprouver ces impressions ; mais, si pour exécuter ces mouvements elle était obligée d'attendre ces impressions, il n'y aurait pas de développement possible dans le règne organisé.

Donc, cette seconde assertion de Cabanis, que tout mouvement vital s'exécute en vertu d'une impression reçue par les organes, tombe d'elle-même ; elle est complètement erronée.

Ceci est fâcheux, pour son système, car sa psychologie, qui ne reconnaît d'autre base que cette même assertion, se trouve ainsi complètement dénué de preuves ; on va en juger.

Procédant encore par voie d'assertions et d'assertions parfaitement analogues, Cabanis pose en fait que les opérations de l'âme ou de l'esprit résultent aussi de mouvements exécutés par l'organe cérébral.

Cabanis a tranché là une grande question ; nous avons dit tout à l'heure que la vie se manifeste, se traduit par une suite de mouvements, et en cela nous avons simplement exprimé des faits que tout le monde a observés ; mais la vie intellectuelle n'est-elle aussi qu'une suite de mouvements dans l'organe cérébral? C'est là, assurément ce qu'on ne saurait affirmer; on ne peut plus même dire, si on veut rester dans la limite des faits d'observation, on ne peut plus même dire que cette vie intellectuelle se manifeste, se traduit par des mouvements dans l'organe cérébral, car ces mouvements personne ne les a vus.

Mais pour entrer un peu plus que ne l'a fait Cabanis dans cette physiologie de l'encéphale, nous dirons qu'il aurait fallu distinguer, puisqu'on ne voulait voir là que des fonctions, qu'il fallait distinguer celles que le cerveau accomplit comme agent nerveux, et celle qu'il accomplit comme agent intellectuel ; on aurait vu alors que si dans l'encéphale il y a réellement des parties motrices, des organes d'où semble partir l'influx, qui par le moyen des nerfs va susciter les mouvements volontaires ; ceci ne peut s'entendre que des fonctions simplement nerveuses ; mais pour ce qui est des opérations de l'intelligence proprement dite, qui pourrait affirmer que l'organe encéphalique exécute des mouvements ? et en supposant même qu'il y ait des mouvements, quel abîme ne trouverait-on pas entre un *mouvement* de la pulpe cérébrale et la production d'une *idée ?*

Cabanis ne voit toujours et partout qu'une impression et un mouvement, et ceci lui suffit pour se rendre compte de tous les faits : impression préalable, mouvement consécutif ; impression, cause efficiente ; mouvement, effet produit ; de sorte que plus l'impression est vive, profonde, plus le mouvement est prompt, énergique ; de sorte enfin que l'impression est l'unique mobile du mouvement, que celui-ci n'est qu'une réaction dont l'intensité est proportionnée à l'action, c'est-à-dire à l'impression.

Comment se fait-il, cependant, que si deux personnes me parlent à la fois et tout près de chacune de mes oreilles, comment se fait-il que par le fait seul de mon attention, exclusivement et volontairement donnée à l'une d'elles, je ne vais plus entendre l'autre ? Comment se fait-il que mon attention va ainsi fermer l'une de mes deux oreilles, non pas matériellement, mécaniquement, mais intellectuellement, si je puis m'exprimer ainsi ? Il y a donc dans mon cerveau une puissance capable de maîtriser les impressions ; une puissance supérieure et non subordonnée à ces impressions, puisqu'à intensité égale elle pourra repousser celle-ci, admettre celle-là, faire taire les unes, entendre les autres ; cette puissance aura une telle action sur la matière cérébrale qu'elle pourra rendre telle partie éminemment sensible et telle autre éminemment obtuse.

Mais ceci devient une digression ; revenons aux propositions de Cabanis, et accordons-lui encore que la vie intellectuelle, comme la vie générale, ne saurait se traduire que par des mouvements, mouvements limités dans l'organe cérébral. Faut-il maintenant en inférer que tous ces mouvements trouvent leur raison dans des impressions ou reçues ou transmises, comme il le dit, par les extrémités des nerfs ? Cabanis qui sentait la faiblesse de sa théorie, s'est trouvé obligé d'ajouter ici un complément à sa proposition, complément vague et qui lui permet d'éloigner pour le moment une foule de difficultés ; il ne dit plus tout simplement, comme pour les mouvements vitaux en général, qu'ils ont pour principes des impressions reçues par les organes ; comme il s'agit du cerveau, il ajoute : ou *réveillées* dans cet organe par des moyens qui paraissent agir immédiatement sur lui.

On voit que pour le moment toutes les difficultés sont éludées ; car quels sont ces *moyens* qui *réveillent* des impressions dans le cerveau? Si c'est l'âme comme principe d'activité, les psychologistes ne disent par autre chose ; si c'est un agent, un moyen physique, quel est-il, où est-il? C'est sans doute ce que Cabanis cherchera plus tard à prouver.

Quoi qu'il en soit, après avoir posé pour ainsi dire cette pierre d'attente en tête de son premier mémoire, Cabanis traite incidemment des tempéraments suivant la doctrine des anciens, et suivant celle des modernes ; puis, et avant d'exposer le plan de son travail, il revient sur les organes du sentiment, afin de démontrer d'abord comment les instruments de la pensée agissent pour la produire, ce sont ses expressions, puis afin d'expliquer combien les modifications que le tempérament, l'âge, le sexe, le climat et les maladies apportent dans les dispositions physiques, peuvent avoir d'influence sur la formation des idées.

Cabanis ne nous apprend rien sur le premier point : il est même en arrière des anciens sous ce rapport ; non pas de Pythagore et de Démocrite, d'Hippocrate et d'Épicure, philosophes qu'il avait pris pour modèles ; mais des médecins grecs de l'école d'Alexandrie, et en particulier de Galien, qu'il ne paraît pas avoir consulté, bien que l'ouvrage du médecin de Pergame soit une vaste encyclopédie dans laquelle se trouve résumés tous les travaux de ses devanciers.

Cabanis se borne à dire que le cerveau, la moelle allongée, la moelle épinière et les nerfs sont les véritables ou du moins les principaux organes du sentiment, et en cela encore il montre qu'il appartient à cette école qui subordonne tout au sentiment, ou à la sensation. Galien avait été bien au delà, il avait embrassé la question dans des limites bien moins étroites.

Et d'abord il avait distingué, dans l'encéphale, les lobes du cerveau proprement dit, puis les portions postérieures telles que le cervelet et la moelle allongée. Pour lui, c'est la partie antérieure de l'encéphale ou le cerveau qui est nécessaire, indispensable à l'accomplissement des opérations de l'intelligence; le dernier terme de ces opérations, quand elles ne sont pas purement spéculatives, le dernier terme, dit-il, consiste dans la volition, ou mieux dans la volonté. Celle-ci qui n'est que la pensée active, que l'intelligence formulée paraît avoir comme moyen d'action matérielle la partie postérieure de l'encéphale, c'est-à-dire, celle qui se rapproche le plus de l'origine des nerfs moteurs, et qui tient à la moelle allongée ; Galien a résumé sa pensée en ces termes : ἡ κατὰ τὴν ἀρχὴν τῶν νεύρων ἐν ἐγκεφάλῳ τεταγμένη προαίρεσις... et cela afin de se trouver en mesure pour ainsi dire d'agir sur cette même origine des nerfs, de leur donner le signal des mouvements qu'ils doivent communiquer aux muscles, car cette volonté est éminemment active : ἀρχὴν κινήσεως πρώτοις μὲν τοῖς νευροῖς, δι' αὐτῶν δὲ καὶ τοῖς μυσὶν δίδωσιν... (περι τῶν πεπ. τοπ. Β. Γ. Κεφ. ή.)

Ainsi, pour Galien, l'ensemble du système nerveux n'est pas, comme l'expose Cabanis, destiné au sentiment ; il est destiné d'abord à l'intelligence qui trône pour ainsi dire dans sa partie la plus centrale et la plus vaste, les lobes cérébraux ; il est destiné aux volitions qui, pour l'exécution matérielle des actes, ont des organes spéciaux. Ce n'est pas tout. Galien a fait ici une distinction qui a échappé, ou plutôt qui a été complètement méconnue des partisans de la sensation. Galien distingue d'une part l'intelligence considérée en elle-même, l'âme qu'il désigne sous le nom ψυχὴ et dont il cherche à déterminer le siége, l'emplacement dans l'encéphale, et d'autre part l'influx nerveux, le fluide impondérable, qu'il désigne sous le nom de πνεῦμα et qu'il donne comme étant le premier organe, le πρῶτον ὄργανον de l'âme.

Il est déjà facile de voir combien cette localisation est en progrès sur celle de Cabanis; le physiologiste moderne, imbu qu'il était des principes des idéologues, et peu soucieux, sans doute, de rechercher ce que les expérimentateurs avaient fait dans l'antiquité, se borne à dire que le grand fait psychologique, le fait générateur de toutes les autres, c'est la *sensation* et que le système nerveux tout entier est destiné à la manifestation de ce fait; puis tout son livre va se trouver destiné à développer bon gré mal gré cette double thèse : 1° que tous les actes intellectuels dérivent de la sensation ; 2° que toutes les conditions propres à modifier le physique, modifieront par cela même, ces actes; attendu que le physique, ou mieux, le système nerveux, consiste en une série d'organes de sentiment. Voyez au contraire comme procède le médecin grec : l'intelligence, l'âme, qui comprend suivant lui, le λογίζεσθαι ou la faculté de penser, de raisonner, qui comprend aussi, ou plutôt qui conserve le souvenir des sensations perçues τῶν αἰσθητικῶν φαντασιῶν μνήμη, cette intelligence, disons-nous, lui paraît colloquée, *reléguée*, car c'est le mot dont il s'est servi ἀπόκειται dans la substance même, dans le corps de l'encéphale, ἐν τῷ σώματι τοῦ ἐγκεφάλου.

Mais en quoi ou comment le πνεῦμα est-il le premier organe de la pensée? Galien lui assigne deux sortes d'attributions : il est son premier organe pour toutes les fonctions relatives aux sensations, εἰς ἁπάσας αἰσθητικὰς ἐνεργείας (fonction qui, suivant Cabanis, comprendrait toutes les autres). Il est encore son premier organe pour toutes les fonctions relatives aux déterminations, aux volitions, καί προαιρετικὰς ἐνεργείας.

C'est donc le πνεῦμα ou l'influx nerveux qui devient le véhicule des sensations vers le cerveau, dans lequel se manifeste la pensée, l'âme, le ψυχή et c'est ce même influx, ce même πνεῦμα, qui, du cerveau, transmet, communique aux organes moteurs les volitions, les déterminations prises dans le cerveau par la pensée.

Ajoutons que les expériences les plus récentes faites par MM. Magendie, Flourens, Hartwig et Muller sont assez d'accord avec cette espèce de mécanique intellectuelle; elle avait été à peu près complètement oubliée ; était-ce à dessein, ou involontairement? On ne saurait le dire. Dans tous les cas elle était de nature à embarrasser singulièrement les partisans du système exclusif de la sensation.

Mais ceci nous ramène à Cabanis. Nous venons de prouver qu'il est bien en arrière de Galien pour tout ce qui tient aux fonctions des différentes parties de l'encéphale ; il a cependant voulu essayer d'établir quelques distinctions ; mais il n'a pas été heureux, comme on va le voir. Après avoir rappelé que les cordons nerveux ne sont que des moyens de communication entre les différentes parties du corps et les centres d'où convergent ces mêmes cordons; de sorte que chaque point sentant, dit-il, communique par leur entremise avec le centre cérébral (§ VI.), il tombe dans la plus grosse erreur qu'on puisse reprocher à un physiologiste, il ose dire que c'est non seulement dans le cerveau et dans la moelle allongée, mais vraisemblablement aussi dans la moelle épinière, que l'individu perçoit la sensation !!!

C'est une énormité ! Cent expériences sont là pour prouver que la moelle allongée, et surtout la moelle épinière, sont des organes absolument étrangers à l'accomplissement de cet acte intellectuel qu'on nomme *perception!* Aux époques les plus reculées de la science, ce fait était parfaitement connu; tels sont cependant les détails que Cabanis se plaît à invoquer pour donner des notions positives sur la formation des idées !

Quoi qu'il en soit, après avoir ainsi déterminé ce premier point, Cabanis aborde seulement la question des délires aigus et chroniques ; et ic se présentent des faits de nature à soulever bien des difficultés ; mais il n'était nullement dans l'esprit de Cabanis, nous en aurons souvent la preuve, de supposer la moindre difficulté. Ici il reconnaît avec les pathologistes que, *souvent* dans les cas de délire, l'encéphale et les nerfs ne présentent pas la moindre altération, le moindre changement matériel. Que va-t-il dire de ces faits ? lui qui ne voit dans la pensée qu'un mouvement, qu'un acte, qu'une fonction du cerveau ? Va-t-il chercher des explications pour nous dire comment une machine qui n'a éprouvé aucune altération donne ainsi de mauvais produits ? Trouvera-t-il ici quelque obscurité, quelque difficulté ? Nullement, il dit que ce second point, une fois bien reconnu, on s'est mis à faire des recherches ailleurs, et qu'alors on a fréquemment trouvé dans le bas-ventre des lésions qui correspondaient avec les altérations des facultés morales ; et Cabanis se trouve ainsi pleinement satisfait ; ceci lui suffit pour lever toutes les difficultés ; il ne se met nullement en peine d'expliquer ce qu'il faut entendre par sa *correspondance* entre les viscères du bas-ventre et les facultés morales ; de dire comment avec un cerveau normalement constitué, des altérations dans le bas-ventre viennent vicier les fonctions intellectuelles ; il constate le fait, il le signale et voilà tout ; ceci lui tient lieu de toute explication.

Au reste, nous verrons dans le cours de cet examen, que Cabanis a presque toujours procédé ainsi. Ici, il a tout d'abord, non pas résolu, mais sauté en quelque sorte par-dessus le grand problême de la nature essentielle de l'entendement humain ; dès ce premier mémoire, il vous invite à étudier attentivement avec lui, car tel sera le but de son livre, l'organisation en elle-même et les modifications qu'elle peut présenter aux différents âges de la vie, sous les divers climats, etc., et tout cela, pourquoi ? est-ce pour remonter à l'essence de la pensée, à sa nature intime ? En aucune manière ; c'est tout simplement *pour se faire des idées justes*, telles sont les expressions de Cabanis, pour se faire des idées justes de la manière dont les *instruments de la pensée agissent pour la produire* (VI.) !!! Ainsi, il n'y a pas le moindre doute : pour Cabanis, la pensée a des instruments matériels, et ce sont ces instruments qui la produisent !

Ce problême qui a tant occupé les philosophes de l'antiquité et les penseurs des temps modernes ; ce problême qui consiste à rendre raison de l'existence même de la pensée, de son origine, de sa source; tout cela est dévoilé pour Cabanis ; il y a une série d'organes dans l'économie, ces organes sont ceux du sentiment, ils fonctionnent et par cela seul, ils produisent la pensée ! Tout cela paraît si clair, si net aux yeux de Cabanis qu'il ne s'occupe nullement d'en administrer les preuves ; c'est que aussi à l'époque où Cabanis écrivait ces lignes, on était tellement imbu de la philosophie du 18e siècle, qu'on aurait volontiers regardé comme un esprit rétrograde quiconque aurait voulu mettre en doute un fait aussi évident. Ceci donc ne devait en aucune manière arrêter Cabanis; le cerveau est l'organe de la pensée, il la produit ; il n'y avait pas à revenir sur une proposition qui paraissait définitivement acquise à la science ; il ne restait plus qu'à indiquer en quoi et comment les divers accidents de l'organisation peuvent avoir de l'influence sur la formation des idées, et c'est pour cela que le livre de Cabanis sera composé.

Cabanis n'avait pas vu probablement que composer dans ce sens son livre ne venait en rien en aide aux principes de ses maîtres ; qu'avec tout son attirail anatomique, il ne favorisait en rien leur doctrine ; car que l'encéphale ne soit qu'un moyen de manifestation pour la pensée, ou que cet encéphale produise cette même pensée, chacun n'en sera pas moins disposé à reconnaître l'influence de l'organisation sur la formation des idées ; spiritualistes et matérialistes, tous avoueront que l'âge, le sexe, le tempérament, le climat ont une influence irrécusable sur la formation des idées ; donc Cabanis n'ajoutait aucune preuve nouvelle, ne fortifiait aucun argument, dans le sens de ses doctrines ; mais il n'est pas resté dans ces limites, il a voulu çà et là, reprendre sous une face nouvelle les principes de son école, il a voulu les corroborer à l'aide des faits empruntés à l'histoire de la vie, et ce sont ces raisonnements, ce sont ces faits que nous allons examiner.

(§ II. Cabanis.)

Le second mémoire de Cabanis est consacré à l'histoire physiologique des sensations ; suivant son auteur il serait propre à remplir les lacunes qui séparent les observations de la physiologie des résultats de l'analyse philosophique, c'est-à-dire que Cabanis apportait ses connaissances physiologiques au service de l'école du 18e siècle : reste à savoir s'il l'a ainsi fortifiée.

Il commence par poser en principe que les impressions reçues par les organes, sont également la source de toutes les idées et de tous les mouvements vitaux. La première proposition a été suffisamment réfutée par les psychologistes. La seconde ne saurait soutenir l'examen des physiologistes ; en effet, Cabanis se borne à dire que les physiologistes ont prouvé que tous les mouvements vitaux sont le produit des impressions reçues par les parties sensibles ; mais il oublie de mentionner les preuves qu'ils auraient données et pour sa part il n'en administre aucune. Du reste, nous avons déjà réfuté nous-même cette proposition.

Le second principe de Cabanis est celui-ci : *vivre c'est sentir :* eh bien, il est évident que Cabanis, tout physiologiste qu'il était, a trop limité ici l'acception du mot vivre, et remarquez qu'il ajoute tout aussitôt : *se mouvoir est le signe de la vitalité :* à quel titre subordonne-t-il ainsi le mouvement à la sensibilité? une faculté à une simple propriété, une activité à une réceptivité ? Puisqu'il était physiologiste, il n'ignorait pas que la vie se manifeste, et pleinement, chez des êtres qui n'ont pas de système nerveux et, qui sont conséquemment privés de sensibilité; que même dans l'espèce, humaine il y a des mouvements, il y a de la vie, à une époque où il ne peut y avoir de sensibilité.

Cependant Cabanis avait bien vu que même pour les perceptions et pour les idées, il ne faut pas s'en tenir, comme le voulait Condillac, aux seules impressions venues du dehors ; qu'on doit aussi tenir compte des impressions internes ou viscérales et il ajoutait qu'en idéologie, il conviendrait de fixer la part des idées dont la source appartient aux sensations extérieures, et celle des idées qui relèvent des sensations internes. Ici il avait raison: il suffit de rappeler les mille et mille formes de la douleur, ces formes que la langue la plus riche ne saurait exprimer, et ces sensations si nombreuses qui résultent du jeu des organes, pour concevoir la multiplicité des idées qui appartiennent à cette source ; mais toujours est-il qu'alors encore il faut que l'individu ait eu la conscience des sensations, et on ne sait plus ce que veut dire Cabanis, quand il prétend que dans cet ordre de faits, l'individu *n'a point la conscience* de ces impressions, ce qui fait, dit-il, que les rapports du sentiment aux mouvements demeurent inaperçus pour lui. On le voit, c'est toujours la même idée systématique qui égare ici Cabanis, c'est toujours cette théorie qui lui fait subordonner les mouvements aux sentiments ; de là, impossibilité pour lui de comprendre un mouvement quelconque dans l'économie, sans un sentiment préalable. A son insu, l'école sensualiste l'entraînait encore ici ; cette école n'avait jamais pu comprendre un fait d'activité sans un fait de sensibilité, il lui fallait à toute force une sensation et elle voulait que l'occasion de celle-ci vînt toujours du dehors. Cabanis change un peu les mots, mais il a adopté l'idée fondamentale ; seulement il a trouvé que ses maîtres avaient un peu trop restreint la source des sensations, il veut qu'il en vienne aussi du dedans.

Mais si les sensualistes du 18e siècle s'étaient montrés impuissants dans leur prétention d'édifier l'intelligence humaine toute entière à l'aide de sensations venues du dehors, Cabanis ne se montre pas moins impuissant quand il veut rendre compte de tous les actes de l'économie à l'aide de sensations, venues à la fois du dedans et du dehors ; il méconnaît la *spontanéité* d'une foule d'actes, et de là toutes ses hypothèses. Et d'abord, bien qu'il ait l'intention de prouver que le fœtus dans le sein de sa mère n'éprouve que des impressions, que des sensations internes ou viscérales, et que tous ses mouvements, tous ses actes sont dûs à ces sortes de sensations ; il ajoute que, pendant toute cette période, l'existence du fœtus est presque uniquement concentrée dans les impressions *produites* par le développement et l'action des organes (2° Mém. § V.); de sorte que, de l'aveu de Cabanis, voici une action organique qui *produit* des impressions ! voici des actes, des mouvements conséquemment qui, loin de reconnaître pour source première, pour origine des impressions, amènent, au contraire, produisent ces mêmes impressions ! C'est qu'en effet, il y a dans l'évolution embryonnaire et fœtale une foule de mouvements, d'actes; il y a une activité qui est *antérieure* à tout ; il y a comme disent les physiologistes allemands, un *nisus formativus* qui non seulement, trouve en lui-même la raison de toutes ses manifestations, mais encore qui agit à la manière d'un être intelligent, et cette dernière circonstance, Cabanis l'a complètement oubliée. Nous y reviendrons bientôt.

Après avoir parlé du fœtus dans le sein de sa mère, Cabanis le suit dans sa vie nouvelle, dans sa vie extra-utérine ; mais ici, pour reculer sans doute une foule de difficultés, pour n'avoir pas à rendre raison de faits qui ne rentreraient point dans son organicisme, que fait-il? Il décrit, et il admire!

Ainsi, a t-il à parler des premiers actes instinctifs, actes qu'on ne saurait encore attribuer à l'intelligence du nouvel être et qu'on ne peut pas non plus attribuer à des sensations viscérales, il se borne à les mentionner, voilà tout : prenons pour exemple *la succion*.

Cabanis convient que le mécanisme en est *très savant* (loc. cit.), et il avoue que c'est une chose *bien digne de remarque*, qu'un être exécutant des mouvements aussi compliqués, sans les avoir appris, sans les avoir essayés encore! Que si maintenant vous pensez trouver une explication, vous chercherez en vain; Cabanis regarde comme inadmissibles les explications données jusqu'à ce jour, et voilà tout.

Voyons pour les autres déterminations instinctives. Cabanis ne borne pas ses observations au fœtus humain, il cite les gallinacés qui marchent en sortant de la coque, qui dans l'acte de courir après le grain et de le becqueter, ne commettent aucune erreur d'optique : comment va-t-il, dans son système, rendre raison de ces phénomènes? Nous verrons tout-à-l'heure qu'il ne cherchera nullement à les expliquer ; pour le moment, il se borne à dire : *Que ces phéno-*

mènes singuliers sont bien capables de faire rêver beaucoup les véritables penseurs (sic).

Puis viennent d'autres faits du même genre, tels que l'instinct maternel, les penchants divers, les appétits étranges etc., et après avoir *rapporté* tous ces faits, Cabanis conclut en disant : *vous voyez donc bien, citoyens, que les déterminations dont l'ensemble est désigné sous le nom d'instinct, ainsi que les idées qui en dépendent, doivent être rapportées à des impressions intérieures*. Mais c'est là ce qu'on ne voit pas du tout ; en effet revenons soit à la succion, soit à la progression spontanée des gallinacés : d'où vient que le nouveau-né suce fortement le bout du doigt dès qu'on vient à l'introduire entre ses lèvres ? Y a-t-il ici pour point de départ une impression intérieure ? Non assurément ; car si on ne lui présente ni le mamelon, ni un corps analogue, il se bornera à pousser des cris jusqu'à ce qu'il meure de faim ; son cerveau y entre-t-il pour quelque chose ? Non bien certainement ; car on a vu des fœtus anencéphales, non seulement exécuter des mouvements de succion, mais encore sucer en réalité et emplir ainsi leur estomac.

Et quant aux gallinacés qui sortent de la coque, quelle est l'impression intérieure qui leur fait distinguer et choisir précisément le grain qui leur convient ? qui le leur fait becqueter sans commettre aucune erreur d'optique ?

Assurément, si tous ces jeunes êtres n'étaient pourvus des organes nécessaires à l'accomplissement de ces actes dits instinctifs, ils ne pourraient les exécuter ; mais est-on fondé pour cela à trouver la raison, le mobile premier de ces actes dans la présence de ces organes? Cabanis n'aurait pu dire cela, lui qui avoue que certains animaux cherchent à se servir d'organes alors que ceux-ci n'existent pas encore ; et cependant ses explications sont basées sur cette supposition.

Il y a un point cependant sur lequel nous allons être ici d'accord avec Cabanis : c'est sur l'interprétation du mot instinct, ou plutôt sur sa valeur étymologique ; Cabanis a raison quand il dit que les faits concordent merveilleusement avec la signification propre de ce mot ; il y a bien en effet *excitation*, *propulsion au dedans* ; mais d'où viennent ces excitations, ces propulsions? Cabanis se paie ici de mots et ne va pas au-delà.

Je vois ensuite que ce physiologiste range assez méthodiquement tous les actes des animaux en deux grandes séries, désignant les uns sous le nom de déterminations *rationnelles*, et les autres sous le nom de déterminations *instinctives* ; je lis bien dans son livre qu'il trouve pour les premières des impressions venues du dehors et reçues par les organes externes, tandis que les secondes résulteraient d'impressions venues du dedans et exercées sur les organes intérieurs ; mais autant il m'est prouvé que les impressions extérieures deviennent l'*occasion* des déterminations rationnelles ; autant je reste dans l'ignorance sur les prétendues impressions venues du dedans et s'exerçant sur des organes intérieurs.

Reprenons de nouveau pour nous éclairer les exemples déjà cités, la succion chez l'enfant nouveau-né et la progression spontanée, la préhension des aliments chez les petits des gallinacés. Pour rendre raison de la prétendue spontanéité de ces actes d'ailleurs fort complexes, fort savants même, Cabanis me dit qu'il y a chez ces êtres, et au dedans d'eux, une *impression* ; mais c'est là ce que je puis nier, car Cabanis fait une pure supposition ; je dis même qu'il est en dehors des faits, puisque ce sont alors des excitants venus de l'extérieur qui sont l'occasion de ces actes ; il ajoute que c'est une impression faite au dedans et qui vient du dedans ; pure supposition encore, car l'impression occasionnelle vient du dehors et s'adresse toujours aux organes extérieurs.

Pour rester dans le vrai, Cabanis aurait dû se borner à dire qu'il est en effet deux sortes d'actes effectués par les animaux ; que les uns, rationnels qu'ils sont, ont besoin d'éducation, d'apprentissage, et partant de nombreuses notions venues du dehors, tandis que les autres, tout spontanés ou mis en éveil par des excitations extérieures, sont tout d'abord exécutés avec une régularité, une perfection admirables; aller au-delà, c'est tomber dans l'hypothèse.

Après avoir parlé de l'instinct et des déterminations instinctives, Cabanis veut donner quelques notions physiologiques sur la sensibilité et ses divers modes; mais ici il débute par une comparaison qui n'est pas heureuse, toujours entraîné qu'il est par l'envie de traiter des phénomènes de la vie à la manière des physiciens.

On ne peut concevoir, dit-il, la nature animale sans plaisir et douleur (Mémoire cité, § VI); en d'autres termes: tout ce qui vit, sent; et, comme la sensibilité n'a que deux modes, plaisir et douleur, tout animal qui sent, éprouve ou de la douleur ou du plaisir; nous pourrions dire qu'on devrait à la rigueur admettre un état d'*indolence* complète, car chez l'animal parfaitement sain les fonctions organiques s'exercent sans qu'il en ait la moindre perception, et conséquemment sans plaisir ni douleur; mais admettons cette première proposition, que veut en faire Cabanis, et comment va-t-il la compléter ? le voici: On ne peut, reprend-il, concevoir la nature animale sans plaisir et douleur, car leurs phénomènes (les phénomènes du plaisir et de la douleur) sont essentiels à la sensibilité, comme ceux de la gravitation et de l'équilibre le sont aux mouvements des grandes masses de l'univers (*loc. cit.*).

Ainsi voilà les organes matériels de l'économie vivante assimilés aux grandes masses de l'univers, la sensibilité assimilée aux mouvements de ces masses et les phénomènes du plaisir et de la douleur assimilés aux phénomènes de la gravitation et de l'équilibre !

Mais que devient la motilité, l'activité des organes? à quoi pourra-t-on assimiler ses phénomènes dans l'univers physique? Il n'en est nullement question dans ce passage de Cabanis, et toujours par la même raison, savoir : que les sensualistes du 18e siècle n'ayant tenu compte que de la sensibilité, l'ayant placée en première et unique ligne dans les phénomènes de l'entendement, Cabanis qui n'est préoccupé que d'une seule pensée, celle de compléter leur système, oublie totalement ici, tout physiologiste qu'il est, une série entière de faits importants dans les phénomènes de la vie, c'est-à-dire la motilité que manifestent les organes, et tous les actes qui en dépendent.

Dans l'analyse de ses écrits, nous voyons donc toujours de deux choses l'une, ou bien que Cabanis oublie complètement tout ce qui a trait à l'activité mécanique des organes, ou bien quand il en parle, qu'il la subordonne à la sensibilité ; et il la subordonne même à ce point que dans les actes instinctifs, que même dans les actes d'évolution organique, là où la spontanéité des mouvements est aussi pure que possible, il suppose toujours qu'il y a eu préalablement des faits d'impressionnabilité intérieure, faits d'une nature telle que leur source est au dedans, et leur aboutissant, leur objet également au dedans.

Ce n'est pas cependant que l'observation ait manqué à Cabanis: il avait vu les faits, il les avait même bien suivis, mais son système l'égarait à chaque instant, en voici de nouvelles preuves: Cabanis parle pour la première fois dans son livre de l'observation de soi-même, et, chose remarquable, il en appelle à cette observation pour prouver que la transmission des sensations vers l'intelligence serait incomplète (il aurait même pu dire *nulle* en certains cas), si l'attention n'était là pour *modifier* directement l'état des organes; il va même plus loin, il reconnaît d'une part que, sans cette attention, les lésions les plus graves ne produiraient aucune douleur, et d'autre part que cette même attention quand elle est minutieuse, peut non-seulement donner un caractère important aux impressions les plus fugitives, mais encore occasionner des impressions véritables sans cause réelle extérieure, sans objet qui les détermine (*loc. cit.*). Voilà certes des faits d'observation très réels, très exacts; mais comment Cabanis va-t-il s'y prendre pour les faire cadrer avec son système d'organicisme absolu, ou plutôt de matérialisme? D'abord il tient à faire rentrer tous les phénomènes de perception cérébrale dans cette hypothèse première, que tout vient du dehors, que les organes nerveux périphériques sont impressionnés et que par le moyen des cordons nerveux, l'impression est transmise au cerveau qui la transforme en sensation et en perception; telle était aussi l'hypothèse explicative des sensualistes; mais maintenant, comme lui, Cabanis, a bien observé ici les faits, il est forcé de reconnaître une action du *moi* sur son propre organisme, une spontanéité mentale; un fait purement dynamique, en vertu duquel les impressions les plus légères vont retentir profondément dans l'intelligence. Or, qu'est-ce que cette faculté désignée sous le nom d'*attention*? qu'est-ce que cette virtualité du moi sur son matériel? Cabanis n'ose pas aborder cette question, il l'élude complétement. Est-ce donc un fait si peu important qu'il soit permis, dans un traité des rapports du physique et du moral de l'homme, de le mentionner tout simplement et comme transitoirement?

Cabanis constate ici empiriquement un des actes les plus probants en faveur de l'influence du moral sur le physique; je répète textuellement ses expressions : *Nous savons avec certitude que l'attention modifie directement l'état local des organes !!* et il ne se demande pas ce que c'est au fond que cette attention, qui jouit de l'étrange privilége de modifier ses propres organes : cela lui paraît tout simple, tout naturel, et il pense avoir fait suffisamment connaître cette faculté intellectuelle, sur laquelle il passe si légèrement, en la mentionnant tout simplement en ces termes : *l'attention de l'organe sensitif!* On serait tenté en vérité de se demander si c'était par étroitesse d'esprit, ou par une sagacité toute exceptionnelle, que Cabanis ne trouve rien d'obscur, rien d'ardu dans ces sortes de questions. Ainsi, dans le cas présent, et pour rendre compte de la vivacité de certaines impressions sur le moral de l'homme, il lui suffit de dire que c'est *l'attention de l'organe sensitif* qui met les extrémités nerveuses *en état* de recevoir ou de lui transmettre l'impression toute entière ; cela lui paraît tout simple et parfaitement clair ; il ne peut supposer qu'un esprit moins lucide que le sien aurait bien voulu pouvoir l'arrêter ici, et lui demander ce que c'est que cette attention de l'organe sensitif, et comment un organe sensitif peut avoir une attention ; ne semble-t-il pas que pour Cabanis, dire attention de l'organe sensitif, c'est chose tout aussi simple que dire *forme* de l'organe sensitif, ou *couleur*, ou *poids* de l'organe sensitif ?

Mais il est inutile d'insister snr ce point ; il est évident qu'ici Cabanis a d'abord manqué à son propre système, en faisant intervenir une faculté pour que son organe puisse ou non être impressionné ; et puis ensuite, qu'il a complètement éludé une des plus grandes difficultés que pouvait rencontrer ce système.

Passons à une autre question.

Les sensualistes antérieurs à Cabanis, purs idéologues qu'ils étaient, s'étaient bornés, sinon à dire, du moins à faire bien entendre que c'est le cerveau qui *produit* les actes intellectuels, et qu'en conséquence, l'esprit, l'âme, l'intelligence, n'est autre chose que le cerveau *agissant;* mais Cabanis, fort de ses connaissances en physiologie, croit fermement qu'il va compléter cette doctrine et la mettre hors de doute, qu'il va enfin en donner le dernier mot, dans le passage suivant, passage que nous allons citer textuellement : textuellement, disons-nous, car, si nous ne donnions nos preuves nul, peut-être ne voudrait ajouter foi à de semblables assertions, nul ne voudrait croire, du moins, qu'elles sont sorties de la plume de Cabanis. Voici donc son texte.

« *Pour se faire une idée juste des opérations* » *d'où résulte la pensée, il faut considérer le* » *cerveau comme un organe particulier, destiné* » *spécialement à la produire;* DE MÊME *que l'esto-* » *mac et les intestins à opérer la digestion, le foie* » *à filtrer la bile, les parotides et les glandes max-* » *illaires et sublinguales à préparer les sucs sali-* » *vaires.* » (Loc. cit.)

Vous allez peut-être croire que Cabanis n'a fait ici qu'une simple comparaison, une figure, qu'il n'a vu qu'une analogie éloignée ; point : il est bien pénétré de ce qu'il avance, il croit qu'il y a *identité* entre ces opérations, et, pour le prouver, il va commenter son texte, développer sa pensée.

Et d'abord pour ce qui concerne les *impressions* ce sont, dit-il, des *aliments* pour le cerveau ; belle image, assurément ! Mais Cabanis ne s'aperçoit pas que d'un côté il y a matière, tandis que de l'autre il y a tout au plus mise en activité d'un principe immatériel, ou du moins d'un impondérable ; qu'importe ? il n'y a aucune différence pour lui entre des impressions et des aliments. Ainsi poursuivons : les impressions cheminent vers le cerveau de même que les aliments cheminent vers l'estomac ; puis le cerveau et l'estomac entrent en activité ; et cette activité est en tout semblable ; voyez plutôt ce que dit Cabanis : *les impressions en arrivant au cerveau le font entrer en activité*, COMME *les aliments en tombant dans l'estomac l'excitent à la sécrétion plus abondante de suc gastrique et aux mouvements qui favorisent leur propre dissolution !!* (Loc. cit.)

Ce n'est pas tout, car Cabanis est tellement satisfait de sa comparaison, les termes lui en paraissent si clairs, si simples, si propres à porter la conviction dans les esprits, qu'il va la poursuivre dans tous ses degrés ; que si vous n'êtes pas complètement édifiés sur cette complète identité des fonctions de l'encéphale de l'estomac et des intestins; s'il vous semble que les *produits* ne se ressemblent pas parfaitement, Cabanis a prévu l'objection : *Nous voyons, dit-il les aliments tomber dans l'estomac avec les qualités qui leur sont propres, nous les en voyons sortir avec des qualités nouvelles, et nous concluons qu'il leur a véritablement fait subir cette altération.* Ceci est de toute vérité : le bol alimentaire qui tombe de l'œsophage dans l'estomac ne ressemble, en aucune manière, à la pâte chymeuse qui de l'estomac passe dans le duodénum ; mais quel rapport, quelle analogie y a-t-il entre ce fait et la production de la pensée ? Cabanis va nous l'expliquer.

Nous voyons également, dit-il, *les impressions arriver au cerveau par l'entremise des nerfs*, (il est de fait qu'ici nous ne voyons plus rien, mais peu importe); *ces impressions sont alors isolées et sans cohérence* , (comme le bol alimentaire sans doute) ; *mais le cerveau entre en action; il agit sur elles* , (les impressions qui sont alors sans doute dans le cerveau : quel mécanisme, bon Dieu !) *et bientôt il les renvoie métamorphosées en idées!!* Maintenant voici la conclusion : *Donc, nous concluons, avec la même certitude , que le cerveau digère les impressions et qu'il fait organiquement la sécrétion de la pensée !!*

Cabanis n'a-t-il pas bien fait d'apporter sa **physiologie au service des sensualistes?** Quel est maintenant l'élève en médecine de première année qui, après avoir lu ce passage, ne se croira plus profond psychologiste que Mallebranche et Leibnitz, que Descartes et Pascal ? Quoi ! dira-t-il, c'était un problême difficile à résoudre pour eux que la formation de la pensée ; mais Cabanis a fait *voir* et avec CERTITUDE, comment les choses se passent ; c'est une digestion, ou si vous l'aimez mieux une sécrétion, bien qu'en bonne physiologie ces deux opérations soient très distinctes, (la digestion s'entend et la sécrétion); le cerveau reçoit, nous ne savons où et comment, des impressions, il les triture, les malaxe, les imprègne de sucs, les digère en un mot, absolument comme l'estomac, par le fait de son activité, convertit les aliments en chyme ; le cerveau, de même, convertit les impressions (un rayon lumineux, par exemple, qui agit sur la rétine), en idées ; et voilà comment la doctrine de Locke, d'Helvétius et de Condillac a été corroborée par Cabanis; voilà les documents nouveaux que la physiologie du sénateur est venue donner à la psychologie du 18ᵉ siècle ; voilà comment on a cru avoir définitivement matérialisé l'intelligence ; voilà enfin comment, dans un siècle éclairé, on est venu parler à des penseurs. Mais en voici assez sur ce mémoire ; dans les pages suivantes nous examinerons comment Cabanis a terminé ce qu'il appelle l'histoire physiologique des sensations.

Nous avons déjà dit que ce physiologiste ne travaillait guère que dans un seul but, celui de compléter, à l'aide de données physiologiques, les doctrines des sensualistes ses devanciers ; ceux-ci avaient posé en principe que toute fonction, tout acte, tout mouvement, reconnait pour cause efficiente et productrice une sensation; or, c'est là ce que Cabanis va chercher de nouveau à mettre hors de doute ; toutefois il agrandit le cercle tracé par ses prédécesseurs ; il a déjà trouvé deux classes de déterminations, les unes dites rationnelles, les autres instinctives, et nous avons vu que pour les unes comme pour les autres, il a toujours cru pouvoir remonter à une sensation, à une impression primordiale; mais il est un troisième ordre de faits pour lequel il dira qu'une impression primitive forme encore le point de départ.

Comme médecin, Cabanis avait remarqué que, dans le cours de certaines maladies, des actes variés peuvent se manifester sans apparence aucune, soit d'impressions venues du dehors, soit d'impressions développées dans le sein de l'économie ; ces actes, Cabanis les attribue avec raison à des changements qui peuvent s'effectuer dans la substance même du cerveau, c'est-à dire à des changements matériels ; il cite comme exemple, les cas de folie, d'épilepsie, de catalepsie, etc.. Jusqu'à présent Cabanis est dans le vrai ; que l'organe des manifestations intellectuelles vienne en effet à s'engorger de sang, ou à se ramollir, ou à s'indurer, ou à dégénérer en diverses productions anormales, il est de fait qu'il peut alors se manifester ou des désordres dans l'intelligence, ou des anomalies dans la sensibilité et dans les mouvements musculaires; ce sont là des faits d'observation ignorés des sensualistes non médecins, mais familiers aux médecins philosophes ; or, Cabanis les ayant notés a cru devoir les rattacher au système défendu par lui, c'est-à-dire, leur supposer encore pour origine commune des impressions reçues par le cerveau, cette supposition ne devait pas lui paraître facile à prouver, car s'il est possible de concevoir des impressions suscitées par des agents placés en dehors de l'économie, ou même dans les viscères, et y agissant à la manière d'une épine ; comment comprendre des impressions morales effectuées dans le cerveau, par suite de changements matériels qui se font dans ce même cerveau? et surtout comment indiquer le mode de production de ces sortes de faits par la théorie développée dans le précédent mémoire ? Rappelons-nous l'étrange rapprochement que nous avons cité plus haut, savoir, que le cerveau *digère* les impressions, comme l'estomac les aliments, et les métamorphose en idées, comme l'estomac métamorphose les aliments en pâte chymeuse; il faut alors et de toute nécessité expliquer les hallucinations les plus étranges, à l'aide de cette théorie chimico-mécanique.

Les hallucinations qui ne sont que des perceptions sans objet ! Est-ce que l'estomac digère jamais à vide et donne des produits sans ingestion préalable de substances ? C'est pourtant ce qui arriverait au cerveau dans la théorie de Cabanis. Voyez plutôt les faits qu'il cite à ce sujet, les hallucinations qu'il invoque : il a vu, dit-il, (loc. cit.) des vaporeux qui se trouvaient si légers qu'ils craignaient d'être emportés par le moindre vent ; il en a vu d'autres qui croyaient avoir le nez d'une grandeur excessive, etc. Il aurait pu citer des faits mieux choisis, mais enfin peu importe, les faits abondent. On sait par exemple que des hallucinés, au milieu d'un profond silence, croient *entendre* des voix connues, ou les éclats du tonnerre, les sons de la trompette, etc., que d'autres, au milieu de la nuit, croient *voir* ou un parent, un ami absent, ou un démon, un génie, etc. Voilà des idées produites très fréquemment par des cerveaux hallucinés ; mais encore un coup, que devient ici la théorie de Cabanis ? ses métamorphoses d'impressions en idées ? Il n'y a pas eu d'impression, il n'y a pas de perception réelle, et cependant voilà des métamorphoses. Eh bien, pour résoudre toutes ces difficultés, Cabanis se borne à dire *que dans ces cas l'organe sensitif réagit sur lui-même, comme il réagit sur ses propres extrémités dans les cas ordinaires ;* c'est-à-dire qu'il n'explique rien ; et cela toujours parce qu'il ne veut pas sortir de son système de sensations primordiales ; et notez que dans tous ces cas d'anomalies intellectuelles, de désordres de l'intelligence, il a évité encore bon nombre de difficultés ; ainsi qu'aurait il répondu à celui qui lui aurait demandé l'explication des faits d'*abolition*, d'arrêt, ou mieux de suspension de certaines facultés intellectuelles, tels que la perte de la mémoire, ou du jugement, par exemple? Comment la théorie des sensations lui serait-elle venue ici en aide? Là où on ne saurait donner d'explications raisonnables, il faut s'abstenir d'en donner ; tout ce qu'on peut dire dans les cas ici supposés, c'est que des conditions morbides dans la substance de l'encéphale ou dans ses enveloppes, peuvent susciter et entretenir dans cet organe les mêmes phénomènes qu'on voit apparaître consécutivement à des impressions exercées sur les sens ; mais on ne peut rien affirmer au delà.

C'est donc et presque partout le désir de systématiser et de systématiser comme l'avaient entendu les sensualistes, qui a fait tomber Cabanis dans de perpétuelles contradictions. En voici de nouveaux exemples.

Cabanis ne devait considérer le centre cérébral que comme un foyer de *réaction*, un instrument qui ne devait entrer en action que sous l'influence d'excitations venues du dehors ou venues des autres viscères ; instrument *passif* conséquemment, privé de spontanéité, privé d'initiative, prêt à répondre aux impressions qui lui seront adressées, mais incapable d'agir par lui-même ; telles sont les conditions que Cabanis devait accepter dans son système. Eh bien ! comme, d'autre part, il avait mieux observé les faits que ses maîtres, que ceux du moins dont il se proposait de compléter la doctrine, il ne fait pas difficulté de reconnaître que le centre *cérébral a la faculté de se mettre en action par lui-même* (mémoire cit. § II) *et il conclut* des faits rapportés par lui *que le cerveau n'est pas un organe purement passif, et que ses fonctions supposent au contraire une continuelle activité qui dure autant que la vie* (loc. cit.)! Eh! que disent autre chose les spiritualistes? en quoi et comment pourraient-ils mieux argumenter en faveur de leur système ! Cabanis a mille fois raison ici ; oui les fonctions cérébrales ne pourraient s'effectuer s'il n'y avait en elles et pour elles un principe d'activité perpétuelle ; principe inné, principe, nous ne dirons pas qui *dure*, mais qui se *manifeste* autant que la vie : ici les faits ont été plus forts, plus évidents pour Cabanis que les nécessités de son système, ils ont fait taire en lui celles-ci ; et de sa part c'est le cri de la vérité, ajoutons qu'il doit avoir d'autant plus de force, d'autant plus de portée qu'il est sorti de sa bouche.

Après ces aveux importants, Cabanis se demande si l'*intégrité* de l'encéphale est nécessaire à l'accomplissement des facultés intellectuelles ; il paraît qu'il importait à son système de se déclarer pour l'affirmative, car, chose fort étrange, Cabanis n'hésite pas à se déclarer pour cette solution, bien que les faits cités par lui-même lui en imposaient une contraire ; en effet, il avoue *que des portions considérables du cerveau peuvent être consumées par différentes maladies, enlevées par divers accidents ou par des opérations nécessaires, sans que les fonctions les plus délicates de la vie et les facultés de l'esprit en reçoivent aucune atteinte* (Mémoire cit. § III). Qui ne croirait dès-lors que Cabanis, à l'exemple de Pascal, va reconnaître, précisément à raison de ces faits, la remarquable indépendance dans laquelle se trouve *le moi* à l'égard de ses instruments matériels, ce moi qui reste *intact*, qui ne paraît souffrir aucune déperdition, alors que l'organisme est profondément mutilé ; ce moi qui semble se réfugier sous une molécule, et qui s'y cache *tout entier*. Eh bien, non ! Cabanis déclare résolument, six lignes plus bas, que *la pensée exige l'intégrité du cerveau* (sic), et pourquoi cela ? *Parce que*, ajoute Cabanis, *sans cerveau on ne pense pas, et parce que les maladies du cerveau apportent des altérations proportionnelles dans les opérations de l'esprit*. Séparons les deux membres de cette conclusion, et faisons d'abord remarquer que la dernière explication, celle qui veut qu'on trouve dans le cerveau des lésions constamment *proportionnelles* aux lésions observées dans les actes de l'esprit, est en pleine contradiction avec ce qui a été reconnu plus haut par Cabanis lui-même ; ajoutons ensuite, quant à cette autre proposition, que sans cerveau on ne pense pas, ajoutons que c'est assez mal s'exprimer. On ne pense pas ! qu'en savez-vous ? Il fallait dire : la pensée ne se manifeste pas, elle n'est plus accusée, ses phénomènes ne sont plus observables, voilà tout ce qu'il est permis de dire ; et puis d'ailleurs, dire que sans cerveau on ne pense pas, n'est nullement donner la preuve de la nécessité de l'*intégrité* de cet organe pour la pensée ; l'une de ces conditions n'implique pas l'autre.

Au reste, ne faisons pas dire ici aux spiritualistes plus qu'ils n'ont voulu dire ; nul d'entre eux ne s'est avisé d'émettre l'idée que les fonctions de l'entendement puissent s'effectuer sans cerveau, ou même sans l'intégrité de quelques-unes des portions de ce viscère ; les physiologistes de l'école spiritualiste ont cherché, avec tout autant de soin que les autres, les faits de localisation dans l'encéphale ; ils ont multiplié à ce sujet les expériences, bien convaincus qu'ils étaient que le principe de l'intelligence, une fois qu'il s'est *réalisé*, qu'il s'est traduit dans le monde des choses finies, limitées, sous les formes finies et limitées du système cérébral, a besoin, pour toutes ses manifestations dans ce même monde, des instruments qu'il s'est ainsi créés ; d'où nécessité pour les physiologistes de rechercher dans ce système cérébral l'importance relative, nous pouvons même dire l'indispensabilité de telles ou telles de ses parties ; mais ceci est une question sur laquelle nous aurons longuement à revenir, quand il sera question de Gall et de sa phrénologie ; passons à la conclusion de Cabanis. Cette conclusion n'est réellement placée ici que pour servir d'introduction aux mémoires qui vont suivre. Cabanis se propose de parler de l'influence des âges, des sexes, des tempéraments, etc., sur la formation des idées, circonstances qui toutes modifient la manière d'être des sujets ; donc en disant que les *sensations*, source unique (dans son système du moins) des sentiments, des volontés, etc., varient suivant les dispositions physiques des sujets, il fait pressentir la nécessité d'étudier toutes ces conditions modificatrices.

Nous sommes très disposés à admettre avec lui la nécessité de cette étude ; seulement nous ferons une dernière remarque sur les termes de sa conclusion. Suivant Cabanis, *les sensations sont nécessaires pour acquérir des idées, pour éprouver des sentiments, pour avoir des volontés, en un mot, dit-il, pour* ÊTRE, *mais elles le sont à différents degrés.* Ici Cabanis a dit plus qu'il ne voulait dire ; il a parlé avec plus de vérité que ne le comportait tout le système en faveur duquel il avançait cette proposition. En effet, ramené dans ces limites, le système des sensualistes serait exact ; les sensations sont *nécessaires* pour acquérir des idées, et elles le sont en effet à *un certain degré*. Seules, elles seraient insuffisantes ; elles sont encore nécessaires pour la manifestation des sentiments, mais toujours à *un certain degré ;* de même aussi pour la manifestation des volontés. Mais ce n'est pas là ce qu'entendait Cabanis : il ne trouvait qu' une différence *relative* dans le degré de nécessité des différentes sensations comparées entre elles; aussi est-il plus rigoureux, plus vrai dans la forme que dans le fond de sa conclusion. Celle-ci, en effet, est fausse de tout point, lorsque, pour l'examiner, on se place au point de vue de Cabanis. Que veut-il dire après tout? veut-il dire que pour avoir des idées, *il faut* avoir eu des sensations ? Non ; il veut dire que pour avoir des idées, *il suffit* d'avoir eu des sensations, et dès-lors il n'est plus dans le vrai. Veut-il dire que pour manifester des volontés, *il faut avoir* eu des sensations? Pas davantage : il veut dire que pour manifester ces volontés, *il suffit d'avoir* eu des sensations, et dès-lors il est de nouveau en-dehors du vrai. Enfin, il va jusqu'à dire, car tel est le fond de sa pensée, il va jusqu'à dire que pour ÊTRE, *il suffit* d'avoir eu des sensations ! ce qui le place plus complètement que jamais en-dehors du vrai, tout en le faisant pleinement rentrer dans l'école sensualiste. Mais n'insistons pas davantage sur cette conclusion ; à mesure que nous examinerons les mémoires de Cabanis, nous ferons sentir combien elle est erronée.

(§ III. Cabanis.)

Nous examinerons simultanément ici trois mémoires de Cabanis : celui qui traite de l'influence des âges sur les idées et sur les affections morales, celui qui traite de l'influence des sexes, et celui qui résume toutes ses doctrines ; les faits sont d'ailleurs tellement connexes que ce physiologiste s'est trouvé obligé ou de se répéter, ou de faire des distinctions tout-à-fait arbitraires.

Avant tout, Cabanis croit devoir parler d'un prétendu mouvement de composition et de décomposition, de destruction et de reproduction perpétuelle qui aurait lieu dans la nature toute entière ; puis il passe aux éléments matériels qui entrent dans la composition des végétaux et des minéraux, puis enfin aux premières *combinaisons* de la vie, et tout d'abord il fait une concession que certes nous ne nous serions pas attendu à trouver dans son livre. —Comme enfin il a à s'expliquer sur l'organisation des végétaux et des animaux, ou plutôt sur les conditions nécessaires à leur production et à leur développement ; voici comment il s'exprime : *Quelque idée que l'on adopte sur la nature de la cause qui détermine cette organisation*, ON NE PEUT S'EMPÊCHER *d'admettre un principe ou une faculté vivifiante que la* NATURE *fixe dans les germes ou répand dans les liqueurs séminales!* (Mém. IV, § 1.)

Prenons acte de cet aveu, car il est important; malgré sa profession de foi toute matérialiste, voici Cabanis, qui va aussi loin que les spiritualistes les plus avancés ; assurément cet aveu lui *répugne*; il déclare avec franchise : *qu'il ne peut s'empêcher* d'admettre cela ; mais enfin il l'admet, et ceci nous suffit ; il a bien quelque regret; aussi, et comme pour se laver du reproche qu'on pourrait lui adresser à ce sujet, il a joint une note à son texte ; comme il a parlé de *principe* et de *faculté*, il croit devoir quelques explications ; dans sa note, il dit que ces mots n'ont rien de *précis*, qu'il le sent bien, et qu'il n'entend parlà que la *condition* sans laquelle les phénomènes propres aux corps organisés ne sauraient avoir lieu (loc. cit.). Mais il se trompe ; il a été trop loin dans son texte pour pouvoir ainsi revenir sur ses pas ; car il affirme positivement *qu'aux éléments matériels de l'économie* SE JOINT *un principe inconnu quelconque* (c'est là la seule épithète que Cabanis se permette de donner à ce principe : quelconque !) *principe fixé dans dans les germes ou répandu dans les liqueurs séminales des animaux, et c'est avec le système nerveux que ce principe vivifiant s'i-*

dentifie (loc. cit.). Ainsi voilà tout un système complètement renversé ; après avoir, en effet, laborieusement construit ce système, après l'avoir corroboré de toutes les hypothèses empruntées aux physiciens, voire même aux géomètres, Cabanis une fois avancé dans les impasses de ce même système qui devait si facilement rendre raison de tout ; Cabanis *ne peut enfin s'empêcher* de déclarer que pour faire marcher tout cela, que pour donner de la vie à ce cadavre, il faut un principe inconnu, fixé, répandu, identifié avec la matière !

Mais si l'on veut connaître quelles étaient les idées de Cabanis à ce sujet, il faut se reporter à la fin de son ouvrage, à son dixième mémoire ; aussi est-ce là que nous allons le suivre ; j'ai déjà dit que Cabanis a cela surtout de particulier, que nulle part il ne trouve de difficultés ; voyez encore ici, il va traiter des plus grandes questions soulevées par les philosophes de tous les temps, et laissées par tous sans solution satisfaisante.

Il va traiter des causes premières de l'organisation de la matière, des causes de la première apparition de l'homme sur la terre, des causes de la formation du fœtus, des causes des manifestations intellectuelles ; eh ! bien, que va-t-il dire ? quelles explications va-t-il donner ? Il ne recule d'abord devant aucune de ces questions ; il va chercher à en donner la solution, et il n'hésite pas à déclarer que s'il n'indique pas d'une manière bien nette quelles sont les conditions nécessaires pour produire la vie, il sait du moins *qu'elles ne sont pas plus difficiles à découvrir que celles d'où résulte la composition de l'eau, de la foudre et de la grêle!* (Mém. X, § II.)

Quant à la formation de l'embryon, rien de plus simple encore, *il y a dans l'ovule un centre de gravité vers lequel convergent tous les principes qui doivent concourir à la formation du nouvel être* (loc. cit.) et cette *tendance des principes vers un centre commun est une suite des lois générales de la matière* (loc. cit.).

Telles sont les explications données par Cabanis, explications qui sans doute lui paraissent de tout point satisfaisantes, et c'est là ce qu'il y a d'inconcevable ; car, encore un coup, il connaissait la plupart des faits de détail ; on pardonne aisément à un faiseur de système d'imaginer une hypothèse telle quelle et de grouper à l'entour des faits qu'il ignore ; mais ce n'était pas le cas de Cabanis ; dans ce même mémoire, Cabanis dit fort bien que, chez les animaux les plus parfaits, les organes se forment *successivement*, il sait fort bien qu'il n'y a pas seulement apport de molécules vers un centre commun, mais qu'il y a un choix, un ordre, dans l'arrangement de ces mêmes molécules ; mais il croit rendre raison de ces faits à l'aide d'une nouvelle hypothèse ; il lui suffisait d'abord d'un centre de gravité au milieu de l'ovule, c'est-à-dire un seul point d'attraction, une attraction commune, centrale; maintenant, il lui faut quelque chose de plus, il lui faut des attractions *électives ;* les principes tendaient d'abord vers un centre commun, et cela en vertu des lois générales de la matière ; maintenant, et pour compléter la formation du nouvel être, il s'opère, dit-il, des attractions électives, attractions qui ont lieu (car il faut tout expliquer) en vertu des caractères que la matière a contractés dans ses transformations antérieures (sic), et voilà comment le physiologiste Cabanis, pour ne pas rester au-dessous de ses collègues les physiciens et les géomètres, explique tous les incidents de l'organisation humaine ; il ne lui faut pour cela que deux forces attractives ; l'une centrale, unique, commune, qui suffit aux êtres inférieurs ; l'autre multiple, excentrique, élective, qui amènera la formation successive des organes dans l'embryon ; il serait fastidieux de discuter cette mécanique absurde ; il sera plus profitable de placer ici, en regard de ces théories du matérialisme, quelques aperçus, quelques développements pris au point de vue du spiritualisme.

Nous allons voir si, dans l'évolution première des êtres, il ne serait pas possible de trouver quelques uns des caractères physiologiques du principe de la vie, de ce principe dont l'intelligence humaine serait la plus haute manifestation ; puisque, en effet, il ne nous est pas donné de trouver la raison physiologique de l'apparition première de l'espèce humaine sur le globe, et encore moins de tout ce qui appartient à l'organisation, puisqu'on ne peut se rendre compte de cette hétérogénie en vertu de laquelle de nouvelles espèces ont été successivement procréées, il faut nécessairement se reporter aux faits aujourd'hui observables. Et d'abord, il paraît bien prouvé que la vésicule humaine, au moment de la conception, est formée, d'une part, par une simple membrane d'enveloppe, et d'autre part, par un liquide d'apparence homogène et à demi-transparent. C'est sans doute au centre de cette vésicule que Cabanis supposait une force d'attraction ; il allait au-delà des faits en parlant d'attraction et d'attraction centrale ; mais il y a une force, une activité, puisque bientôt on y observe des *mouvements*, mouvements qui ne peuvent être acceptés que comme la manifestation de cette force ; cette activité est initiale, primitive, en un mot *primordiale* ; cette force, cette activité sera-t-elle la *cause* des organes qui vont se former dans le sein de la vésicule ? C'est une question, mais elle est bien certainement *antérieure* à toute formation plastique ; donc, dans ce substratum à former, c'est le côté dynamique qui précède le côté plastique ; mais nous pouvons aller plus loin.

La vésicule humaine, détachée de l'ovaire, est amenée dans un milieu propre à l'incubation ; elle n'offre encore, comme premier indice d'organisation, que sa forme globuleuse. On l'a comparée, pour sa simplicité, à une spore ; en elle réside déjà non-seulement cette faculté, ce principe d'activité (reconnu par Cabanis et bien contre son gré) ; mais il y a en même temps en elle un type, une pensée, qui, si rien ne vient accidentellement y mettre obstacle, va élever ces premiers linéaments d'organisation à un degré merveilleux ; nous disons : si aucune cause ne vient entraver ce travail, car tout ce qui sort des limites du type arrêté d'avance, n'a plus de durée, d'avenir ; il en résulte ce qu'on nomme des *monstres*; mais ces êtres qui sont en dehors des vues primordiales de la nature, portent toujours en eux des causes de ruine et de destruction : les géants et les nains n'ont point de postérité durable ; et même, dans les autres espèces animales, les individus qu'on nomme des bâtards d'espèce, ne peuvent se reproduire qu'en revivifiant leur race par des accouplements avec les espèces pures et primitives.

Ainsi le type, le plan est tellement arrêté d'avance, que sa pureté est une garantie de durée, de perpétuité, et que ce qui s'en écarte n'a pas d'avenir. Si nous sommes obligés d'admettre comme vraie cette définition qu'on a donnée du mot *but,* savoir que c'est *la pensée de l'avenir*, force nous sera de reconnaître que, dans le travail embryonnaire, tout est dirigé dans des vues d'avenir, puis qu'il y a un but déterminé; à mesure, en effet, que certains organes se forment, leurs fonctions s'exécutent; mais il en est d'autres déjà tout formés, qui attendent que le moment de fonctionner soit arrivé; la pensée de ces fonctions, comme l'a fort bien dit Burdach, existait donc *avant* le travail d'organisation ; en d'autres termes les organes s'étaient arrangés, disposés, pour des fonctions préméditées et arrêtées d'avance.

Partout on retrouve l'intention, et les faits viennent successivement en constater la réalité et la sagesse ; c'est ainsi que le poumon est formé, achevé, à une époque où la respiration branchiale serait seule possible ; mais au moment de la naissance, la respiration pulmonaire peut s'exécuter dans toute son intégrité ; les vues d'avenir vont encore bien plus loin, puisque déjà ce même fœtus se trouve pourvu non-seulement d'organes sensoriaux, mais encore d'organes génitaux.

Cabanis a bien parlé de la formation *successive* des organes, mais c'est à peine s'il a entrevu l'ordre de cette formation, de cette évolution ; ce qui lui paraît plus important à noter, c'est la prétendue transformation de certains liquides en d'autres liquides, et enfin de liquides en solides ; et ici il entasse suppositions et hypothèses ; ainsi, il n'y aurait d'abord, suivant lui, qu'un prétendu *mucilage aqueux*, puis un mucilage plus consistant; puis une prétendue *gélatine fibrineuse*, qui lui semble tenir encore beaucoup du mucilage, et il a soin d'ajouter en note que la fibrine n'est, aussi bien que l'albumine, qu'une transformation du mucilage ; c'est, dit-il, un nouveau degré d'animalisation dont la *mucosité pure* serait le premier terme ! (Mémoire cit. § I.). Ce n'est pas tout, ces humerus, ainsi transformées, ne suffisant pas pour l'organisation de l'animal, que se passe-t-il alors? Le voici, d'après la théorie chimico-mécanique de Cabanis : une fois que ces humeurs ont passé par les différents degrés de l'animalisation, elles s'*épaississent* (sic) et finissent, en se solidifiant, par former des organes !

Ce n'est pas tout encore ; après avoir exposé ce grossier, informe et indigeste matérialisme, Cabanis, peu conséquent avec lui-même, va faire encore ici intervenir un vitalisme subtil; comme il sent bien qu'on pourra lui demander la cause de ces premières transformations humorales et de ses solidifications, il fait bon marché de son organicisme, et s'exprime de la manière suivante : *mais bientôt la* VIE AGIT *avec une force toujours croissante sur des humeurs qui paraissent presque homogènes dans les différentes espèces vivantes et dans les différentes parties du même animal;* ELLE DONNE à *chacune de ces humeurs son caractère propre*, etc. (Influence des âg. § II.)

Il n'y a rien d'équivoque dans ces termes, voilà ce même Cabanis, qui ne veut voir dans l'homme que des organes et des fonctions ; qui prétend que l'ensemble de ces fonctions, ou la vie, n'est qu'une suite de mouvements ; le voilà qui renverse de fond en comble tout son système, et qui vient ici affirmer de la manière la plus formelle, que c'est au contraire la vie *qui agit* sur la matière ; *mens agitat molem* ; et qu'elle agit avec une force toujours croissante ; que c'est encore elle qui *donne* à chaque humeur un caractère propre, afin de l'animaliser de plus en plus et d'en faire un solide, etc. ; eh! bien, ici encore, et quoique revenu au spiritualisme, Cabanis n'a vu les choses que sous un point de vue étroit ; il n'a pas compris la haute intelligence qui déjà se manifeste dans ces premiers faits d'évolution ; lui qui faisait tout partir du système nerveux, n'a pas même insisté sur ce fait si remarquable que, dans l'espèce humaine, si le premier mouvement embryonnaire se manifeste vers le cœur, si cet organe est le premier point mobile, le *punctum saliens* ; par contre, les premiers rudiments organiques appartiennent au centre cérébral et dans le cours de la vie, c'est encore cet organe qui s'arrête le dernier dans son accroissement. Chose remarquable ! il s'accroît encore alors que les autres organes marchent vers leur déclin. Ainsi, je le répète, Cabanis a surtout méconnu l'enchaînement de ces faits; il a nié leur origine réelle, et il n'a nullement soupçonné quel pouvait en être le but; bien malgré lui, et tout en y apportant des restrictions, il a été forcé d'avouer qu'un principe d'activité existe dans les organes, et qu'il est la cause de leur formation; mais il a cherché à atténuer ces concessions par une mauvaise physique animale; il s'est perdu dans ses transformations humorales; et dès-lors il n'a pas vu qu'il y a dans la série de ces faits d'évolution, *la réalisation* d'une pensée nécessairement antérieure, puisque tout se fait, tout se produit, se coordonne d'après un plan toujours le même, et suivant un type invariable.

Ceci n'a pas échappé au chef de l'école spiritualiste allemande, Burdach, a bien vu, en effet, que la force plastique se comporte dans ses œuvres, comme un être intelligent, puisqu'elle ne fait rien que dans des vues déterminées et toujours dans des vues d'avenir. (Physiol., IV, 140.)

De sorte que si les premiers mouvements qui se développent dans la masse embryonnaire revèlent un principe d'activité αρχη δραςτικη; l'ordre de ces mouvements, leurs effets révèlent une activité intelligente ψυχη θρετιτικη.

La simple et impartiale observation des faits le démontre, et cela à tous les âges, à toutes les époques de l'évolution organique. Un âge, a dit le physiologiste que nous venons de citer, est contenu dans un autre, l'esprit de l'avenir souffle dans le présent, et l'écho du passé y fait entendre sa voix ! Paroles éloquentes et sublimes, qui semblent révéler tout un avenir pour lequel la science, jusqu'ici, n'avait voulu trouver que des négations!

Mais revenons à l'acte primordial c'est-à-dire, à l'acte de la fécondation. Cabanis avoue que le plus grand acte de la nature est la reproduction des individus et la conservation des races (5e Mémoire, introduct.) ; mais, ailleurs, il déclare que nous ne pouvons avoir aucune idée exacte des forces actives de la nature ; ainsi, dit-il, les causes qui déterminent l'organisation de la matière dépendent de causes premières qui nous sont inconnues, et qui vraisemblablement le seront toujours (10e Mémoire, § II.) Il se demande en même temps si l'homme et les autres grands animaux n'ont pas pu, dans l'origine, être formés de la même manière que le sont aujourd'hui les ébauches grossières d'animalcules.(Loc. cit.) Nous l'ignorerons toujours, dit-il, le genre humain ne peut rien savoir de son origine et de sa formation. Il est vrai qu'ici, et pour toutes ces questions, le système des sensualistes fait complètement défaut; ils veulent prendre pour point de départ la matière organisée, mais ils ne sauraient dire pourquoi et comment cette matière s'est ainsi organisée : elle ne l'a pas toujours été, c'est là un fait matériellement, géologiquement démontré. Quelle est donc cette force qui, après de longs siècles, peut-être, a fini par pousser la matière dans les voies de l'organisation ? En admettant qu'elle se soit trouvée tout-à-coup douée d'une force plastique, ne peut-on pas se demander d'où lui est venue cette force qu'on a mieux aimée nommer plastique que créatrice ?

D'où vient ensuite que l'organisation une fois commencée s'est comportée dans la série végéto-animale comme un être unique qui va sans cesse en se perfectionnant ? d'où vient que bon nombre d'espèces ayant complètement cessé d'exister à la surface du globe, des espèces nouvelles et supérieures en organisation ont successivement apparu après chaque cataclysme ? Comment se fait-il enfin, pour ne plus parler des faits d'hétérogénie, que le germe de la femelle et la semence du mâle renferment, comme l'a dit Muller (Syst. nerv., I, 390) tout ce qui est nécessaire pour la manifestation du principe vital individuel et du principe de l'intelligence ? Ce sont là des questions que ne sauraient aborder les disciples de l'école sensualiste.

Dans ces derniers temps, un physiologiste

distingué, M. Lallemand de Montpellier, a cherché à réfuter précisément sur ce terrain l'école spiritualiste; il a trouvé que Burdach n'avait émis à ce sujet que des idées très *nébuleuses*, mais on va voir que les difficultés, les nuages restent les mêmes dans le système défendu par M. Lallemand; en effet, suivant Burdach, il n'y aurait dans l'acte de la génération qu'une transmission dynamique, transmission qui aurait lieu de la semence du mâle au germe de la femelle; suivant M. Lallemand, il y aurait des deux côtés séparation d'un tissu organisé et déjà vivant (Des pert. sém., II, 479); tissu qui, auparavant, faisait partie de l'organisme-souche; mais d'où vient que l'ovule une fois détaché de l'ovaire peut jouir d'une vie *indépendante?* D'où vient qu'à partir de ce moment et une fois qu'il a subi l'imprégnation il possède en lui non seulement les éléments d'une existence indépendante, mais encore la force nécessaire pour s'organiser en embryon et en fœtus? M. Lallemand ne veut pas que la fécondation soit, comme le prétend Burdach, un acte purement dynamique; *purement?* non, en cela nous sommes de son avis : partout et toujours il faut un substratum, un véhicule, une réalisation, ou amorphe, ou déjà en voie d'organisation, et ici il y a un substratum, mais il n'est pas organisé, il va seulement s'organiser; un dynamisme va se manifester en lui; et ce dynamisme se montrera intelligent dans ses œuvres. Or tout cela reste inexpliqué et inexplicable dans le système de M. Lallemand ; donc ce système est tout aussi nébuleux que celui de Burdach.

Admettons, si l'on veut, avec M. Lallemand que dans l'acte de la génération il y ait *séparation* de parties déjà vivantes ; admettons que, dans la fécondation, il y ait *union* de ces parties vivantes : mais le grand mystère n'en est pas moins tout entier ; comment se fait-il, en effet, que la partie vivante une fois séparée se *développe* isolément et puise dans une autre les éléments nécessaires au développement complet d'un être semblable au type, semblable à la souche ? D'où vient enfin que ces parties vivantes une fois réunies par le fait de la fécondation vont se compléter réciproquement, se développer en commun et former ainsi un nouvel individu tantôt mâle et tantôt femelle ?

M. Lallemand cherche à généraliser ce fait ; mais il ne saurait, bien que telle soit son idée, il ne saurait prouver cette proposition générale, savoir : que *la génération* est *à l'espèce ce que la nutrition est à l'individu.*

Dans toute génération il y a bien plus qu'un simple accroissement de substance, il y a multiplication et du principe de la vie, et du principe de l'intelligence ; ajoutez à cela, comme l'a fort bien dit Muller (loc. cit.), que le principe de la vie et celui de l'intelligence se multiplient ainsi à l'infini dans des individus nouveaux, tandis que les individus producteurs n'en demeurent pas moins animés et intelligents, jusqu'à l'époque ultérieure de leur mort.

Au reste, cette doctrine de la transmission d'un principe dynamique n'est pas nouvelle; nous verrons tout-à-l'heure qu'elle était en germe dans l'antiquité; M. Lallemand a eu tort de l'attribuer à Burdach; celui-ci ne s'en fait pas honneur; c'est le grand Harvey qui, dans les temps modernes, l'a reproduite et développée.

Harvey, dit Burdach (op. cit., IV, 192), avait déjà immortalisé son nom, moins en observant la circulation d'une manière immédiate, qu'en la déduisant des faits déjà observés, par une suite de raisonnements rigoureux; fatigué des débats que cette découverte avait soulevés, il se livra dans la solitude à des recherches sur la génération. Sa résolution était prise de ne plus rien publier : mais un ami, un profond admirateur de son génie, Georges d'Ent, obtint de lui un traité sur la génération.

On y trouve les grandes idées que nous mettons ici en opposition avec celles de Cabanis; Harvey pénétré de cette sublime conception que la nature entière n'est que le côté plastique de l'infini, n'est que sa manifestation, Harvey disait que tout être organique est une imitation de l'ensemble de la nature, mais renfermé dans le cercle des individus ; pour Harvey, la nature prise dans son universalité, n'était que la réalisation matérielle de l'esprit éternel ; la génération lui semblait répéter, dans les bornes de l'individualité, les manifestations successives de ce même esprit.

Telle était la doctrine que professait ce grand homme ; c'est une erreur générale de la philosophie contemporaine, disait-il, de chercher la *cause* de la diversité des organes dans celle de la substance qui doit les former (erreur de Cabanis, qui croyait pouvoir trouver dans son mucus, dans son albumine et dans sa fibrine, la cause des transformations organiques).

En se plaçant à ce point de vue, ajoutait Harvey, on n'a que la cause matérielle ; il faut remonter plus haut, et alors on pourra voir que l'homme et la femme ne sont que les organes par l'intermédiaire desquels agit la puissance qui produit toute chose ; puissance éternelle, immuable, infinie, qu'on lui donne d'ailleurs le nom de Dieu, de force de la nature ou d'âme du monde (Harv., Exercit. de generat. 38 et passim).

Au reste, toutes ces idées avaient été émises dès l'antiquité la plus reculée ; Hippocrate, Platon, Aristote et Galien avaient déjà agité ces hautes questions de philosophie.

Suivant les idées de Platon, la femme porterait en elle-même le substratum du nouvel être, elle **fournirait** pour sa part la matière ($\H{υ}λη$) ou du moins les principes, les éléments matériels (αρχαι υλικαι); tandis que l'homme fournirait la force motrice, le principe du mouvement (αρχη κινησεως); toutefois, et comme l'a remarqué Galien, déjà deux opinions se trouvaient en présence; les uns pensaient avec Hippocrate que l'homme donne à la fois et le principe matériel et le principe dynamique : ἆρά γε λόγον ἔχει δυοῖν ἀρχαῖν, ὑλικῆς τε καὶ δραστικῆς, ὡς Ἱπποκράτης ὑπελάμβανεν (περὶ σπερμ. Β. Α. Κεφ. ά). Mais d'autres avec Aristote soutenaient qu'il donne seulement la force formatrice : ἢ τῆς ἑτέρας μόνης, τῆς ποιητικῆς, ὡς Ἀριστοτέλης οἴεται... (Κεφ. ά).

Dans l'acte de la génération, disaient-ils, le mâle donne le principe du mouvement, il détermine la forme; la femelle de son côté donne le corps et la matière : Ἀλλὰ συμβαίνει, ὥσπερ εὔλογον, ἐπειδὴ τὸ μὲν ἄρρεν παρέχεται τέ τε εἶδος καὶ τὴν ἀρχὴν τῆς κινήσεως, τὸ δὲ θῆλυ τὸ σῶμα καὶ τὴν ὕλην... (Κεφ. γ).

Mais revenons à Cabanis; après avoir émis ses idées sur l'évolution fœtale, ce physiologiste à cherché à tracer le tableau des différents âges; mais ici il a entremêlé des faits pathologiques, ou incohérents, ou contestés aujourd'hui plus que jamais, à des assertions toutes gratuites, pour en déduire de prétendus rapports entre l'état de l'intelligence et celui du cerveau. Quant aux grandes questions de la philosophie, il les a ici presque entièrement méconnues ; et d'abord pour les faits pathologiques, il s'est attaché à répéter ce que Stahl avait dit sur l'influence pathologique des âges, sur les tendances diverses des mouvements vitaux, dans l'enfance, la jeunesse et l'âge mûr ; mouvements vitaux dirigés de telle sorte que d'abord ils auraient lieu vers la tête, puis vers la poitrine, puis vers les organes abdominaux ; revenant ensuite aux rapports du développement de l'intelligence avec celui des organes, il énumère toute une série d'hypothèses ; ainsi il assure que chez l'enfant, l'organe cérébral moins raffermi par les membranes cellulaires qui l'enveloppent ou qui se glissent dans ses divisions, entre facilement en jeu (Infl. des âges. § VI). Plus loin, il dit que quand l'action de la vie commence à rencontrer de fortes résistances et le mouvement des fluides à se faire avec moins de facilité, le sentiment de force et de bien-être qui caractérise la jeunesse, diminue de jour en jour (loc. cit., § VIII). Arrive ensuite l'âge mûr, puis l'âge de déclin, et alors les humeurs perdent une partie de leur tenacité (sic), leur acrimonie prend une activité singulière et stimule les extrémités nerveuses (loc. cit. § IX). Enfin, chez les vieillards, les solides acquièrent encore plus de densité, les humeurs se décomposent de plus en plus, etc., et une fois appuyé sur toutes ces hypothèses, Cabanis se croit en mesure d'expliquer pourquoi chez l'enfant les déterminations sont tumultueuses, changeantes et embarrassées ; pourquoi chez l'adolescent, l'imagination exerce tant d'empire; pourquoi les idées sont toutes romanesques, pourquoi on adore sa maîtresse (sic); pourquoi, chez l'homme mûr, les déterminations sont plus mesurées, les idées plus graves, plus sérieuses ; pourquoi, enfin, dans sa vieillesse, l'homme recommence une nouvelle jeunesse, il est défiant, timide, etc.. etc.

Telle est en résumé toute la philosophie de Cabanis sur l'influeuce des âges ; d'une part, des suppositions sur l'état des organes, et d'autre part, des explications qui ne sont encore que des suppositions. Quant à ces grandes idées que devait naturellement lui suggérer la contemplation des périodes de la vie humaine, du développement de l'intelligence, et de ses rapports avec le monde extérieur, on n'en trouve aucune trace dans cette partie du livre de Cabanis ; le seul but qu'il semble entrevoir dans la destinée humaine, c'est le plaisir, le bonheur physique. « Si nous remontons, dit-il, à la source même du bonheur, nous verrons qu'il consiste particulièrement dans le libre exercice des facultés, dans le sentiment de la force et de l'aisance avec lesquelles on les met en action » : et ne croyez pas que par-là il entende seulement le bien-être physique : « C'est encore en cela, ajoute-t-il, que réside le bonheur moral, qui n'est que ce même bien-être » (loc. cit.).

C'est la philosophie de Hobbes, qui n'est pas

même déguisée ici ; pendant la vie, bien-être physique, dans lequel rentre le bien-être moral qui n'est pas autre chose que ce même bienêtre ; après la mort, repos éternel que la nature ménage à *tous* les êtres, comme une nuit calme après un jour d'agitation (Mém. cit. § IX).

Je vois avec peine que Burdach lui-même n'a pas trouvé d'autre but dans la destinée humaine. « La vie, dit-il, trouve son but dans le sentiment de soi-même, et on a atteint ce but quand on n'est pas resté étranger aux joies de l'existence, quand on a pris plaisir au jeu des fonctions » (Op. cit., v. 539).

Mais, puisque la base et le fondement de tout travail d'organisation humaine n'est autre que la formation de l'encéphale, n'en résulte-t-il pasque le principe de l'intelligence qui, dans la première enfance, se trouvait pour ainsi dire entièrement absorbée dans ce travail tout plastique, ne peut avoir atteint son but que, quand une fois dégagé et réalisé dans le monde moral, il aura exercé une action sur ce même monde ? de sorte que celui-là seulement aura véritablement atteint le but de la vie humaine, qui aura compté comme une intelligence de plus, et comme une intelligence active ; car alors, seulement, pour employer le langage de Burdach, l'univers sera sorti pour lui des ténèbres de la matérialité ?

Mais revenons aux différentes phases de la vie

humaine, et au lieu de chercher, avec Cabanis, de prétendus rapports entre la densité progressive des organes, l'acrimonie des humeurs, etc., et les propensions morales ; examinons plutôt comment se comporte réellement le principe de l'intelligence humaine aux différents âges de la vie, quel est son degré de dépendance à l'égard des organes.

On sait qu'il est de l'essence des corps organisés et vivants d'éprouver des variations, des transmutations continuelles ; qu'il y a en eux un apport et un départ incessants de toutes leurs molécules constituantes ; de telle sorte que ces corps, au bout d'un certain temps, semblables, comme on l'a dit, au fameux vaisseau des Argonautes, ne conservent plus une seule pièce de leur construction première. Tout a donc changé après quelques années, dans l'homme matériel ; tout, et dans la forme, et dans l'intimité des tissus ; ce sont d'autres dimensions, d'autres colorations, une autre consistance, un autre volume, etc. ; ce sont d'autres principes immédiats, qui ont pris la place de ceux qui existaient ; tout varie, tout change, tout n'est que transition, transmutation, à ce point qu'on peut faire passer dans la charpente osseuse et à volonté, des corps, des substances jusque-là complètement étrangères à sa constitution, on peut les y transfuser, pour ainsi dire, de manière à les reconnaître à des colorations insolites. Mais si tout ce matériel change ainsi dans l'homme et bientôt se renouvelle de toutes pièces, il n'en est pas de même du principe de son intelligence; celui-ci persiste invariable, et les acquisitions immatérielles qu'il a faites aux différentes époques de la vie restent et s'identifient avec lui-même.

Ce vieillard, qui n'a plus en lui une seule des molécules qu'il avait, en sa jeunesse; qui assiste, pour ainsi dire, chaque jour à sa propre destruction, et qui en contemple les progrès, reste toujours *lui*; son *moi* ne varie pas.

Ne serait-ce pas chose étrange, si l'intellect n'était, comme le veut Cabanis, qu'un cerveau, qu'un organe agissant, que l'homme pût avoir ainsi la conscience du développement et du dépérissement de ces mêmes organes? Qu'il pût avoir la conscience de la netteté ou du trouble de ces mêmes fonctions? Que l'homme arrivé au déclin de son âge, en vint à gourmander la faiblesse de ses propres instruments?

Ne serait-ce pas chose étrange, que placé en face d'un danger imminent et sentant son corps faillir, l'esprit pût entraîner ce même corps dans des dangers encore plus grands?

Enfin, ne serait-ce pas chose bien plus étrange encore, que l'homme, au début d'une aliénation mentale, pût avoir la conscience des premières perturbations de son esprit, et dès-lors, rempli d'effroi, attendre avec anxiété le naufrage de son intelligence ?

Je sais bien que tous les partisans des doctrines de Cabanis, se sont appuyés sur ce fait que l'intelligence paraît se développer grandir avec les organes et qu'elle paraît se détériorer, s'affaiblir avec eux. C'est le tableau tracé par Lucrèce.

> Præchtereà gigni pariter cùm corpore et unà
> Crescere sentimus, pariterque senescere mentem, etc..
> (Lib. III. 447.)

Mais il n'est pas vrai qu'il y ait entre l'esprit et les organes une solidarité aussi étroite, aussi complète ; Lucrèce a pris l'affaiblissement de quelques appareils sensitifs pour l'affaiblissement de l'intelligence ; et Louis Racine a traduit en vers non moins beaux, mais pour la réfuter ensuite, cette même erreur de l'école d'Épicure; si, en effet, il arrive une époque de la vie

> Où dans nos yeux couverts d'un lugubre nuage,
> Il n'entre des objets qu'une infidèle image,

l'esprit n'en est pas moins ferme et lucide ; seulement il déplore la caducité de ses propres insments ; s'il arrive une époque

> Où dans un corps courbé sous un amas de jours,
> Le sang comme à regret semble achever son cours,

qu'a de commun et le sang et la carrière qu'il parcourt, avec la nature de l'intelligence ? S'il est vrai enfin,

Qu'en débris chaque jour le corps tombe et périt,

il n'est pas exact d'ajouter :

En ruines aussi je vois tomber l'esprit !

Les physiologistes plus compétents en cela que les poètes et les épicuriens, ont prouvé que ce n'est pas ainsi que les choses se passent ; Ritter, Carus et Burdach ont démontré que l'esprit a plus d'énergie dans la vieillesse qu'à toute autre époque de la vie (op. cit., V, 535). Ce dernier a de plus remarqué que les progrès de l'intelligence continuent, alors que le corps commence à éprouver des pertes notables; c'est en effet vers la cinquantième année que l'énergie des mouvements diminue, ainsi que la faculté procréatrice, et cependant c'est à cette même époque que les facultés tellectuelles brillent de l'éclat le plus vif et le plus pénétrant ; l'exemple du fameux duc de Marlborough, cité par Cabanis, ne signifie donc rien, c'est un fait exceptionnel. Si certaines facultés de l'intelligence paraissent alors éprouver quelque affaiblissement, ce sont des facultés inférieures et pour ainsi dire purement organiques ; les hautes facultés de l'âme, la réflexion, le jugement, ont plus de fermeté que jamais ; et quand les volitions, les déterminations semblent impuissantes, c'est que les organes commencent à ne plus pouvoir prêter leur office : l'esprit voit chaque jour tomber ces ruines, il les contemple, il les compte, mais il n'est pas entraîné avec elles.

Enfin arrive la catastrophe dernière, la péripétie ultime du drame de la vie, c'est-à-dire, la mort ! Cabanis, en sa qualité de médecin et de philosophe, devait nécessairement en faire l'objet de ses méditations; il l'a considérée et comme observateur et comme philanthrope, se réservant toutefois d'indiquer, dans un ouvrage à part, et suivant le vœu de Bacon, comment les médecins devraient s'y prendre pour arriver à ce double but, si vivement désiré de la part des hommes, savoir : 1° de retarder l'époque de la mort, 2° de la rendre douce une fois qu'elle est arrivée.

Nous ne savons comment Cabanis aurait traité ce sujet; et d'abord était-il persuadé, comme Bacon, que la durée de la vie de l'homme peut être rendue *beaucoup* plus longue ? Il est permis de se faire cette question, puisque Cabanis n'a pas dit ce qu'il entendait par *durée* de la vie ; entendait-il parler de la durée normale, ou de la durée moyenne ? C'est ce qu'il aurait dû dire, car autant il est permis d'attendre des progrès bien entendus de la civilisation, une prolongation notable dans la durée moyenne de la vie, autant il serait absurde d'espérer une prolongation dans la durée normale ; c'est donc vers le premier but que doivent tendre tous les efforts des amis de l'humanité, et non vers le second qui n'est qu'une des mille déceptions à l'aide desquelles on trompe les esprits faibles et crédules, et quant à ce qui est de rendre la mort plus douce, nous allons prouver qu'on tendra naturellement à atteindre ce résultat par cela même qu'on prolongera la durée de la vie moyenne.

Quoi qu'il en soit, Cabanis trouve que la mort en elle-même n'a rien de *redoutable* aux yeux de la raison (conclusion), et cependant il avoue qu'elle peut être rendue *amère* à l'homme le plus raisonnable. Il en donne plusieurs raisons : c'est que d'une part, l'homme est obligé de quitter des êtres chéris; et, d'autre part, c'est parce que les erreurs d'une raison défaillante, ou d'une sensibilité qu'on égare en la dirigeant vers des objets imaginaires, peuvent seules à ce moment empêcher de goûter la mort comme un doux sommeil (loc. cit.). Cabanis n'a fait ici que répéter ce qui a été dit de tout temps, il n'a pas abordé réellement la question.

Pour un esprit sage, ajoute-t-il, pour une conscience pure, la mort *n'est que* le terme de la vie, *c'est le soir d'un beau jour ;* c'est en effet ce qu'a dit le poète ; mais pourquoi ce soir d'un beau jour cause-t-il tant d'effroi dans la grande famille du genre humain ? Le spectacle des agonisants est terrible, a dit J.-J. Rousseau (Emile, liv. IV) soit à cause de l'idée de la destruction totale, soit parce que sachant que ce moment est inévitable pour tous les hommes, on se sent plus vivement affecté d'une situation à laquelle on est sûr de ne pouvoir échapper.

C'est en effet ce dernier sentiment qui, tout en nous frappant de terreur excite irrésistiblement notre curiosité, c'est ce sentiment qui fait courir le peuple aux exécutions capitales. Chacun veut voir comment à ce dénouement suprême va se comporter un infortuné encore plein de vie et de santé ; ce n'est ni la torture, ni le sang qui attire les regards des spectateurs, c'est le visage du patient, c'est cette physionomie où va se peindre pour la dernière fois, ou bien une fermeté stoïque, ou bien un profond, un affreux désespoir.

Mais nous ne devons nous occuper ici, comme l'a fait Cabanis que des sensations qui accompagnent la mort dans les différents âges, et chercher si ces sensations sont en rapport avec ces mêmes âges ; puisque tel est le problème unique que Cabanis a cherché ici à résoudre.

Nous remarquerons d'abord que ce physiologiste a été obligé de tenir compte d'un autre élément dans cette question, c'est-à-dire de la *nature* des maladies auxquelles les individus succombent : il est resté vague néanmoins par la raison qu'il n'a pas distingué les différents *genres* de mort ; il mentionne tantôt les maladies aiguës par opposition avec les maladies chroniques, les fièvres qu'il appelle lentes, phthisiques et les maladies lentes, hypochondriaques ; les premières qui seraient propres aux jeunes gens et les secondes aux adultes, et enfin les maladies propres à la vieillesse et qu'il regarde comme dépendantes de la *destruction* des forces vitales; et alors il signale, comme étant *en rapport* avec ces différents états : 1° les morts convulsives et quelquefois douloureuses observées chez les enfants ; 2° les morts accompagnées d'un sentiment de bien-être et d'espérance chez les jeunes gens ; 3° les morts accompagnées de terreurs invincibles chez les hommes d'un âge mûr ; 4° les morts calmes et sans regrets observées chez les vieillards; 5° enfin les morts séniles qui ne consistent qu'en une sorte *de difficulté d'être*. Telles sont les distinctions faites par Cabanis (Mém. cit., conclusion); elles sont ingénieuses assurément, mais déduites de faits exceptionnels; d'ailleurs je l'ai déjà dit, Cabanis avait négligé de remonter aux différents genres de mort, et pour un physiologiste c'était la première chose à faire. Nous allons y suppléer autant qu'il sera en nous.

Il faut d'abord distinguer la mort *normale* de la mort *accidentelle*, et puis se rappeler que la mort peut survenir de trois manières : ou bien parce que de graves accidents, de grandes lésions traumatiques mettent rapidement les organes dans l'impossibilité de fonctionner, ou bien par soustraction subite et complète des excitants naturels de la vie, ou bien enfin par suite de maladies dites spontanées et agissant directement pour faire cesser les conditions de la vie.

Ce n'est pas tout : dans les différents genres de mort, on peut encore ramener à trois modes principaux les phénomènes de la cessation de la vie ; ou bien, en effet, la mort survient par *syncope*, c'est-à-dire par cessation primordiale de la circulation, ou bien par *asphyxie*, c'est-à-dire par cessation primordiale de la respiration, ou bien enfin par *apoplexie*, c'est-à-dire par cessation primordiale de l'innervation cérébrale.

Quelque prompte, quelque foudroyante que soit la mort accidentelle, il faut toujours qu'un de ces grands anneaux de la chaîne organique se brise le premier.

Dans la mort normale, il n'en est pas de même : le principe animateur semble avoir achevé ses périodes de manifestation ou de réalisation matérielle ; il semble se retirer graduellement ; aussi les fonctions paraissent-elles s'affaiblir *simultanément*, ce qui fait que généralement il n'y a pas *d'agonie*. Nous avons mis à part les genres de mort dans lesquels il y a préalablement *maladie ;* pour qu'il y ait maladie, il faut qu'une réaction dynamique ait eu le temps de s'établir ; quand la violence matérielle est telle que des organes importants sont mis tout à coup dans l'impossibilité de fonctionner, la mort a lieu bien certainement sans maladie ; ainsi une commotion cérébrale, une grande hémorrhagie peuvent tout à coup enlever les sujets ; il n'y a pas alors d'état morbide proprement dit, pas plus chez un blessé sur le champ de bataille, que chez un supplicié sur un échafaud. Telles sont les distinctions que Cabanis aurait dû établir avant de chercher à trouver des rapports avec les dispositions mentales des sujets aux approches de la mort.

Ajoutons qu'il a omis de parler des phénomènes de l'agonie ; phénomènes si importants à considérer quand on veut s'occuper de l'état moral des mourants.

C'est une chose en effet fort remarquable, que certains sujets s'éteignent en quelque sorte tout-à-coup, passent de la vie à la mort, sans transition aucune, sans anxiété, sans douleur ; tandis que d'autres ne meurent qu'après plusieurs heures et même plusieurs jours d'une agonie terrible ; et ce qu'il y a de plus étrange , c'est que ces deux genres de mort peuvent survenir dans des maladies dont les accidents sont du reste parfaitement identiques : dans les phthisies, par exemple, bien que Cabanis prétende ici que toujours, dans ces cas, la mort est douce et accompagnée d'une source de bien-être.

L'état d'agonie ($\alpha\gamma\omega\nu$, combat) s'explique par ce fait qu'il s'établit en quelque sorte une dernière et terrible lutte entre les causes de destruction et la tendance *inégale* des fonctions à persister : certaines fonctions, en effet, persistent avec énergie; la circulation , par exemple , tandis que d'autres sont déjà complètement enrayées.

Communément l'intelligence a perdu tous ses moyens de manifestation ; une sueur froide inonde le corps, les yeux se cavent et se ternissent, les tempes se creusent et on entend les bouillonnements du râle, dit des agonisants.

Ce râle n'est ici que l'indice de phénomènes tout-à-fait secondaires, et qui hâtent une mort déjà rendue inévitable par le concours d'autres circonstances.

Chercher à rendre raison de la cessation des phénomènes de la vie par la production du râle, c'est perdre de vue les faits les plus importants, c'est lire la dernière page d'un livre et méconnaître le reste; quand le râle se fait entendre, quand l'écume s'amasse dans les tuyaux bronchiques, tout est déjà consommé ; l'individu est tué, il ne lui reste littéralement qu'à *expirer*, et c'est ce mode d'expiration qu'on a voulu donner comme la *cause* de la mort !

Quant à ceux qui meurent sans agonie, il est de fait que quelques-uns conservent jusqu'au dernier moment une lucidité parfaite; les uns ayant le sentiment de leur fin prochaine, tandis que d'autres sont surpris par la mort, alors qu'ils forment encore de longs projets d'avenir.

Nous avons vu que Cabanis, qui tenait à faire coïncider les différents genres de mort avec les âges, pose en fait que ce sont les hommes d'un âge mûr qui meurent avec le moins de résignation, tandis que dans la jeunesse, la mort n'affecte point l'âme de regrets pusillanimes. Ceci n'est rien moins que constant ; il est prouvé que ce n'est ni le sexe, ni l'âge, ni l'énergie physique qui amènent ces différences dans le courage des mourants.

Burdach a cru en trouver les causes dans les habitudes morales des sujets ; suivant lui, les médecins et les naturalistes en auraient offert le plus d'exemples.

Mais pour se rendre compte de ces différences, il faut faire une distinction importante ; trop souvent on a confondu l'*exaltation morale* avec la *résignation* calme et philosophique. La première se trouve plutôt sous la dépendance des organes. Elle est favorisée ou empêchée par le genre de maladie, la seconde est plutôt en rapport avec la force naturelle de l'intelligence.

Aussi l'exaltation morale peut-elle se montrer à tout âge, dans un sexe comme dans l'autre et dans toutes les conditions sociales ; tandis que la résignation philosophique se trouve de préférence chez les hommes habitués à méditer.

Les faits prouvent que cette distinction est fondée ; parmi les exemples de courage calme et réfléchi on peut citer le père de Burdach qui, dans ses derniers moments, s'entretint de ses affaires domestiques, sans oublier les plus petits détails ; on peut citer Henri Meyer-de Berlin, qui consolait ceux qui l'entouraient, et Jæger de Stuttgard, qui expliquait aux médecins les points vers lesquels ils devaient diriger leurs recherches à l'ouverture de son corps.

Il en est d'autres qui veulent contempler une dernière fois le spectacle imposant de la nature : ainsi J.-J. Rousseau fit ouvrir ses fenêtres pour jouir de cette sublime contemplation.

Quelques-uns se font entourer de leurs proches, de leurs amis, de leurs disciples, tandis que d'autres veulent mourir, comme le désirait Sterne, seuls et ignorés dans quelque coin obscur ; semblables en cela à la plupart des animaux, qui cachent leur mort ou dans le fond des cavernes, ou dans l'épaisseur des buissons et des halliers.

D'autres enfin, parlent d'eux-mêmes et de leurs actions passées, comme s'ils étaient déjà complètement détachés de la sphère des choses de ce monde. *Quand j'étais roi*, disait Louis XIV à ses derniers moments.

L'exaltation morale se rattache plutôt à la nature de la maladie qui termine les jours du malade et à la scène sur laquelle va s'accomplir la mort ; du reste, elle peut rouler sur des sujets très différents et se montrer à des degrés très variés.

Le fait le plus étrange de cette exaltation serait assurément la faculté qu'auraient manifestée quelques malades d'annoncer assez long-temps d'avance le moment précis de leur mort; Cabanis paraît croire à cette espèce de prévision; «quelquefois, dit-il, le malade calcule le moment de sa mort avec une précision remarquable »; Cabanis avoue également, bien que ceci ne puisse guère concorder avec son organicisme, que dans certains cas la vie, avant de s'éteindre paraît concentrer toute son influence sur le cerveau et qu'alors l'esprit acquiert une énergie et une élévation, les sentiments de courage et d'enthousiasme, prennent un ascendant, dont l'effet est de donner à cette dernière scène quelque chose de surnaturel aux yeux des assistants émus (Mém. cit., conclusion).

Disons-le cependant, rien n'est moins prouvé que cette espèce de prescience dont se trouveraient doués les mourants, en ce qui les concerne, et à plus forte raison cette autre faculté, cette prévision, en vertu de laquelle le voile qui recouvre les évènements à venir se trouverait pour ainsi dire déchiré à leurs yeux; ce sont là des fictions poétiques qui avaient cours dans l'antiquité, émises surtout par Platon et que notre Rabelais a rendues, dans son naïf langage, par une image pleine de grâce et de poésie.

«Comme nous, dit-il (Pantagr., liv. III, c. XXI), étant sur un môle et de loing voyant les mariniers et les voyagiers dedans leurs naufz et en haute mer; seulement en silence les considérons et prions pour leur prospère abordement ; mais lorsqu'ils approchent du hâvre, et par paroles et par gestes, les saluons et congratulons de ce que à port de sauveté sont avec nous arrivés ; ainsi les anges, les héros, les démons, voyant les humains proches de la mort, comme de port de repos et tranquillité, hors les troubles et sollicitudes terrestres ; les saluent, les consolent, parlent avec eux et jà semblent leur communiquer art de divination. »

C'est le passé qui véritablement préoccupe plutôt les mourants ; souvent ils reportent leurs regards sur les plus belles années de leur vie.

Le soldat qui tombe mortellement blessé sur le champ de bataille, croit parfois entendre ses proches et revoir le foyer paternel.

Et dulces moriens reminiscitur Argos.

Armand Carrel, ce soldat de la démocratie, frappé à mort et entouré de quelques amis, se revoyait dans ses jeunes années et sous le beau ciel de l'Espagne.

Mais qu'importent ces faits, dira-t-on, puisque Cabanis lui-même en a tenu compte ? Sans doute, mais comment les a-t-il rattachés à son système ? Il ne l'a pas même essayé ; ici, comme en bien d'autres endroits, oubliant qu'il avait à faire de l'organiscisme, il a fait du vitalisme, et du vitalisme ontologique. Il lui semble que la vie, *avant de s'éteindre* (sic), concentre toute son influence sur l'organe cérébral ; mais à ce compte on aurait pu lui demander ce que c'est que la vie dans son système ; comment cette vie intellectuelle, qui, suivant lui, est sécrétée par le cerveau, peut elle *agir* comme un être distinct sur ce même cerveau, comment peut-elle y concentrer toute son influence ? Mais Cabanis fait bon marché de son système, quand il se trouve en face de quelque difficulté. C'est ainsi qu'il s'est borné à parler des phénomènes de la mort sous la forme d'une *conclusion ;* il n'a su rien en déduire, pas même pour confirmer la réalité de son système; ce n'est pas de cette manière qu'ont opéré les physiologistes de l'école spiritualiste ; ceux-ci ont trouvé de nouveaux arguments jusque dans le dernier acte de la vie ; ainsi ils ont montré que dans les phénomènes de la mort sénile ou normale, la vie cesse par des causes qui semblent tout-à-fait indépendantes des conditions organiques.

En effet, de même que l'organisme, dans les premières périodes de son évolution, ne peut donner la raison de son existence et de sa perfection ; de même, dans ses dernières périodes, il ne saurait donner la raison de son déclin et encore moins de sa destruction.

Pourquoi, en effet, arrivé à un certain terme, l'accroissement des organes doit-il nécessairement s'arrêter ?

Pourquoi n'a-t-il pas continué indéfiniment, puisque les matériaux, les éléments assimilables ne lui manquaient pas ? Le côté matériel de l'économie ne saurait en donner la raison ; pourquoi ensuite, arrivé à son *summum*, l'organisme n'a-t-il pu du moins rester stationnaire ? Pourquoi a-t-il dû fatalement entrer dans une période de déclin ? C'est encore là ce que ne peut révéler le côté matériel de l'économie.

Pourquoi, enfin, arrivé à un terme qui est le même pour tous dans chaque espèce animale, la vie se retire-t-elle, ou du moins cesse-t-elle de se manifester ? Les anatomistes du premier ordre, Haller en particulier, ont reconnu qu'on ne saurait trouver dans les organes les causes de cette cessation; ils ont avoué que ce ne sont point les organes qui se refusent matériellement à l'accomplissement des fonctions, mais bien le principe d'animation qui paraît comme épuisé.

Cabanis n'a pas même abordé la question, et il ne le pouvait pas ; car il aurait ainsi dévoilé l'impuissance de son système ; et, de plus, il n'a su tirer aucune conclusion générale, soit de l'évolution dans sa marche ascendante, soit de cette même évolution dans sa période de déclin. Après nous avoir dit qu'aux premiers éléments organiques se joint *un principe inconnu* (sic), et qu'alors les combinaisons de la vie commencent ; il ne nous a plus parlé de ce principe inconnu dans les manifestations subséquentes de la vie;

il lui a paru nécessaire de l'invoquer pour rendre raison du développement primordial de l'organisme ; mais il n'a plus jugé nécessaire d'y recourir pour les autres phases de l'existence et encore moins pour expliquer les phénomènes de la mort. L'école spiritualiste a été plus conséquente avec elle-même : on va voir quelles idées grandes et philosophiques elle a su déduire de ses considérations sur la marche elle-même de l'évolution organique.

Et d'abord, il lui a paru que plus le nouvel être avance, plus il tend à devenir indépendant et à se débarrasser, pous ainsi dire, de ses liens matériels.

Primordialement, il est à l'état d'ovule, de simple vésicule ; son substratum matériel fait corps avec l'individu dans le sein duquel va s'opérer l'imprégnation fécondante ; il est confondu dans la masse ovarique, et le premier acte de son évolution consiste à se détacher de ce milieu, où déjà il y a des traces de destruction, de décomposition, puisqu'il reste dans cet ovaire, dont il s'est violemment détaché, une plaie, des lambeaux, des débris.

Après ce premier acte, le nouvel être est descendu dans la matrice, à laquelle il adhère encore, mais par un seul point, et il y est soumis à une incubation, qui n'est que la mise en train d'une vie nouvelle.

Au bout d'un temps plus ou moins long, et

pour agrandir la sphère de ses manifestations, il fait effort pour briser ses liens, il les rompt, et dès-lors il est entré dans une carrière plus vaste et plus libre ; ici encore il y a des traces de destruction, de mort ; ses enveloppes primordiales se putréfient, c'est une dépouille qu'il abandonne.

Et pourquoi, dit alors l'école spiritualiste, pourquoi, une fois arrivé ainsi à la lumière, pourquoi le nouvel être ne trouverait-il pas, dans le monde proprement dit, un nouveau foyer incubateur ? Pourquoi n'y aurait-il pas pour lui comme une sorte de matrice cosmique ? Burdach, pour donner de la vraisemblance à cette idée, a trouvé des rapprochements ingénieux et touchants ; « l'embryon, dit-il, se nourrit dans le sein maternel, l'enfant doit ses aliments à l'amour de sa mère, le jeune homme reçoit de ses parents les moyens de subvenir à ses besoins, l'homme fait se procure lui-même ce qui lui est nécessaire, et le vieillard vit de ce qu'il a acquis par le passé ; il y a donc progression continuelle vers une existence indépendante et ayant ses fondements en elle-même ; la vie semble continuellement se détacher du sol d'où elle tirait sa nourriture pour s'élancer dans un cercle d'action plus vaste. »

Le germe en effet se détache de l'ovaire, et l'embryon de la matrice ; le nourrisson quitte le sein maternel, l'enfant se dégage des bras de sa mère, et le jeune homme abandonne le cercle de sa famille; l'homme s'isole des compagnons de sa jeunesse, et le vieillard abandonne la vie civile, qui jusque-là avait été le théâtre de son activité (op. cit.). »

Les conséquences morales sont faciles ici à déduire, et on peut les suivre dans la série de tous ces faits ; lorsque le nourrisson est sur le point de quitter le sein maternel, il cherche ailleurs des éléments de nutrition et d'activité ; il porte ses regards sur des objets qu'il avait jusque-là méconnus.

Quand l'enfant se dégage des bras de sa mère, il se prépare à marcher hardiment vers un monde nouveau et qui jusque-là l'avait effrayé.

Quand le jeune homme abandonne le cercle de sa famille, il se prépare à affronter toutes les entraves, tous les dangers que lui présente la société.

Quand l'homme fait s'isole des compagnons de sa jeunesse, il se prépare à déployer en toute liberté ses instincts de force et d'énergie sur cette même société ; mais quand le vieillard s'est retiré de la vie civile, que va-t-il faire ? a-t-il la conviction que tout va finir pour lui, et qu'il va se plonger, comme le dit Montaigne, dans le sein de la mort, comme dans une profondeur muette et obscure, pleine de sommeil et d'insensibilité, ou dans le repos éternel que lui promet Cabanis ?

ou bien a-t-il comme un vague pressentiment qu'il est temps pour lui de se préparer à une nouvelle évolution, qu'il va s'élancer vers une sphère d'activité et plus grande et plus libre encore?

Dans le premier cas, c'est l'homme de l'école sensualiste : il cherche à vivre continuellement dans le passé, et il répète avec Montaigne que si la mort l'entraîne, elle l'entraîne à reculons. Dans le second, c'est l'homme de l'école spiritualiste : il regarde encore devant lui, et, comme un soldat déterminé, qui sait que par-delà ce dernier assaut il y a une autre carrière à parcourir, il marche, la face tournée en avant et les yeux fixés sur ce nouvel horison, comme pour en pénétrer d'avance la mystérieuse obscurité.

C'est en considérant à ce point de vue les différentes phases de la vie humaine que l'école spiritualiste en physiologie a trouvé de nouveaux arguments en faveur de cette doctrine qui ne voit dans l'ensemble des organismes que le côté plastique, que le côté fini du principe d'animation et d'intelligence universelle.

La question est donc posée ici tout autrement que dans l'antiquité et dans la plupart des écoles modernes; il ne s'agit plus de se demander si le principe de l'intelligence doit être considéré comme *logé* dans telle ou telle partie du cerveau, ou comme un simple accident de la matière, comme une *fonction* dépendante de l'arrangement de cette même matière ; placés dans cette alternative, les physiologistes et les philosophes se débattaient depuis des siècles ; l'école spiritualiste en physiologie a changé les termes et le fond de ce problème ; elle vise à l'honneur de concilier les données de la physiologie, c'est-à-dire de la science avec celles de la morale ; elle cherche à établir que le principe de l'intelligence n'est ni l'*hôte* du cerveau, ni le *résultat* de son arrangement matériel ; elle prétend prouver que le principe de la vie tend continuellement et partout à se manifester, à se réaliser, en poussant la matière dans les mille et mille formes de l'organisation ; qu'infini dans son essence, il nous apparaît alors comme fini dans l'espace ; qu'impérissable de sa nature, il nous apparaît comme périsssable dans le temps ; elle voit ainsi l'intelligence, la pensée, l'esprit, l'âme enfin, le ψυχή des Grecs, matériellement réalisé sous la forme de l'organisation cérébrale ; sous cette forme, elle le voit fini et périssable ; mais elle ne s'en croit pas moins en droit de conclure à son immatérialité et à son immortalité.

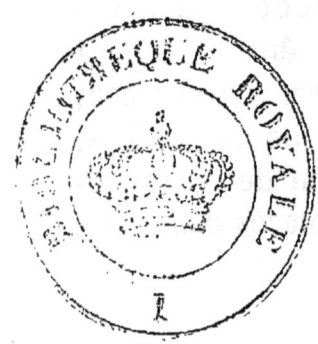

FRAGMENTS DE PHILOSOPHIE MÉDICALE;

(§ Ier. GALL.)

Le premier jour de l'an 1805, un médecin né à Tiéfenbrunn, dans le grand duché de Bade, reçoit de son père les lignes suivantes : « Il est tard, et la nuit pourrait n'être pas loin : te verrai-je encore? » *Es ist abead, und kounte bald nacht werden : werde ich dich noch sehen?* Il ne fallait rien moins qu'une invitation aussi touchante pour arracher ce médecin à ses amis, à ses malades, et surtout à ses études, à ses longs projets d'avenir; déjà même, si nous voulons l'en croire, dans ce coin ignoré de l'Allemagne, il avait découvert tout un monde moral; son esprit, après de longues méditations, après des recherches et des observations nombreuses, avait enfin créé de toutes pièces une doctrine jusque là complètement ignorée; il ne lui restait plus qu'à révéler ces découvertes, cette doctrine à l'Europe savante; ce médecin n'était autre que F.-J. Gall, qui, peu d'années après, ne craignit pas de se donner comme le *fondateur de la physiologie du cerveau,* et comme l'auteur d'un *magnifique ouvrage reçu dans toutes les bibliothèques de l'Europe,* etc. (Gall, Fonct. du cerveau, Paris, 1822, t. I, avert.)

Comme tous les hommes qui ont la conviction d'avoir fait de grandes et importantes découvertes, ou qui du moins veulent faire croire à cette conviction, comme tous ceux qui se sont imposé la mission d'annoncer et de propager dans le monde de grandes vérités, Gall ne se dissimulait pas qu'il aurait à *vaincre des préventions nombreuses, des préjugés et des opinions contraires;* il le déclare du moins (loc. cit.), et cependant il ajoute, quelques pages plus loin, que partout il reçut *l'accueil le plus flatteur*; *que les souverains, les ministres, les savants, les administrateurs et les artistes le secondèrent dans toutes les occasions et augmentèrent ses collections en lui fournissant de nouvelles observations* (loc. cit.).

Préambule contradictoire, emphatique, et qui, loin de donner plus de créance à ses prétendues découvertes, exigera par cela même plus de sévérité et plus de défiance dans leur appréciation.

S'il est vrai, en effet, qu'en d'autres temps les apôtres de la vérité aient dû souvent rencontrer, sinon des persécutions, au moins des préventions, des préjugés ou des opinions contraires, ce n'était pas au XIXe siècle, et après une révolution qui avait fait table rase, au moins dans notre pays, qu'il pouvait avoir à redouter ces obstacles ; loin de là, on était plutôt disposé à accueillir et avec engouement non pas seulement des vérités nouvelles, mais toute espèce d'innovation : ainsi Gall s'abusait, ou voulait nous faire croire qu'il s'abusait, quand il a écrit ces lignes ; et s'il est vrai qu'il ait reçu cet accueil empressé de la part de tant de hauts personnages, nous ne chercherons pas à lui dénier ces sortes de faveurs; nous ferons seulement remarquer que ce temps-là aussi est loin de nous, où l'assentiment des *souverains*, des *ministres d'état*, des *grands administrateurs*, pouvait faire admettre d'emblée des opinions, des croyances; ce qu'on demande aujourd'hui, ce qu'on exige dès que le premier engouement est tombé, c'est un ensemble de preuves, une masse de faits qui lèvent tous les doutes.

Mais qu'avait donc à nous annoncer le docteur Gall, au début de cette mémorable année 1805? Qu'allait-il dire à l'Allemagne savante, à ce noble pays qui semblait s'être concentré dans la culture de la pensée, depuis que le sort des armes avait fait peser sur l'Europe tout entière le gigantesque empire français? Ce prétendu fondateur de la physiologie du cerveau allait tout d'abord déclarer, car c'est ainsi qu'il s'exprime (loc. cit. 5, 6), que *plus on devient savant, plus on s'écarte de la vérité*. C'est peut-être par suite de cette idée première qu'il crut avoir fait tant et de si grandes découvertes, car ses études médicales avaient été faites dans des conditions fort singulières; il assure en effet que, de son temps, *dans l'enseignement de la médecine* (là sans doute où il avait étudié) *on parlait beaucoup des fonctions des muscles, des viscères, etc., mais qu'on ne disait rien des fonc-*

tions du cerveau et de ses diverses parties (loc. cit.). Or, c'est en partant de ces bases que Gall procéda à ses découvertes et qu'il édifia sa doctrine.

Mais peu importe après tout quelles étaient ses idées lors de l'enfantement de sa doctrine ; ce que nous devons examiner ici, c'est cette doctrine elle-même, ce sont les fondements, les bases sur lesquels il l'a édifiée. Or, Gall nous a facilité ce travail; dès le début de son livre, dès son avertissement, il nous a tout d'abord indiqué quelles sont ses propositions fondamentales. Il pèche cependant ici par un vice de raisonnement; son but est, dit-il, d'exposer une doctrine sur les fonctions morales et intellectuelles du cerveau; or, pour cela, il veut d'abord indiquer les conditions que *suppose* cette doctrine ; mais loin de partir ainsi du doute, il parle de ces conditions comme si déjà elles étaient acceptées ; il parle de ses prétendues découvertes comme si elles ne devaient plus être contestées; il ne voit dans l'économie que des organes et des fonctions diversement localisées et manifestées ; le cerveau est un viscère, comme le cœur, le foie, etc., et tout ce qu'on résume sous le nom de moralité, d'intelligence, d'âme enfin, consiste tout simplement en fonctions de ce même viscère; ce qui fait que Gall, à peine entré en matière, dès l'énonciation de ses têtes de chapitres, montre qu'il appartient à l'école de Cabanis, et partant à l'école sensualiste du XVIII° siècle.

Quoiqu'il en soit, et c'est là ce qu'il ne faut pas perdre de vue, il assure que la possibilité *d'une* doctrine sur les fonctions morales et intellectuelles du cerveau suppose des conditions particulières : il aurait dû dire la possibilité de *ma* doctrine et non *d'une* doctrine ; mais voyons ces conditions :

« 1° Les qualités morales et les facultés in-
» tellectuelles sont innées. »

Nous prouverons tout à l'heure que cette proposition, nécessaire ou non à la *possibilité* de la doctrine de Gall, ne lui appartient pas ; elle est aussi ancienne que la psychologie. Gall se l'est ici appropriée à tort, comme proposition générale ; nous verrons cependant s'il n'y a pas mis, comme on le dit, du *sien*, et rendue hypothétique en plusieurs points. Pour le moment, faisons remarquer que pour le promoteur d'une doctrine fondée tout entière sur *les fonctions* du cerveau, c'est-à-dire pour un physiologiste qui ne voit qu'un viscère et des actes ultérieurs, c'est un singulier langage que celui qui nous parle de *qualités morales innées, de facultés intellectuelles innées!!* Mais poursuivons l'exposé des conditions dans lesquelles Gall croyait sa doctrine possible.

« 2° L'exercice ou la manifestation des fa-
» cultés ou qualités morales dépend de l'orga-
» nisation. »

C'est encore là une condition qui a été posée de tout temps par les physiologistes, aussi bien dans l'antiquité que dans les temps modernes ; Gall pouvait l'exiger pour établir sa doctrine, mais il n'aurait pas dû la donner comme *sienne*.

« 3° Le cerveau est l'organe de tous les pen-
» chants, de tous les sentiments et de toutes les
» facultés. »

Même remarque que pour la condition précédente ; ceci a été enseigné de tout temps, excepté sans doute là où Gall avait étudié ; car il nous a dit qu'il avait bien entendu ses maîtres parler des fonctions de l'estomac, des muscles, etc., mais qu'ils ne lui avaient jamais dit un mot des fonctions du cerveau ; ce qui fait que Gall pouvait se croire à bon droit le fondateur de la physiologie du cerveau, ignorant de bonne foi que d'autres avaient professé ces différents points de doctrine.

« 4° Le cerveau est composé d'autant d'or-
» ganes particuliers qu'il y a de penchants, de
» sentiments, de facultés qui diffèrent essentiel-
» lement entre eux. »

Pour le coup, voici une condition qu'il faut de toute nécessité accepter pour que la doctrine de Gall soit possible, puisque cette condition n'est au fond que sa doctrine elle-même ; c'est donc une condition qui lui appartient, qu'il a sinon émise positivement le premier, du moins développée, suivie dans toutes ses conséquences; elle est *sienne* enfin tout aussi bien que la proposition suivante, qui en est le côté pratique ou d'application.

« 5° La forme de la tête et du crâne, qui re-
» présente, dans la plupart des cas, la forme
» du cerveau, suggère des moyens pour décou-
» vrir les qualités et les facultés fondamentales. »
(Op. cit. avert. v, vi.)

Telles sont les cinq conditions que Gall nous engage à supposer pour rendre *possible* sa doctrine sur les fonctions morales et intellectuelles du cerveau.

Les trois premières, nous le prouverons surabondamment dans le cours de cet examen, les trois premières sont complètement étrangères à ses découvertes; professées avant lui, professées depuis lui, il a pu en user, mais il a eu grand tort de les donner comme les résultats de ses propres observations; il n'en reste donc que deux, ou plutôt qu'une seule véritablement à lui; c'est la prétendue multiplicité des organes encéphaliques, organes qui tous correspondraient à un égal nombre de facultés et qualités morales.

Ceci une fois bien entendu, nous pourrions pour abréger notre travail passer immédiatement à l'examen de cette dernière et unique proposition; pourquoi, en effet, dans une analyse critique qui doit porter exclusivement sur les doctrines de Gall, irions-nous le suivre pas à pas dans l'exposition de faits qui n'appartiennent réellement pas à ce physiologiste? Pourquoi irions-nous transporter le débat sur un terrain qui lui est complètement étranger? Ces réflexions, on le pense bien, nous les avons faites tout d'abord ; et cependant nous nous sommes décidés à n'attaquer sa pluralité des organes encéphaliques, sa topographie cérébrale, qu'après avoir brièvement examiné les questions qu'il a cru devoir d'abord traiter ; et voici nos raisons : Gall, pour donner plus de valeur à son système, a assez adroitement englobé toute une série de faits physiologiques déjà et depuis longtemps acquis à la science ; il les a englobés, dis-je, dans sa doctrine ; cette manœuvre devait avoir un certain succès auprès de ceux qui sont étrangers aux sciences physiologiques : aussi, sur les six volumes qui composent son ouvrage, en a-t-il consacré près de la moitié, presque trois, à l'*exposition* et à la *discussion* de faits déjà reconnus vrais *dans certaines limites*; et ce n'est qu'après avoir ainsi longuement discuté ces mêmes faits qu'il a enfin, et dans les derniers volumes, abordé réellement sa doctrine ; il en résulte qu'il n'a pu être jusqu'ici complètement dépouillé de ses plagiats et de ses erreurs, même aux yeux des physiologistes qui n'admettaient pas sa doctrine ; ceux-ci, en effet, tout en déclarant que sa topographie encéphalique ne repose absolument sur aucun fait, et qu'elle devrait être éliminée de la science, ceux-ci, dis-je, ont cru devoir lui reconnaître une certaine valeur en physiologie générale, c'est-à-dire, pour tout ce qui n'a pas trait à sa localisation des facultés et des penchants.

Un autre motif nous a fait encore une loi d'examiner les assertions de Gall dans cette première partie de son ouvrage; c'est que, tout en exposant des faits vrais en principe, des faits vrais *dans certaines limites*, il les a souvent rendus contestables et même absolument faux, en les exagérant ou en les appliquant d'une manière vicieuse, et dans le seul intérêt de son système ; disons cependant que si nous nous sommes décidés à faire cet examen préalable, nous n'avons pas cependant jugé à propos de suivre Gall dans toutes ses digressions; il n'a pas, d'ailleurs, lui-même, suivi rigoureusement les propositions que nous venons d'exposer telles qu'on les trouve dans son avertissement; à peine avait-il parlé de la première qu'il s'est mis à faire de nombreuses applications de l'ensemble de son système, comme si déjà il en avait prouvé la réalité, et cela dans le premier de ses six volumes. Ainsi il a voulu tout d'abord appliquer ses principes à l'homme, *comme objet d'éducation et de punition* (t. 1, p. 349), aux maisons de correction et aux prisons; il a discuté, toujours d'après une doctrine non encore développée, la *graduation des peines*, la *peine de mort*, etc., etc.; il a parlé *du fatalisme et du matérialisme, du bien et du mal moral*, etc.; *du libre arbitre, de la liberté illimitée, absolue, illusoire, morale*, etc., etc.; digressions, je le répète, nécessairement prématurées et dans lesquelles nous ne pouvions pas encore entrer; nous nous en tiendrons à ses cinq conditions, puisqu'il nous a dit qu'il faut d'abord les supposer pour que sa doctrine soit possible, et ce n'est qu'après cet examen que nous passerons à l'application de ses principes. Telle est la méthode qu'il aurait dû suivre lui-même.

Ceci une fois dit, reprenons, sans autre préambule, la première proposition formulée par Gall, toujours dans le but de rendre sa doctrine possible.

Ce sera notre première tête de chapitre.

§ Iᵉʳ. LES QUALITÉS MORALES ET LES FACULTÉS INTELLECTUELLES SONT INNÉES.

Si Gall s'était borné à énoncer, à rappeler purement et simplement cette proposition, loin de chercher à la contester, il faudrait plutôt demander quels sont les physiologistes qui ont soutenu une opinion contraire, et même quels sont les idéologues, (à l'exception de Condillac et de ses rares disciples), qui ont voulu faire ainsi dériver de la sensation jusqu'aux facultés de l'intelligence. Tous, en effet, se sont accordés à dire que les facultés ou les propriétés qui constituent l'entendement humain sont nécessairement innées ; ils ont différé seulement entre eux sur la manière d'expliquer cette *innéité*. Ainsi, pour l'école sensualiste et pour les partisans de l'organicisme pur, les facultés de l'intelligence sont innées en ce sens que, résultant tout simplement de l'action du cerveau, elles se manifestent avec d'autant plus d'évidence et d'énergie que cet organe acquiert plus de développement ; de même, disent-ils, la circulation se fait avec d'autant plus d'activité et de force que le cœur a acquis plus de développement. Mais à cela les spiritualistes répondent : Vous êtes dans l'erreur, aussi bien pour la circulation que pour l'intelligence ; le premier mobile des fonctions, loin d'attendre la formation, le développement, l'achèvement des organes, se manifeste et commence à agir à une époque où les organes n'existent pas encore ! Ainsi, pour nous en tenir à votre comparaison, le sang se met en mouvement et commence à circuler à une époque où il n'y a pas encore de cœur pour le pousser *à tergo;* ce liquide s'ouvre *de lui-même* des voies d'acheminement dans la masse embryonnaire, et la même chose se manifeste dans des produits pathologiques, dans l'épaisseur des pseudo-membranes, par exemple ; donc le sang a dû s'ouvrir, se tracer les ornières que plus tard il suivra invariablement ; ainsi les spiritualistes font remonter plus haut encore que les sensualistes cette innéité du principe des fonctions, mais ils répètent avec Leibnitz, qu'il n'y a d'inné dans l'entendement que l'entendement lui-même.

L'innéité des facultés mentales a donc été de tout temps un fait admis et reconnu ; mais Gall n'a pas voulu s'en tenir à cet énoncé général ; aussi, ce qui était vérité est devenu hypothèse, supposition, simple assertion, dès qu'il a voulu l'appliquer à sa doctrine, toujours dans le but de la rendre possible.

Il ne s'est plus borné, en effet, à dire que les facultés mentales sont innées ; pour faire concorder cette proposition avec son système, il l'a développée en disant que : *les aptitudes industrielles, les instincts, les penchants, les talents, etc., sont innés* (loc. cit. tom. 1, p. 62.) et dès lors il a rendu tout contestable.

Les idéologues contemporains avaient cependant fait des concessions. Ils ne s'en étaient pas tenus rigoureusement à leurs cinq ou six facultés de l'intelligence, ils avaient dit qu'on doit aussi reconnaître comme innés les *modes* suivant lesquels s'exercent ces facultés ; ils avaient reconnu que celles-ci se décomposent et se spécialisent en quelque doute ; ainsi, de même qu'ils admettaient l'innéité de *la mémoire en général*, ils étaient disposés à admettre l'innéité de *la mémoire des lieux*, de *la mémoire des noms*, etc., etc. ; mais ce n'est pas cela qu'entendait Gall :

il voulait qu'on reconnût encore comme innés des aptitudes industrielles et jusqu'à des *talents*, c'est-à-dire des faits, des notions, des capacités acquises par l'éducation. Et c'est en ce sens qu'il s'attribue ici une première série de découvertes, tout en reconnaissant qu'il n'est pas d'accord avec lui-même sur leur nombre, puisque de son propre aveu il aurait découvert de 27 à 30 *facultés mentales* (loc. cit., 64).

Pour nous résumer sur ce premier point, nous dirons que Gall, d'une proposition vraie, en tant que générale, a fait une série de propositions contestables ; donc ce qu'il y a ici d'hypothétique, d'erroné, lui appartient, et ce qu'il y a de vrai, de positif, n'est pas de lui, et cependant, dans cette partie de son livre, il s'est beaucoup plus occupé de confirmer ce qui était admis et connu, que de chercher à fortifier ses propres hypothèses ; il s'est mis à écrire douze chapitres pour réfuter des opposants qui n'existaient pas ; il a voulu prouver, par exemple, que les sens et que les sensations reçues par suite des impressions extérieures, ne sauraient donner naissance à aucune faculté morale ou intellectuelle (p. 78). Or, nous l'avons déjà dit, à l'exception de Condillac, quel est le philosophe, quel est surtout le physiologiste qui a jamais soutenu pareille énormité ? Puis, dans un autre chapitre, Gall veut bien nous apprendre que l'éducation perfectionne, détériore, comprime ou dirige les facultés innées, mais qu'elle n'en fait naître aucune, etc., etc. Mais, encore un coup, personne ne prétend nier l'innéité des forces intellectuelles, cette base est reconnue vraie ; ce que Gall aurait dû se mettre ici à prouver, c'est l'innéité des forces spéciales de *sa façon*, l'innéité des talents si souvent énumérés dans son système, et sur lesquels nous aurons plus tard à revenir.

Au reste, ici comme partout, Gall a fait un mélange perpétuel de vérités et d'erreurs, et il a soutenu le tout en bloc, comme pour faire passer les erreurs sous le couvert des vérités. Ainsi, dans le passage dont il est ici question, il soutient à la fois l'innéité des instincts, des penchants, des aptitudes industrielles et des talents, faisant du tout 27 à 30 qualités morales, ni plus ni moins, et il conclut en disant que ce sont là autant de découvertes dues à son génie.

Nous verrons bien quand nous les examinerons en particulier. Pour le moment, et sans sortir encore des généralités, faisons la part de ce que Gall a prétendu ajouter ici à la science.

Il est évident que l'innéité des facultés intellectuelles et morales était un fait reconnu et acquis à la science ; Locke et Cabanis avaient eux-mêmes écrit en faveur de sa démonstration.

Il n'est pas moins évident que l'innéité des instincts, et conséquemment des penchants, des aptitudes qu'on pourrait appeler instinctives, était également reconnue, non seulement chez l'homme, mais encore dans la série animale ; Cabanis, nous l'avons vu, avait ajouté un chapitre dans ce sens sur l'instinct et sur les déterminations instinctives.

Ainsi Gall, sur tous ces points, n'a pu rien ajouter à la science. Ce qu'il est venu dire le premier, c'est qu'on avait trop restreint le nombre des facultés intellectuelles et morales, que lui en avait trouvé un beaucoup plus grand nombre, qu'il en avait *découvert* de 27 à 30 !

Suum cuique. Voilà d'abord ce qui lui appartient ; nous ne pouvons cependant, avant d'en finir sur ce point, nous empêcher de faire remarquer quelle mauvaise guerre ce physiologiste avait faite aux psychologistes de son temps. En effet, il leur reproche sans cesse de n'avoir voulu admettre que 4 ou 5 facultés intellectuelles, tandis que lui en avait découvert un si grand nombre. Mais il aurait pu multiplier de nouveau ses prétendues facultés, il n'y a pas de limites sous ce rapport ; aussi ses successeurs ne sont-ils pas d'accord en cela avec lui ; et on peut ajouter qu'il ne l'était pas avec lui-même ; peut-être même y avait-il ici un peu de mauvaise foi de sa part. Les psychologistes, en bornant à 5 ou 6 le nombre des facultés de l'intelligence, avaient simplement entendu par là les facultés nécessaires *à la formation des idées*, et rien de plus ; ainsi c'était *l'attention*, *la perception*, *la comparaison*, *le jugement*, *la volonté et la mémoire*, mais ceci ne les empêchait nullement d'admettre l'existence et l'existence innée des *instincts*, *des penchants*, *des aptitudes*, etc. Donc si les psychologistes avaient voulu désigner également ces instincts, ces penchants, etc., sous le nom de facultés, ils en auraient sans doute trouvé un nombre assez considérable ; mais pour être rigoureux, pour montrer comment procède l'esprit dans l'acquisition, dans la formation des idées, ils avaient distingué et partant réduit à un petit nombre les facultés mentales proprement dites, et de là la guerre que Gall est venu leur faire. Mais nous nous réservons d'examiner plus tard comment il s'y est pris pour nous prouver que de simples propensions instinctives doivent être placées au nombre des facultés de l'esprit et qu'on doit regarder comme innés ses 27 ou 30 talents industriels.

Maintenant nous voici arrivés à la seconde condition requise par Gall pour l'établissement de sa doctrine.

§ IIe. L'EXERCICE ET LA MANIFESTATION DES QUALITÉS MORALES ET DES FACULTÉS INTELLECTUELLES DÉPENDENT DE L'ORGANISATION.

Pour quiconque est initié à l'étude des sciences physiologiques, il est à peine besoin de faire remarquer que ce principe a encore été admis de tout temps. Les psychologistes eux-mêmes, tout en soutenant que l'essence de l'âme ne saurait être modifiée par les conditions matérielles, ont reconnu que ces mêmes conditions ont une influence manifeste sur *l'activité* de l'âme. Gall n'avait donc pas besoin d'accumuler ici arguments sur arguments pour prouver ce qui n'était pas en question. Cependant voyons les faits qu'il a mis en avant pour donner plus d'évidence à cette proposition.

Ici il a posé quelques principes qui exigeaient eux-mêmes des démonstrations. Nous allons successivement les énumérer en les accompagnant de quelques réflexions.

« 1° Les qualités morales et les facultés in-
» tellectuelles se manifestent, augmentent et di-
» minuent suivant que leurs organes se dévelop-
» pent, se fortifient et s'affaiblissent. (Op. cit., t. I, p. 191.)

Pour donner plus de valeur encore à cette assertion, Gall, après avoir rappelé quelques détails anatomiques, ajoute : *On voit clairement, par cette succession de développement, que les facultés de l'esprit et de l'âme, et leur manifestation, suivent* PAS A PAS *l'état de leurs conditions matérielles* (loc. cit., 193). Ainsi il croit pouvoir démontrer que les organes encéphaliques se forment et se perfectionnent matériellement en raison de la manifestation proportionnelle des facultés de l'intelligence, *et vice versâ.*

Assurément, pour ceux qui n'y regardent pas de fort près, pour ceux qui ne voient les choses qu'en bloc pour ainsi dire, cette assertion peut paraître exacte de tout point. Mais quand on se met à suivre *pas à pas* l'évolution de ces organes et qu'en même temps on considère le développement de l'intelligence, on s'aperçoit bientôt que les choses ne se passent pas tout-à-fait comme le prétend Gall. Et d'abord, comment se fait-il que, dans l'embryon humain, c'est l'encéphale qui, de tous les organes, sera le premier formé, et qui néanmoins va se trouver condamné à sommeiller pendant tout le cours de la vie intra-utérine? Comment se fait-il que cet organe est complètement formé, achevé, vers la septième année, c'est-à-dire à une époque où l'intelligence n'est rien moins que développée? Que devient ici cette assurance de Gall, qui voit partout les fonctions suivre *pas à pas* l'état des conditions organiques?

Nous l'avons dit, dans notre examen des doctrines de Cabanis, tout se forme, tout se perfectionne dans des vues d'avenir, et non à mesure des besoins présents.

Mais Gall n'a pas été plus exact quand, pour compléter cette proposition, il a dit que, chez les vieillards, à mesure que les centres nerveux diminuent, il ne reste plus que *des sensations émoussées*, et que *débilité d'esprit*. Sa diminution des centres nerveux est d'abord une pure hypothèse anatomique, et quand il ajoute que la marche des fonctions est encore ici la même que celle des organes; il interprète mal les faits psychologiques.

En effet, c'est toujours cette mauvaise théorie de Lucrèce, théorie contraire aux faits d'observation ; car, nous l'avons dit ailleurs, ce n'est pas l'esprit qui faiblit chez les vieillards, ce sont les fonctions dévolues aux appareils de sensations spéciales. Que Gall nous dise qu'il n'y a plus alors chez eux que des sensations *émoussées*, il a raison ; car l'ouïe devient dure, la vue faible, etc., mais l'esprit n'est pas atteint de *débilité*. Ritter a prouvé qu'il a plus d'énergie que jamais ; sa force peut même passer pour de la dureté ; il est des vieillards impitoyables ; il y a plus : si l'on en croit Burdach, l'esprit acquiert alors une allure plus libre, la conception devient plus lucide, et le jugement plus dégagé d'influences étrangères (Physiol., t. V, p. 534).

Disons cependant ici qu'il n'est nullement dans nos intentions de chercher à infirmer ce fait, que *l'activité* des fonctions intellectuelles doit se manifester en raison du degré d'achèvement et de perfectionnement des organes encéphaliques ; mais nous persistons à dire que la manifestation essentielle, que la marche ascendante ou décroissante de l'énergie et de la rectitude mentale n'est point en rapport avec les lois de l'évolution organique, et qu'elle ne saurait en suivre pas à pas les progrès et la dégradation.

« 2. Quand les organes de l'esprit et de l'âme
» ont acquis un haut degré de développement
» et de perfectionnement, il en résulte pour ces
» organes la possibilité de manifester leurs fonc-
» tions avec beaucoup d'énergie. » (Op. cit.,
t. I, 200.)

C'est ici le lieu de faire remarquer que Gall, qui a écrit dans ce même volume un chapitre tout exprès pour se défendre du reproche de matérialisme, tombe précisément ici dans ce matérialisme qui consiste à ne voir pour le moral de l'homme que des organes et des fonctions; entraîné ici par ses propres raisonnements, ou plutôt par la logique de son système, il tombe, dis-je, dans ce même matérialisme, puisqu'il nous donne l'intelligence, l'esprit, l'âme enfin, comme un simple produit, une pure fonction des organes encéphaliques. Quoiqu'il en soit, et bien que se réservant d'administrer plus tard de nouvelles preuves à l'appui de cette proposition, Gall indique par avance quelques-uns des faits snr lesquels il pourra s'appuyer, et ces faits, les voici : parmi les hommes, il en est qui sont presque stupides, d'autres médiocres et d'autres qui sont éminents, qui sont doués d'un vaste génie; ceci est de toute évidence ; mais comment juger du degré de développement et de perfectionnement d'organes aussi profondément cachés que les organes encéphaliques? Gall a pour cela un critérium : c'est l'étendue appréciable, ou plutôt le volume, la masse de ces organes ; Gall ne jugera jamais que d'après cet élément ; il ne s'occupera jamais de l'organisation intime, de la trame, de la contexture, de la *qualité* enfin de la substance encéphalique, il lui suffira toujours de connaître la *quantité*, soit totale et absolue, comme dans le cas présent, soit partielle et relative : erreur fondamentale dans sa doctrine, et qui déjà nous permettrait de la juger *à priori* ; erreur qui ne fait que poindre ici, mais que nous verrons bientôt et à chaque instant reproduite, puisqu'elle est l'une des bases principales de son système.

Ici donc il pose en fait que les hommes réduits à l'état d'idiotisme ont la tête petite, tandis que les hommes de génie ont une tête énorme, et pour le prouver il commence à exposer, ou plutôt à raconter cette longue série d'anecdotes que nous aurons sans cesse à répudier, attendu que dans les sciences, on doit constamment s'appuyer sur des observations rigoureuses et positives, et non sur des récits, sur des historiettes plus ou moins intéressantes.

Mais ce n'est pas encore le moment d'établir quels doivent être les vrais principes, la méthode réelle d'observation scientifique : nous y reviendrons lorsque Gall nous dira comment il s'y est pris pour faire toutes ses découvertes ; nous dirons aussi, et lorsqu'il sera plus particulièrement question des fonctions du cerveau, quels sont les résultats fournis par les recherches statistiques précisément sur cette question du volume de cet organe comparé au degré d'intelligence ; pour le moment, nous nous bornerons à faire remarquer les contradictions de Gall en ce qui concerne ses propres observations.

Pour prouver d'abord que dans *tous* les cas particuliers où des hommes de talent et de génie n'étaient pas d'une grande stature, leurs têtes n'étaient plus en rapport avec leurs corps, il en appelle d'une part aux œuvres des artistes, et d'autre part il accuse ces mêmes artistes d'avoir obéi à des préjugés ; il trouve que *dans leurs ouvrages, et conformément à ce qu'indique la nature, ils font aller les qualités énergiques intellectuelles avec de grandes têtes* (201), et il trouve en même temps *qu'obéissant à des préjugés quand ils sont chargés de sculpter en marbre le buste d'un grand homme, et qu'ils rencontrent des proéminences inaccoutumées, ils ne manquent pas d'aplanir, d'adoucir ces saillies* (loc. cit.).

Telles sont les preuves donnés par Gall pour confirmer sa proposition générale : qu'on juge par là de la valeur de celles qu'il donnera lorsqu'il sera question non plus seulement du volume, de la masse encéphalique, mais du volume de chacune des portions de cette masse, portions qu'il lui plaira d'appeler des organes ! Au reste, et je viens de le dire, nous aurons bientôt à placer, en regard de ces assertions, des résultats obtenus à l'aide d'observations positives et faites sur de fort grands nombres ; et dès lors il sera facile de savoir à quoi s'en tenir sur ce point.

« 3° On ne peut expliquer que par la diffé-
» rence de l'organisation des deux sexes com-
» ment certaines facultés sont plus énergiques
» chez l'homme, et d'autres chez la femme. »

Dans son acception générale cette proposition est vraie, elle est même banale, mais Gall l'a rendue hypothétique par les développements qu'il lui a donnés.

Si la femme diffère de l'homme, c'est, suivant lui, parce que la parties antérieures de son cerveau sont plus petites, et les parties supérieures et postérieures plus fortement développées que chez l'homme. Quant aux preuves, il les réserve pour un autre moment ; tout ce que je dirais ici sur cet objet, reprend-il, ne pourrait être bien compris que lorsque j'aurai traité plus particulièrement de chaque organe et des fonctions qui y ont rapport.

Nous attendrons que Gall puisse se faire bien comprendre, mais nous ne pouvons nous empêcher de faire remarquer que c'est un système mal coordonné, mal exposé, que celui qui vous fait débuter par des propositions générales et absolues complètement dénuées de preuves, et qui, ajournant ainsi les preuves, vous force perpétuellement à passer de l'inconnu à un prétendu connu.

« 4° Lorsque la conformation du cerveau des
» divers individus est semblable, les penchants
» et les talents sont semblables quelque différente
» que soit la forme du corps, et lorsque la con-
» formation du cerveau est différente, les pen-
» chants et les talents diffèrent, quelque ressem-
» blance qu'il y ait entre le reste du corps
» (206). »

Deux pages de texte seulement suivent cette proposition, mais c'est en vain qu'on y chercherait encore quelques preuves, quelques faits propres à la confirmer : comme toujours on ne trouve que des assertions et des anecdotes ; les assertions reproduisent absolument la proposition ; ainsi on assure que s'il y a des différences parmi les hommes des diverses nations, c'est que certaines parties du cerveau sont très développées chez les uns et très-peu chez les autres, etc., etc. Quand aux anecdotes, elles sont relatives à trois paires de jumeaux que Gall a connus personnellement. Voici, à ce sujet, ses observations : deux de ces jumeaux se ressemblaient tellement qu'il était très difficile de les distinguer l'un de l'autre ; il est bien entendu que dès lors, leurs penchants et leurs talents étaient en tout semblables ; chez deux autres il y avait des différences notables pour quelques parties du cerveau, d'où différences non moins sensibles dans leurs facultés et dans leurs penchants ; on devait s'y attendre ; car, règle générale, Gall ne cite jamais de faits contraires à sa théorie ; enfin, pour ce qui est des deux autres jumeaux, comme ils étaient issus d'une mère *très-bornée*, et d'un père *homme plein de talent*, et comme l'un ressemblait physiquement à sa mère et l'autre à son père, il est arrivé, et on devait s'y attendre encore, que le premier *décelait en toutes choses la plus obscure médiocrité*, tandis que l'autre *avait un esprit très élevé.*

Voilà un premier échantillon des faits, des preuves dont Gall a farci tout son ouvrage ; voilà les preuves dont se sont contentés ses adeptes ; et elles leur ont même paru tellement décisives, qu'aujourd'hui encore celles qu'ils recueillent sont de la même espèce, de la même force.

« 5° Quand la constitution physique se trans-
» met des pères aux enfants, ceux-ci participent
» dans la même proportion à leurs qualités mo-
» rales et à leurs facultés intellectuelles. » (208.)

Pour juger avec impartialité de la valeur, ou plutôt de l'exactitude de cette proposition, je me suis placé dans des conditions de doute absolu ; je n'ai voulu nullement procéder avec l'intention de la réfuter ; il y a plus, elle me paraissait plutôt et au premier abord très vraisemblable ; mais enfin ici, comme partout, j'ai demandé des faits, j'ai voulu savoir quels étaient ceux qui avaient porté Gall à formuler cette proposition ;

or, voici ce que j'ai trouvé dans son commentaire : d'abord trois vers d'Horace, qui nous disent que les forts engendrent des forts, et que chez les bœufs comme chez les chevaux, les qualités sont de race, ce qui ne m'a paru guère propre à prouver que les enfants héritent de leurs parents et les facultés et les qualités morales dont ceux-ci sont doués, dans la même proportion qu'ils héritent de leurs conditions physiques ; j'ai trouvé ensuite une citation empruntée à Gaubius ; il s'agit du goût fort étrange qu'auraient eu un père et sa fille pour la chair humaine ; Gall ajoute à ce fait déjà si intéressant d'autres exemples où le penchant au vol, à l'ivrognerie etc., aurait été également transmis par voie de génération, et il conclut en demandant comment des dispositions tant bonnes que mauvaises pourraient ainsi se transmettre, si elles n'étaient fondées sur l'organisation.

A cela nous répondrons que, quand bien même l'hérédité de ces dispositions serait prouvée, quand bien même elles seraient fondées sur l'organisation, les faits qu'il vient de citer seraient loin de prouver sa proposition, puisqu'il va jusqu'à dire que cette hérédité des dispositions morales est exactement *proportionnelle* à l'hérédité des dispositions physiques! Que d'observations ne faudrait-il pas pour mettre hors de doute une proposition aussi absolue et aussi particularisée ! Et comment d'abord faudrait-il s'entendre sur la mesure de cette proportion dont parle Gall?

Comment pourrait-on évaluer une proportion dans l'hérédité physique comparativement à une proportion dans l'hérédité morale? Combien d'observations ne faudrait-il pas rassembler pour prouver que cette double hérédité marche toujours dans des proportions égales? Rien de plus facile assurément que de formuler des propositions absolues, tranchantes, impérieuses, pour ainsi dire ; mais que de travaux seraient nécessaires pour élever ces pures assertions au rang de propositions scientifiques, en un mot, pour en faire des *lois!* Gall n'a voulu voir ici aucune de ces difficultés; il pose la loi, et peu lui importe le reste; telle a toujours été du reste sa manière de procéder ; ici l'exemple est frappant ; il énonce fort nettement sa proposition, puis quand il a fallu en venir aux preuves, il cite un poète, il mentionne l'appétit d'un père et de sa fille pour la chair humaine, et voilà comment il met sa proposition hors de doute!

Mais Gall n'a pas su apprécier la philosophie de ces sortes de faits, et en admettant que ceux qu'il cite soient exacts, il a conclu du particulier au général, de l'exceptionnel au normal.

Ici la norme c'est que la nature, dans les transmissions héréditaires, n'a de persistance, de fixité que pour conserver le type ; tout ce qui s'en écarte en bien comme en mal, en perfectionnement comme en dégradation, est purement accidentel, exceptionnel; aussi ces faits sont-ils tout-à-fait fortuits et inattendus ; c'est pour cela que dans une famille dont tous les individus ont été jusque là pourvus d'un esprit très borné, il naît tout-à-coup un homme de génie, un homme qui devient comme le premier de sa race, et notez que la ressemblance physique a pu se conserver intégralement. S'il m'était permis de citer ici des faits du genre de ceux que Gall invoque si souvent dans son ouvrage, des faits historiques et anecdotiques, je rappellerais que Bonaparte, fils d'un gentilhomme obscur, frère d'hommes médiocres, ressemblait autant à ses parents par les dispositions physiques qu'il différait d'eux par la grandeur de son génie ; c'est en effet presque toujours du sein du peuple que surgissent tout-à-coup les grandes intelligences, les hommes extraordinaires, les hommes qui font époque dans l'histoire de leur pays ; et alors le père, émerveillé de la grandeur de son fils, tout en retrouvant en lui sa ressemblance physique, est obligé de s'incliner devant le génie auquel lui-même est étonné d'avoir donné le jour ; de même aussi, dans quelques familles princières, tout en conservant les caractères physiques de la race, les générations ne produisent plus que des esprits obtus, ou du moins médiocres.

(Gall aurait bien dû nous dire ici pourquoi, dans les familles royales qui ne veulent point se retremper par des alliances étrangères, c'est-à-dire par des croisements, pourquoi dans ces familles, où le type physique se conserve dans toute sa pureté, de génération en génération, l'esprit va sans cesse en déclinant, en se dégradant jusqu'à tomber dans une espèce d'idiotisme?

Nous venons de le dire, ce qui tend à se perpétuer, c'est le type commun, c'est le type moyen; ici on peut suivre la transmission des faits caractéristiques par voie de génération, c'est le type moyen qui passe ainsi de génération en génération. Mais le plus souvent il est impossible de trouver la cause des grandes anomalies, ou du moins des faits qui s'écartent notablement du type ordinaire. Qui pourrait, en effet, rendre raison de la naissance d'un enfant complètement idiot dans une famille où rien ne devait faire présager une pareille calamité? Qui pourrait dire pourquoi, dans une autre famille obscure, il apparaît tout-à-coup un enfant qui, dès ses plus jeunes années, montre qu'il porte en lui le feu du génie? Aussi qu'arrive-t-il? C'est que le plus souvent ces anomalies, heureuses ou malheureuses, n'auront point de durée et ne pourront se perpétuer par voie de génération; l'idiotisme porte en lui un principe de ruine, de destruction précoce, et d'autre part le génie passe comme un accident individuel; en admettant qu'une première génération en conserve encore quelque étincelle, la seconde, et à plus forte raison la troisième génération n'en offre plus de traces.

Que devient dès lors cette hérédité morale qui, si l'on en croyait Gall, non seulement marcherait de concert avec l'hérédité physique, mais se montrerait exactement proportionnelle avec celle-ci? Mais en voici assez sur cette proposition.

« 6° Tout ce qui change sensiblement, ou af-
» faiblit ou irrite l'organisme, et surtout le sys-
» tème nerveux, produit aussi des altérations
» considérables dans l'exercice des facultés in-
» tellectuelles. »

J'ai cité, dans mes fragments sur Galien, ce passage remarquable dans lequel le médecin de Pergame se demande comment il se fait qu'une lésion des organes encéphaliques amène inévitablement des perturbations dans les phénomènes de l'intelligence: on n'en était donc plus à douter du fait, il était reconnu et déjà depuis longtemps on en cherchait l'explication; Galien, en effet, se pose ce dilemme : ou le principe de l'intelligence est colloqué dans le corps même de l'encéphale, comme nous dans nos demeures, et alors on conçoit qu'il peut n'éprouver aucun dommage de la part des lésions locales :
ἀλλ' εἰ μὲν οὕτως ἐστί τὸ μόριον τοῦτο τῆς ψυχῆς ἐν τῷ περιέχοντι σώματι, καθάπερ ἡμεῖς ἐν οἴκῳ τινὶ, τὴν

μὲν ἀρχὴν ἄν ἴσως οὐδ' ὑπονοήσαιμεν αὐτό βλάπτεσθαί τι πρὸς τοῦ χωρίου. Ou bien ce même principe de l'intelligence n'est qu'un accident de la matière, une qualité qui lui est inhérente comme la forme, et alors il est clair qu'il peut être lésé par le seul fait d'une lésion de la matière : εἰ δ'ὡς εἶδός τι τοῦ σώματός ἐστιν ἀχώριστον αὐτοῦ, συνεχωρήσαμεν ὑπὸ τῆς τοῦ δεδεγμένου σώματος ἀλλοιώσεως βλαπτιτεσθαι.

Mais, ajoute Galien, comme les philosophes ne sont pas d'accord sur ce point, les uns soutenant que l'âme est en effet domiciliée dans l'encéphale, les autres qu'elle n'est qu'un accident de la matière, qu'un résultat de sa structure, il est très difficile d'expliquer comment surviennent ces lésions, et cependant l'expérience prouve qu'elles ont lieu : διασταύτων δε τῶν φιλοσόφων περὶ αὐτοῦ, καὶ τῶν μὲν ὡς ἐν]οἰκήματι περιέχεσθαι φασκόντων αὐτό, τῶν δ' ὡς εἶδος, ὅπως μέν βλάπτεται, χαλεπὸν εὑρεῖν, ὅτι δε βλάπτεται, τῇ πείρᾳ μαθεῖν ἔστι. (Περι τῶν πεπονθ. τοπ. Β. β. Κ. έ.)

On le voit, ces discussions ne sont rien moins que récentes ; les philosophes et les médecins ont presque toujours roulé dans le même cercle : cependant l'école physiologique allemande me paraît avoir mieux compris la question. Ainsi Muller, que j'ai cité précisément à ce sujet dans le travail ci-dessus indiqué, Muller a distingué l'essence de l'âme et son activité ; ce physiologiste n'a pas fait dépendre, comme le veulent tant d'autres, l'existence de l'âme de l'intégrité de l'organisation du cerveau (Physiol. du syst. nerv., t. I, p. 394). Il s'appuie sur ce fait, que l'âme doit exister, bien qu'à l'état latent, jusque dans le germe rejeté par le corps maternel, et il en conclut qu'un changement dans la texture du cerveau ne saurait modifier l'essence de l'âme. Ce changement, dit-il, ne peut que contraindre son activité à des actions maladives; l'activité seule de l'âme dépendant de l'intégrité de la structure anatomique et de la composition chimique du cerveau. Si l'on s'en tient à ces idées, ajoute Muller, on coupe court à toutes les discussions sur la cause finale des maladies mentales, sur la part qu'y prennent le cerveau et l'âme, et la médecine n'a plus à s'occuper, dans toutes les aberrations des facultés intellectuelles, que du changement matériel, qui oblige l'âme à des actions morbides, ou qui l'empêche d'agir (loc. cit.).

Cette conclusion de Muller est parfaitement juste; il y aurait tout au plus quelques remarques à faire sur cet état de l'âme qui, suivant lui, serait *latent* dans les germes, et dans les premiers moments, dans les premières phases de la vie; cette supposition n'est rien moins que satisfaisante; car, supposer que le germe et que les rudiments embryonnaires ne sont qu'une sorte de véhicule, un substratum auquel est *associée* l'âme, ce serait retomber dans l'alternative posée par Galien : associée ou domiciliée, c'est tout un. Or, nous nous sommes déjà expliqué à ce sujet ; nous avons dit que le principe de l'intelligence n'est ni *l'hôte* du cerveau, ni le *résultat* de son organisation matérielle ; nous avons dit que cette organisation n'est elle-même que *l'œuvre* du principe d'animation ; mais ne revenons pas sur ces faits, voyons plutôt ce que Gall a dit à ce sujet.

Gall, comme de coutume, s'est montré ici grand anecdotier, et en vérité il semble qu'il s'est attaché à chercher de préférence les faits les plus étranges, les plus invraisemblables ; il avait à prouver que les facultés intellectuelles sont altérées par tout ce qui change, ou affaiblit, ou irrite le centre cérébral. Les faits ne devaient pas lui manquer ; la pratique médicale en offre à chaque instant qui tous sont bien constatés ; mais Gall aime l'extraordinaire, et il choisit de préférence les suivants : le père Mabillon n'avait eu dans son enfance que des facultés très bornées ; mais, *au milieu de sa médiocrité* (sic, op. cit., t. I, p. 245), il reçoit à la tête une blessure des plus fortes, et dès ce moment il déploie des talents supérieurs.

La même chose arrive à deux jeunes gens *très connus* (sic, loc. cit.) : l'un d'eux, jusqu'à sa treizième année, n'avait pu réussir à rien ; il tombe du haut d'un escalier, il se fait plusieurs trous à la tête, et il poursuit ses études avec la distinction la plus marquée !!

(Je cite textuellement). L'autre, âgé de quatorze à quinze ans, donnait également peu d'espérances ; il tombe, à Copenhague, du quatrième étage d'un escalier, et depuis cette chute, il déploie les plus grandes facultés intellectuelles. Mais, poursuit Gall, ce changement ne fut pas le seul. On ne lui avait connu jusqu'alors aucune mauvaise qualité ; mais, après cette même chute, il manifeste un très mauvais caractère, il se fait chasser d'un poste éminent et confiner dans une prison ! (Loc. cit. 216.)

Grétry a dû son génie musical à une violente contusion qu'il reçut à la tête.

De toutes ces anecdotes, Gall empruntant les paroles de Herder, conclut *qu'on doit pardonner à l'intelligence du vulgaire, lorsqu'au milieu du rêve de la vie, il regarde la raison dont il est doué comme indépendante des sens et des organes, et qu'il l'élève au rang de faculté primordiale et pure* (loc. cit. 218). N'est-ce pas là puissamment raisonner ? Et qui pourrait, en effet, si ce n'est le stupide vulgaire, élever la raison au rang de faculté primordiale et pure ?

Répondons sérieusement ; ce n'est pas le vulgaire qui, au milieu du rêve de la vie, s'est avisé d'abstraire l'âme des organes et d'en faire un être *indépendant*, ce sont des philosophes ou des théologiens qui ont dit cela ; le vulgaire ne fait pas de distinctions aussi subtiles ; il ne voit que matière tantôt inerte et tantôt en mouvement; mais pour ce qui est de faire de la raison une faculté primordiale et pure, c'est encore là une notion complètement étrangère aux idées du vulgaire; ceux qui ont dit cela sont des penseurs, des hommes dont l'esprit avait été cultivé par l'étude et éclairé par la saine observation des faits; et s'il y a quelque chose d'étrange ici, c'est que Gall soit tellement infatué de son système, qu'il regarde cette déduction comme une absurde croyance et comme une grossière superstition enfantée, au milieu d'un rêve, par l'épaisse intelligence du stupide vulgaire !

Ici se terminent les courtes réflexions que nous avions à présenter sur les deux premières conditions posées par Gall, conditions indispensables, suivant lui, pour que sa doctrine soit possible; jusqu'ici, nous l'avons vu, il n'a rien dit qui ne fût parfaitement connu avant lui; l'innéité des qualités morales et des facultés intellectuelles avait été démontrée avant qu'il ne songeât à s'en occuper; il en est de même de la dépendance dans laquelle se trouve la manifestation, l'activité de ces mêmes facultés à l'égard de l'organisation; pour trouver l'origine de ces notions, il faut remonter jusqu'aux premiers temps de la science.

Qu'est donc venu faire ce physiologiste pour ces premières questions? Que lui doit-on? Quelles découvertes a-t-il faites? Aucune, il est venu exagérer des faits connus, il est venu les fausser pour la plupart; il est venu apporter de nouvelles assertions et surtout les anecdotes les plus étranges; jusqu'à présent, nous devons le dire, car telle est l'impression que son livre a produite sur nous, il nous a paru aussi riche d'assertions que pauvre de faits. Serons-nous plus heureux ailleurs? c'est ce que nous ne pouvons décider; les questions que nous venons d'examiner n'étaient, en quelque sorte, que préliminaires; et dans les pages qui vont suivre, il ne sera pas encore question de la localisation des facultés et des penchants; mais il faut bien suivre l'auteur par les voies qu'il s'est lui-même tracées; c'est une logique qu'il nous a imposée et pour la juger, nous ne devons pas nous en écarter.

(§ II. GALL.)

Avant d'examiner ce qui constitue la doctrine de Gall, en tant que doctrine à lui appartenant, il nous reste à le suivre encore une fois sur le terrain qu'il lui a plu de se choisir; car, des cinq conditions qu'il veut qu'on suppose pour rendre sa doctrine possible, nous n'en avons vu encore que deux; voici la troisième :

§ III. LE CERVEAU EST L'ORGANE DE TOUS LES SENTIMENTS ET DE TOUTES LES FACULTÉS.

Un volume presque entier sera consacré au

développement de cette proposition, bien qu'elle soit encore complètement étrangère, si non au système, du moins aux prétendues découvertes de Gall. Nous insistons sur ces remarques par la raison que ce médecin s'est donné comme *le fondateur de la physiologie du cerveau*. Il faut lui faire sa juste part ; il faut d'abord le dépouiller de tout ce qui ne lui appartient pas, élaguer tout ce qui était déjà acquis à la science, puis, et alors seulement, en venir à ses œuvres, à ses innovations, pour en examiner la valeur.

Nous demanderons, en conséquence, qu'on nous permette encore, dans les pages qui vont suivre, non pas de contester au fond la proposition ci-dessus énoncée, mais d'examiner comment Gall a cru pouvoir l'interpréter, la commenter pour la faire concorder avec les doctrines qu'il se proposait d'établir. Tel sera le but de cet article.

Gall a cru devoir faire précéder cette section d'une introduction historique ; mais il traite l'histoire à peu près comme la physiologie, c'est-à-dire qu'il se dispense ou dédaigne de fournir des preuves ; j'appelle preuves ici l'indication des sources. Nulle part, en effet, on ne trouve de citations précises ; une foule de noms sont invoqués tour à tour, mais jamais il n'est permis de remonter aux textes ; d'un côté, on trouve Aristote, Galien et leurs successeurs ; d'un autre, Borelli, Robinson, Cheyne, Mead, Petersfield, Lavater ;

puis Swammerdam, Perrault, Stahl, Sauvages, puis Empédocle, Leucippe, Démocrite, Hippocrate, Héraclide, Épicure, Asclépiade, Archigènes, Lucrèce, Arêtée, etc., etc.; amas confus de noms et de doctrines cités indistinctement et au hasard, ou plutôt suivant le caprice de Gall. En voici quelques preuves entre cent : il fait d'Aristote et de Galien des psychologistes abstraits ; ces philosophes, à l'en croire, auraient soutenu que toutes les opérations de l'intelligence se font à l'aide d'un être *spirituel, abstrait, indépendant de toute matière*. (Tom. II, p. 1.)

Or, dans notre examen des doctrines de Cabanis, nous avons vu quelle dissidence existait entre Aristote et Galien; nous avons vu que celui-ci, pur organicien, et d'ailleurs parfaitement au courant des opérations du cerveau, reprochait au philosophe de Stagyre de les avoir assez mal interprêtées !

Ce n'est pas à dire pour cela qu'Aristote ait méconnu les actes de l'entendement humain. Loin de là, il a su, pour quelques-uns, remonter aux véritables principes ; ainsi, il a distingué trois facultés primordiales, la *nutritive*, la *sensitive* et la *rationnelle*. La première, ou la faculté nutritive, n'est autre, suivant lui, que le principe d'animation, ou le *nisus formativus* des modernes ; faculté qui, d'après Aristote, présiderait à la génération et à tous les faits d'évolution organique.

La faculté *sensitive* n'est autre que celle qui préside et aux sensations et aux perceptions, faculté qui a été le point de départ, ou plutôt l'unique base des théories du sensualisme ou de la philosophie du xviii° siècle. Aristote, beaucoup moins exclusif, ne place cette faculté qu'en troisième ordre, et il ne comprend dans son histoire que les faits qui appartiennent aux sens et aux sensations. Vient ensuite la faculté *rationnelle*, ou l'intellect proprement dit. Ici il y a encore à distinguer, d'une part, en effet, on trouve l'imagination, ou l'acte organique suscité par les sens en action, acte qui repose sur des faits tantôt vrais et tantôt complètement faux ; puis enfin arrive la mémoire, registre des actes passés, qui répète les faits d'imagination, mais qui se rattache aussi à l'entendement. Cette mémoire, suivant Aristote, résulte tellement de l'organisation cérébrale, que des accidents matériels peuvent tour à tour la raviver ou l'effacer complètement.

Mais l'intellect a cela de spécial, de propre, qu'il est essentiellement *actif*; c'est lui qui connaît et qui juge. Identifié avec la matière, il se laisse impressionner par les objets extérieurs; mais bientôt il réagit sur ces mêmes sensations, afin de les discerner et de les apprécier.

Tels étaient les principes d'Aristote sur les opérations de l'intelligence ; il suffit de les rappeler pour montrer quelle a été l'erreur de Gall quand il a dit que, pour ce philosophe, l'intellect était un être abstrait, indépendant de toute matière!

Mais ce n'est pas tout: Gall a placé Hippocrate dans une secte toute différente ; or chacun sait que Galien s'est constamment attaché à suivre ses doctrines sous ce rapport, comme celles de Platon. Enfin il n'y a pas jusqu'à Archigènes que Gall n'ait rangé sous la même bannière qu'Hippocrate, Asclépiades et Epicure, ignorant que Galien a justement reproché à ce même Archigènes d'attribuer au cœur les fonctions qui doivent être rapportées au cerveau! Et quant à Epicure, Gall n'avait sans doute aucune idée de sa doctrine, puisqu'il le met dans la même école qu'Asclépiade et Archigènes. Il ignorait très probablement qu'Epicure ne voyait dans l'âme qu'un composé d'atômes si légers, si mobiles, qu'elle pouvait se séparer du corps sans que celui-ci perdît sensiblement de son poids ou de sa forme ; c'était un réseau, aérien, igné, mobile, répandu dans tout le corps, mais plus particulièrement dans le cœur ; qui se dissout, par l'effet de la mort, et qui alors ne se ressouvient plus, ne souffre plus; donc, ajoutait Epicure, tout ce qu'on raconte des enfers et des champs éliséens, n'est que fable et mensonge : telle était la philosophie que Gall a jugé à propos de confondre avec celle d'Hippocrate et d'Arétée! Et notez que dans cette classification, dans cette énumeration des philosophies antiques ; il ne dit pas un mot de celles qui ont eu le plus d'éclat, qui se sont vraiment partagé les esprits aux époques les plus reculées de la science ; il ne mentionne même pas la philosophie de Platon, celle de Pythagore, la philosophie stoïcienne ou le zénonisme, celle des syncrétistes, des éclectiques, etc., etc.; et cependant de son autorité privée, il veut les juger, les apprécier. Les plus grand philosophes, si on l'en croit, n'ont émis que des absurdités : Hippocrate *prenait le cerveau pour une éponge!* (sic. pag. 4, t. II). Praxagoras, Plistonicus et Philotime le prenaient pour une *excroissance* complètement *inerte*, qui ne peut en rien contribuer aux sensations! etc., etc.

Gall n'est pas plus juste à l'égard des auteurs modernes. Qui croirait qu'il nous a donné le célèbre Malpighi comme étant d'une ignorance crasse en anatomie! Malpighi, illustré par tant de découvertes! Malpighi, l'un des créateurs et de l'anatomie des tissus et de l'anatomie viscérale! A l'en croire, Malpighi n'aurait *vu* dans la masse encéphalique *qu'un paquet d'intestins difforme et confus* (je cite textuellement, t. II, p. 5). Et pourquoi cela? Parce que ce grand anatomiste s'est permis une simple et judicieuse comparaison! Je le dis à regret, mais je rends l'impression que j'éprouve à la lecture de cette introduction, de deux choses l'une : ou Gall était d'une profonde ignorance en tout ce qui concerne l'historique de la physiologie du cerveau ; lui qui voulait se donner comme le fondateur de cette science, ou bien il a été d'une insigne mauvaise foi : je laisse à ses adeptes le soin de m'édifier à cet égard. Croirait-on, si ceci ne se trouvait textuellement dans son livre, croirait-on que Gall, qui à toute force voulait se donner comme le fondateur de la physiologie du cerveau, a été jusqu'à dire que Bichat, ignorant quels pouvaient être les usages du cerveau, n'y voyait *qu'une enveloppe* destinée à garantir d'autres parties; et enfin que nos contemporains Sabatier et Boyer, tout aussi ignorants sous ce rapport et incapables de soupçonner en quoi le cerveau pouvait servir aux manifestations intellectuelles et morales, ont soutenu que cet organe *devrait être rangé* tout simplement *dans les viscères sécrétoires et excrétoires* (sic.)!! Voilà quel est l'historique imaginé par Gall; on doit voir que, partant de cette base, rien ne lui était plus facile que de créer de toutes pièces une physiologie du cerveau ; mais je laisse là son introduction, et je passe à ses observations sur le cerveau et sur ses fonctions.

Nous n'avons pas oublié quelle est la thèse que Gall veut soutenir ici. Il va d'abord chercher à prouver que le cerveau est l'organe de tous les sentiments et de toutes les facultés intellectuelles, thèse qui n'avait pas besoin d'être défendue assurément, ce qui ne l'empêchera pas de se livrer à d'interminables digressions sur ce point. Qui sait? il est peut-être bon nombre de lecteurs qui ne demanderont pas mieux que de s'en rapporter à lui, et qui finiront ainsi par croire que c'est encore là une de ses découvertes!

Quoiqu'il en soit, et considérant ce point de doctrine comme non avenu, il va se mettre d'abord à exposer *les raisons qui lui paraissent prouver que le cerveau est l'organe de toutes les sensations et de tous les mouvements volontaires* (t. 11, p. 69); mais quelle n'aurait pas été la surprise de Gall, si quelqu'un était venu lui montrer, texte en main, que Galien avait prouvé tout cela il y a plus de 16 siècles, et qu'il s'était servi précisément des mêmes termes pour poser cette question! Sensations et mouvements volontaires, avait dit Galien, et de plus il avait ajouté que si la moelle épinière jouit de cette double faculté, c'est uniquement parce qu'elle en puise le principe dans l'encéphale : του νωτικίου τήν τε τῆς αἰσθήσεως καὶ τὴν τῆς καθ'ὁρμὴν κινήσεως δύναμιν ἐξ ἐγκεφάλου λαμβάνοντος. (Περι τῶν πεπ. τοπ. Β. γ. Κ.ιδ.)

Et notez que Galien, loin de se donner comme le fondateur de la physiologie du cerveau, assure que ce sont là des faits déduits du plus simple raisonnement et connus de tout le monde! Εὔλογον ἐφαινέτο τὴν μὴν ψυχὴν αὐτὴν ἐν τῷ σώματι του ἐγκεφάλου κάτωκῆσθαι... (Κ. θ.)

... Οτι δέ καί πᾶσιν ἀνθρώποις πηπίστευται τὸ μεν λοιχόμενον ἐγκεφάλῳ καθιδρύσθαι... (K. έ.)

Et cependant, c'est cette même proposition que Gall veut se mettre à démontrer, et il sera le premier, car alors qu'il faisait son éducation médicale, on lui avait bien dit quelque chose des fonctions des muscles, de l'estomac, etc., mais on ne lui avait jamais dit un mot des fonctions du cerveau! (Introduction.)

Qu'est-il besoin, après ce que nous venons de faire remarquer, de suivre Gall dans cette longue discussion? de voir comment il a réfuté des opposants qui n'existaient pas? de chercher comment il s'y est pris pour prouver que *les plexus nerveux et les ganglions* ne sont le siège d'aucune *qualité morale ou faculté intellectuelle?* comment il a raisonné pour démontrer *qu'aucun des cinq sens n'est le siège ou l'organe* (sic) *d'une force morale ou intellectuelle quelconque?* Mais qui donc, du temps de Gall, soutenait ces inepties? Quel médecin avançait ces énormités? Cabanis, Bichat, et plus tard Broussais lui-même avaient parlé de l'influence irrécusable de l'organisme, dans son ensemble, sur la production des déterminations instinctives, et ils avaient eu raison ; les besoins purement physiques, ceux qui portent si violemment l'homme à chercher de brutales satisfactions, soit pour s'alimenter, soit pour se reproduire, etc., paraissent en effet fondés sur sa constitution générale, sur des prédominances organiques et viscérales ; mais à l'exception de ces *mobiles premiers* des déterminations dites instinctives, nul n'avait cherché à déposséder le cerveau de ses attributs ; tous reconnaissaient, à l'exemple de Galien, qu'en lui réside et le principe de la sensibilité et le principe des mouvements volontaires et les facultés intellectuelles et les forces mentales proprement dites ; s'il y avait des opposants, il n'était plus besoin de les réfuter ; déjà, de son temps, Galien s'indignait qu'on put avoir une opinion contraire : que ceci, disait-il, soit nié par quelques-uns de ces philosophes qui s'agitent dans le coin poudreux d'une école, on le conçoit, et on peut leur pardonner, φιλοσόφοις μὲν οὖν ἐν γωνίᾳ καθημένοις ἁμαρτάνειν ἐν τῷδε τάχ' ἄν τις συγγνοίη...; mais que des médecins, vieillis dans la pratique de leur art, se laissent aller à cette envie de contredire, à cette absurdité, c'est là ce qu'on ne saurait excuser ! γεγηρακόσι δ'ἐν τοῖς ἰατροῖς ἔργοις ἀσύγγνωστος ἡ φιλονεικία, ταχα δ'ἀληθέστερόν ἐστιν εἰπεῖν, ἀναισχυντία. (K. ζ.)

Je ne me lasse pas, comme on le voit, de citer Galien ; mais j'y suis sans cesse ramené, parce que je veux sans cesse l'opposer à l'homme qui a voulu de notre temps donner toutes ces notions comme autant de découvertes à lui appartenant. Mais il est temps d'arriver aux assertions qui appartiennent réellement à Gall dans ce même ordre de faits. Ces assertions, on le prévoit, consistent à présenter le cerveau, non seulement comme l'organe de toutes les manifestations intellectuelles et morales, mais encore comme l'organe exclusif, unique, des instincts, des sentiments, des talents, des industries, etc., etc. Gall nous l'avait déjà dit, sans nous le prouver; il le répète ici, sans preuves encore à l'appui; il se borne à déclarer, d'une part, qu'il nous en a déjà administré un grand nombre, ce qui n'est pas, et il ajoute que tout ce qu'il dira plus tard des têtes nationales et de la pluralité des organes cérébraux, dans l'exposition particulière des forces fondamentales et du siège de leurs organes, servira *à confirmer* ce principe; nous verrons bien : mais pour ne rien laisser passer, nous allons faire quelques remarques sur chacun des 12 chapitres qu'il a consacrés au développement de 12 prétendues preuves, toujours à l'appui de sa proposition fondamentale, savoir, que le cerveau est le siége exclusif de 27 à 30 facultés, penchants, instincts, talents, etc., etc. Nous serons courts, car Gall n'a guère fait que répéter ici ce que déjà il avait exposé antérieurement.

Voici ses douze preuves réduites à leur plus simple expression.

1re *preuve.* Il y a un perfectionnement graduel dans la série animale, depuis les êtres qui se rapprochent le plus du règne végétal jusqu'à l'homme. Ceci serait déjà *suffisant*, dit Gall, pour établir mon assertion, savoir, que le cerveau est l'organe exclusif des instincts, des penchants, des sentiments, des talents, etc.—Suivant nous, c'est là une preuve qui ne mérite pas de réfutation, car on ne voit aucun rapport entre ces deux ordres de faits.

2e *preuve.* La manifestation des forces morales et intellectuelles ne devient possible qu'avec le développement du cerveau : donc le cerveau est le siège *exclusif* des instincts, des penchants, des talents, etc.—Il nous paraîtrait, à nous, que cette condition implique la nécessité de l'existence du cerveau, soit comme intermédiaire obligé, soit comme auxiliaire, régulateur de quelques-uns de ces actes. Mais Gall ne raisonne pas ainsi; il ne veut pas s'arrêter à ces difficultés.

3e *preuve.* Il est des cas où la nature fait exception à sa marche, les facultés intellectuelles se manifestent dès la première enfance. Mais si dans ces cas le reste du corps n'est pas encore développé, Gall a reconnu, qu'il n'en est pas de même pour le cerveau, attendu que ces enfants remarquables ont *toujours* une tête très grosse (sic. 159). Or, comme pour Gall une tête très grosse annonce un cerveau très développé, il place ce fait au nombre des preuves de son assertion.

4e *preuve*. La femme possède d'ordinaire certaines qualités et certaines facultés à un degré plus éminent que l'homme; tandis que l'homme l'emporte sur la femme sous le rapport d'autres qualités et facultés; mais comme la femme a d'ordinaire aussi la tête plus allongée en arrière que l'homme et que celui-ci a le front plus haut et plus large, il faut en conclure que ceci est une preuve de plus en faveur de l'assertion.

Nous dirions, nous, que la femme ne diffère pas seulement de l'homme par la forme de sa tête, qu'elle en diffère bien davantage par le reste de son économie, puisqu'elle a des organes qui manquent complètement chez l'homme, et que ces organes peuvent devenir en elle la source, le mobile primordial d'une foule de propensions dites instinctives, de penchants, de sentiments, etc.; mais ce sont encore là des difficultés qui ne sauraient entraver les raisonnements de Gall.

5e *preuve.* Puisque le cerveau n'est pas indispensable à la vie organique, à la nutrition, à la circulation, etc., aux mouvements volontaires, aux fonctions des sens, il faut en conclure, suivant Gall, qu'il est l'organe *exclusif* des instincts, des penchants, des talents, des sentiments, etc. On aurait pu faire remarquer à Gall que le cerveau a manqué complètement chez quelques fœtus qui n'en ont pas moins offert des actes instinctifs très-prononcés, comme celui de chercher à éviter des sensations douloureuses, d'exécuter des mouvements de succion, etc.; mais Gall n'en aurait pas moins persisté dans sa conclusion, et notez qu'ici il va jusqu'à mettre le cerveau en dehors des volitions et des fonctions des sens ; ce qui est contraire à l'observation la plus simple, de sorte qu'il ne laisse à cet organe que les plus hautes facultés de l'intelligence, et pour lui tout cela tend à prouver que le cerveau n'en est pas moins le siége exclusif de toutes les déterminations soit rationnelles, soit irrationnelles!

6e *preuve*. Dans la série animale, on remarque que toutes les espèces et tous les individus de la même famille ont le même cerveau quant à l'essentiel. Or, comme alors les facultés sont également les mêmes, c'est une preuve irrécusable, que le cerveau est l'organe exclusif et des penchants et des instincts, etc., etc.

Ici, Gall a prévu qu'on pourrait lui objecter que ces animaux de même espèce ne se ressemblent pas parfaitement; aussi, pour éluder cette difficulté, il a exagéré autant qu'il l'a pu les différences générales qui existent de genre à genre, et en même temps il a atténué celles qui portent sur le cerveau, bien que les naturalistes, pour faire leurs rapprochements, pour établir ces espèces, n'aient pas été prendre pour base le cerveau, mais bien les ressemblances générales.

7e *preuve*. Tout le monde sait que le travail d'esprit a lieu dans la tête (c'est toujours Gall qui pose ainsi ses prémisses). Les impressions et les idées qui font naître des affections ou excitent des passions, ont leur siége dans le cerveau, etc., etc. Donc le cerveau est le siége exclusif, etc., etc.

Ceux qui, à différentes époques, ont voulu placer le siége des passions dans le cœur, ont raisonné absolument comme Gall; ils ont dit : toutes les impressions, toutes les idées propres à exciter des passions, de vives sensations, soit de plaisir, soit de douleur, agissent immédiatement sur le cœur; on y éprouve tout aussitôt des mouvements tumultueux, cet organe précipite ses battements; aussi, disait Bichat, un bon acteur en pareille circonstance ne manque jamais d'y porter la main, etc., il en résulte qu'on ne saurait s'en rapporter aux impressions ressenties dans telle ou telle partie du corps pour remonter au siége précis des déterminations rationnelles ou instinctives.

8ᵉ *preuve*. Les anciens, lorsqu'ils voulaient représenter un homme doué à un haut degré des facultés intellectuelles les plus nobles, lui donnaient une tête très-relevée dans sa partie antérieure, tandis que (c'est toujours Gall qui parle) chez un athlète, un Bacchus, un Silène, ils plaçaient toutes les facultés dans la partie postérieure de la tête et dans la nuque. Donc le cerveau est le siége exclusif des penchants, des instincts, des talents, etc.

Pour renforcer cet argument, qui reparaîtra encore bien des fois dans l'exposition de sa doctrine, Gall avait fait dessiner le crâne d'un homme *à grands talents* et il l'avait mis en regard de crânes d'*imbéciles*, aussi ne manque-t-il pas ici de renvoyer à ses planches.

C'est là une méthode que ses successeurs ont suivie fidèlement; il n'est pas de séance phrénologique dans laquelle on n'offre aux amateurs une collection de plâtres divisés en deux sections, les grands hommes et les imbéciles, les vases d'or et les vases d'argile; mais malheureusement pour la doctrine qui met ainsi les nobles facultés en avant de la tête et les ignobles facultés en arrière, le défi a été porté aux phrénologistes de montrer un seul crâne d'imbécile déprimé en avant qui ne le fut pas en même temps en arrière, et à cela ils n'ont encore rien répondu.

9ᵉ *preuve*. L'organisation défectueuse du cerveau entraîne *toujours* une imbécillité *proportionnée* à l'imperfection du cerveau : donc celui-ci est le siége exclusif, etc... Il est des faits qui prouvent que cela n'est pas; mais on voit que Gall tenait à multiplier ses preuves, du moins en apparence. Cette proposition n'est, en effet, que la contre-partie de la précédente. Nous ne devons pas nous y arrêter, puisque déjà il a fait valoir le même argument.

10ᵉ *preuve*. Pourvu que le cerveau reste intact, toutes les autres parties peuvent être affectées de maladies ou détruites isolément, sans que les fonctions de l'âme en souffrent immédiatement ou cessent d'avoir lieu; donc, etc.

Ici, comme en beaucoup d'autres lieux, Gall pose résolument une assertion, un fait qui n'est rien moins que prouvé, et il le donne comme la preuve évidente d'un autre fait également douteux : il prétend qu'avec un cerveau intact toutes les fonctions intellectuelles persistent sans altération aucune; mais il ne faut pas avoir assisté à vingt autopsies pour savoir qu'avec un cerveau intact, parfaitement *intact*, comme l'entend ici Gall, c'est à dire matériellement intact, les plus étranges aberrations intellectuelles ont pu avoir lieu, l'intelligence a pu être même complètement abolie; mais Gall n'avait pas besoin de parler de ces difficultés aux gens du monde.

11e *preuve*. Si, au contraire, le cerveau est comprimé, irrité, lésé ou détruit, les fonctions intellectuelles sont modifiées et dérangées en totalité ou en partie, ou même elles cessent tout à fait; donc, etc.

Argument qui ne prouve rien ici, mais qui est aussi vieux que la science. Dans mes fragments sur Galien je l'ai reproduit textuellement. Gall a cru devoir le rapporter à Sœmmering, à peu près comme, dans un autre lieu, il a remonté à Pinel pour prouver qu'avant lui on ignorait l'influence de la forme du crâne sur les facultés intellectuelles.

12e *preuve*. La manie a son siége immédiat

dans le cerveau ; or, ce point étant démontré, il est démontré également que c'est dans le cerveau qu'est le siège exclusif de toutes les facultés morales et intellectuelles.

Je ne sais si c'est à dessein ou involontairement que Gall paraît avoir complètement perdu de vue la question ici en litige ; il ne s'agit point de démontrer que le cerveau est l'organe des facultés intellectuelles et morales ; ce point est admis et l'a été de tout temps par les physiologistes : ce qui est à prouver, c'est que le cerveau est aussi l'organe de *tous* les penchants, de *tous* les instincts, de *tous* les talents, etc.

Gall évite toujours cette difficulté, ou bien quand il s'y trouve ramené par l'enchaînement des idées, il se borne à nous renvoyer aux autres parties de son ouvrage ; il nous dit que tout cela trouvera ses preuves, lorsqu'il traitera de chaque faculté en particulier ; répétons donc ici comme ailleurs : nous verrons bien !

Telles sont les douze preuves que Gall prétend avoir trouvées en faveur de sa proposition ; on a pu juger de leur valeur ; il s'est mis ensuite à réfuter les objections qui lui avaient été faites, ou qui, dit-il, pouvaient lui être faites ; mais dans cette réfutation, il a suivi précisément la même méthode que pour ses preuves, c'est-à-dire qu'il a choisi des objections qui ne pouvaient supporter le moindre examen, et il s'est donné le plaisir très facile de les réfuter.

Revenons à son point de départ. Qu'avait-il voulu établir ici ? Nous l'avons déjà rappelé bien des fois : il avait à prouver que le cerveau n'est pas seulement le siége des facultés intellectuelles et morales, mais encore celui de *tous* les instincts, de *tous* les talents, etc. ; or quelles objections devait-il supposer ? Quelles sont celles qui devaient tout naturellement lui être faites ? Pouvait-on lui objecter avec quelque apparence de raison que le cerveau n'est pas l'organe des facultés intellectuelles et morales ? Non assurément, car tous les physiologistes étaient persuadés du contraire ; il n'y avait pas là à contester; c'était son supplément à lui Gall qui seul était contestable, c'était sa proposition qui devait provoquer de nombreuses objections et des objections difficiles à rétorquer ; mais qu'a fait Gall ici ? Supposant sans doute qu'aucune objection ne pouvait être faite sur ce point, il s'est mis à réfuter ce qui ne demandait aucune réfutation. Ainsi il a supposé qu'on lui objecterait : 1° qu'avec un hémisphère du cerveau, ou même avec un cerveau entièrement anéanti, l'exercice des facultés intellectuelles pourrait ne pas être directement compromis (sic), et il s'est donné la satisfaction de prouver que, dans ces conditions, cet exercice est nécessairement compromis (T. II, page 246) ; 2° qu'avec une absence complète de cerveau, ou avec un cerveau dissous ou désorganisé par de l'eau amassée dans le crâne, l'exercice des facultés intellectuelles pourrait continuer d'avoir lieu, et il s'est donné le plaisir de prouver que cela ne peut guère avoir lieu (255) ; 3° qu'avec un cerveau ossifié ou pétrifié, la manifestation des facultés intellectuelles pourrait continuer, et il s'est mis à discuter pour prouver que cela n'est pas possible (269).

Gall faisait, comme on le voit, un choix assez heureux d'objections. Nous ne le suivrons pas assurément dans ces sortes de réfutations ; nous préférons, pour terminer cette partie, qui, après tout, n'est encore qu'une introduction à sa doctrine, nous préférons examiner ce qu'il a dit de l'état du cerveau, considéré en général comme mesure des facultés intellectuelles et des qualités morales, d'autant plus que sur cette question nous aurons à mettre quelques recherches statistiques en regard des siennes, c'est-à-dire à contrôler des assertions par des faits.

Nous l'avons déjà dit bien des fois, Gall tenait avant tout à justifier sa prétention d'être le fondateur de la physiologie du cerveau. Ceci nous explique pourquoi il a prêté gratuitement à tant d'auteurs les idées les plus absurdes sur les fonctions de cet organe, sans même en excepter les physiologistes les plus récents, tels que Bichat, Sabatier et Boyer. Tous, à l'en croire, ignoraient complètement que le cerveau pût entrer pour quelque chose dans les manifestations de la pensée !!

Maintenant et toujours, pour conserver le titre de fondateur de la physiologie du cerveau, Gall va montrer le peu de valeur de toutes les tentatives faites *avant lui* ou *par d'autres* que lui dans le sens de ses propres doctrines, ce qui l'exposera à quelques contradictions ; néanmoins il démontrera avec assez de sagacité l'insuffisance de certaines lois prétendues générales, lois, je le répète, qu'il a répudiées d'abord, sauf à les admettre plus tard dans l'intérêt de ses propres doctrines.

Mais voyons ces lois.

1º On peut trouver, avaient dit quelques-uns, dans la masse absolue du cerveau l'échelle du développement des facultés intellectuelles et morales. Assurément ceci concordait parfaitement avec les doctrines de Gall ; lui-même avait, en effet, commencé par poser en principe (t. II, p. 281) que *si l'on admet que le cerveau est l'organe de l'âme, rien de plus naturel que cette conclusion : les fonctions du cerveau doivent être en rapport direct avec sa masse !!*

Mais comme il tenait à édifier *seul* sa physiologie du cerveau, il montre qu'après quelques essais on fut obligé de renoncer à l'idée d'évaluer ainsi les facultés intellectuelles d'après la masse absolue du cerveau.

Puisqu'en effet la masse cérébrale de l'éléphant et de plusieurs cétacés est plus considérable que celle de l'homme, puisque le chien et le singe ont une masse cérébrale moins considérable que le cheval, le bœuf et l'âne, qu'ils surpassent beaucoup en intelligence, etc. (282), cette loi était évidemment inapplicable.

2° Ce n'est pas la masse absolue du cerveau qu'il faut considérer, avaient repris quelques autres, il faut plutôt comparer la masse cérébrale à la masse du corps entier.

Voilà qui concordait encore merveilleusement avec les doctrines de Gall. Combien de fois n'a-t-il pas répété dans ce même ouvrage qu'une grande intelligence est toujours révélée par un vaste cerveau? que les grands artistes ne s'y sont jamais trompés, etc.? Mais ici il va combattre cette proposition par la grande raison qu'il n'en est pas l'auteur, et il la combattra avec quelque succès.

On avait dit que si on déduit dans les gros animaux la partie de la masse cérébrale destinée au service des organes des sens et à celui des mouvements volontaires, en un mot, aux fonctions qui sont du ressort des systèmes nerveux en sous ordre, on acquiert la preuve qu'ils ont, en proportion de la masse de leur corps, une masse cérébrale plus petite que l'homme (loc. cit., 285).

Mais ceci n'appartenait pas à Gall; aussi s'est-il mis à chercher des exceptions. Il a soutenu, d'après Sœmmering, Blumenbach et Cuvier, que le moineau, le serin vert, le rouge-gorge et surtout plusieurs espèces de singes, ont *à proportion* un cerveau plus *considérable* que celui de l'homme, et qu'à ce compte ils devraient, quant aux facultés intellectuelles, l'emporter sur lui; il a ajouté, d'après Haller, que dans l'enfance le cerveau est plus grand, à proportion du corps, que dans l'âge adulte; ce qui impliquerait encore une plus grande somme d'intelligence; donc les faits d'observation étaient contraires à cette loi.

3° Mais d'autres avaient voulu aller plus loin, ils avaient dit : « Ce n'est pas ce genre de proportion qu'il faut considérer, il faut chercher uniquement quelle est la proportion entre le cerveau et les nerfs. Parcourez la série animale, remontez jusqu'à l'homme, et vous verrez que c'est lui qui a le cerveau le plus grand, non pas absolument, non pas comparativement à son corps, mais comparativement à ses nerfs. »

C'était encore une proposition qui aurait dû sourire à Gall, s'il y avait été conduit le premier; il convient même qu'elle a plus de généralité que les autres (loc. cit. 290).

Mais il ne l'a pas trouvée vraie généralement. Dans le singe, dans le petit chien marin et dans les oiseaux, la comparaison ne serait pas en faveur de l'homme; donc la proportion entre les nerfs et le cerveau ne peut pas encore servir d'échelle.

4° Cuvier, Sœmmering et Ebel avaient cru

trouver une autre proportion; c'est celle qui se trouve directement établie entre le cerveau et la moelle épinière. Comme toute règle générale, celle-ci souffrait quelques exceptions ; mais Gall ne l'avait pas trouvée, il ne lui fera pas grace. Et ici sa raison est assez plaisante. Si, dit-il, la proportion du cerveau à la moelle épinière et aux autres nerfs offrait réellement un moyen direct pour déterminer la somme des facultés intellectuelles, jamais cette détermination ne pourrait avoir lieu du vivant de l'individu (sic). Donc, c'est un moyen infidèle, inacceptable, insuffisant, par la seule raison qu'on ne peut l'exploiter.

5° Il est encore une autre proportion sur laquelle, disait-on, on pourrait se baser, et celle-ci du moins est apparente, vérifiable du vivant des sujets, c'est celle qui se trouve naturellement établie entre le volume du cerveau et l'étendue de la face. On a soutenu que sous ce point de vue, l'homme est de tous les animaux celui qui a le plus grand encéphale, et que les animaux sont d'autant plus stupides et féroces que leurs mâchoires sont plus grandes comparativement à leur cerveau (loc. cit. 294).

Proposition ingénieuse, assurément, du genre des propositions soutenues par Gall, mais formulée avant lui et tendant à détrôner la crânioscopie; or, ce n'était pas là ce que voulait son fondateur, aussi s'est-il empressé de la combattre.

Il est bien vrai que pour la soutenir on s'était appuyé des mêmes arguments que Gall ; on avait dit que c'est parce qu'un front grand comparativement à la face, annonce des qualités intellectuelles très distinguées, que les anciens ont donné à leurs héros, à leurs sages, à leurs demi-dieux, à leur Jupiter Olympien, etc., un front fortement bombé et très grand, en comparaison de la face; mais Gall, pour ne pas se laisser déborder, a cité une foule de grands hommes qui tous, suivant lui, auraient eu des mâchoires larges et proéminentes, tels que Léon X, Montaigne, Leibnitz, Racine, Haller, Mirabeau et Franklin ; on pourrait dire ici que Gall y a mis de la réserve, puisqu'il combattait en cela Georges Cuvier, il aurait pu, comme argument *ad hominem*, le mettre sur sa liste.

6° Faudrait-il accorder plus de confiance à la proportion ou plutôt à la comparaison faite, surtout par les gens du monde, entre le volume du cerveau et la longueur du cou? Gall ne s'y est pas arrêté, et il a eu raison ; il aurait même pu ne pas mentionner une remarque aussi frivole. Mais il en est une autre qui aurait dû lui paraître plus importante, et que cependant il a jugé à propos de traiter assez légèrement.

7° Est-il en effet une proposition plus concordante, plus analogue, je dirais volontiers plus identique, avec la doctrine de Gall toute entière, que celle-ci : On peut déduire la somme, la capacité intellectuelle *de la proportion des parties cérébrales entre elles?* Eh bien! c'est encore là une proposition que Gall ne voudra pas admettre! Pourquoi? toujours parce que cette proposition, comme les précédentes, avait été posée par d'autres que par lui, et avant lui.

Du reste il n'en dissimule pas la force ; voici ses propres expressions : « On a examiné, dit-il, (t. II, p. 298) la proportion des parties cérébrales entre-elles, pour voir si cette comparaison ne fournirait pas un moyen de déterminer *la nature et le degré* des facultés intellectuelles. » Qui ne croirait que Gall va s'emparer ouvertement de cette assertion, et montrer que, par tous ses travaux, il l'a développée, il l'a fécondée? Eh bien! pas du tout, il va ici se livrer à quelques subtilités pour prouver qu'on ne peut rien tirer encore de ce genre d'appréciation.

La raison qu'il cherche principalement à faire valoir est celle-ci : par l'examen absolu de chaque partie du cerveau on peut bien arriver à l'appréciation du développement de chaque faculté correspondante ; mais un examen comparatif, c'est-à-dire qui porte sur l'ensemble, ne saurait donner de notions précises sur la somme générale ou le degré absolu de capacité intellectuelle ; mauvaise raison assurément, car en supposant que chaque compartiment de la masse du cerveau, corresponde, comme le veut Gall, à une faculté spéciale ; en supposant surtout, comme le veut encore cet auteur, que les facultés supérieures, de même que les inférieures, que les bonnes, de même que les mauvaises, se trouvent *groupées* dans la masse cérébrale, en autant de départements distincts, il est évident que chez chaque individu, il doit y avoir une proportion variable entre des organes ainsi groupés, et de là une prédominance variable dans la capacité intellectuelle; ceci est de toute évidence. On ne conçoit pas même comment Gall a pu nier des faits aussi patents que ceux-ci; d'autant plus, et nous en aurons bien souvent la preuve, que lui-même, dans l'exposition détaillée de sa doctrine, s'est vu forcé à chaque instant de faire des comparaisons semblables, de nous dire qu'il a trouvé tantôt telle proportion et tantôt telle autre, entre les diverses parties cérébrales, et cela afin de justifier ce qu'il avait annoncé quant au degré de développement des facultés intellectuelles.

Il y a plus, Gall n'aura pas d'autre *critérium* pour toutes ses assertions; il ne jugera jamais, il ne se prononcera jamais que d'après l'examen de cette même proportion entre les parties cérébrales: chez l'homme vivant, comme sur le cadavre, chaque fois qu'il aura à nous annoncer à tort ou à raison, qu'il y a prédominance d'un certain *ordre* de facultés, c'est uniquement parce qu'il aura trouvé chez le sujet prédominance d'un certain *ordre* de parties cérébrales, parties auxquelles il lui aura plu de donner le nom d'organes ; or il n'aura pu apprécier cette prédominance organique que par comparaison; comparaison d'autant plus facile à faire qu'il y aura eu disproportion plus marquée entre ces mêmes parties cérébrales ; donc, toute la doctrine de Gall pourrait se résumer dans cette proposition, proposition qu'il vient lui-même d'attribuer à d'autres physiologistes et qu'il a cherché ici à combattre ; mais il n'y est point parvenu, cela lui aurait été impossible puis qu'il aurait été obligé de ruiner sa propre doctrine ; je l'ai dit tout à l'heure ; il a cru s'en tirer par quelques distinctions subtiles et voilà tout.

8° Nous voici arrivés à l'angle facial de Camper ; c'était un mode d'appréciation qui avait paru assez ingénieux ; aussi Lavater et la plupart des physiologistes s'étaient empressés de l'adopter. On sait comment cet angle était mesuré : on supposait une ligne partant du bord libre des dents incisives jusqu'au conduit auditif, sur celle-ci on abaissait une perpendiculaire, à partir du point le plus élevé du front, jusqu'aux incisives ; d'où un angle rentrant plus ou moins ouvert dans les différentes classes d'animaux, et dans les différentes races humaines, les diverses nations, les âges, etc., etc.

Gall aurait pu bien certainement adopter ce mode d'évaluation, non pas, comme mesure de *toutes* les facultés qu'il disait avoir découvertes, mais comme propre à donner une idée générale du degré de développement d'un certain ordre de facultés ; la preuve en est que le seul reproche fait par lui à ce mode d'exploration est qu'il ne peut donner de mesure que pour les parties antérieures du cerveau(t. II, p. 202). Et cependant, tout en avouant que la nature fournit beaucoup de preuves à l'appui de cette opiuion, savoir : que plus l'angle que font entre elles les deux lignes est ouvert, plus l'animal ou l'homme a de facultés intellectuelles, et que plus, au contraire, cet angle est aigu moins il a d'intelligence ; tout en avouant cela, dis-je, Gall ne veut pas adopter cette opinion : les raisons qu'il cherche ici à faire prévaloir sont toujours du même ordre, ce sont encore des *exceptions*.

Avant de les faire connaître, nous devons dire une fois pour toutes, que quand on se borne à citer des faits simplement exceptionnels on reconnaît la loi générale, et c'est déjà quelque chose ; la loi ne se trouve ruinée que quand les faits en s'accumulant ne sont plus exceptionnels mais généraux ; or, pour toutes les opinions que nous venons de passer en revue, Gall n'a pu complètement les infirmer ; en sera-t-il de même à l'égard de sa propre doctrine ? Ne pourra-t-on lui objecter que des faits exceptionnels ? et sera-t-on forcé par cela même d'admettre ses lois empiriques comme lois générales ? C'est ce que nous aurons à examiner; ici nous n'avons à considérer que les objections faites par Gall à d'autres observations données comme générales.

Ce qu'il y a de singulier ici, c'est que, tout en reconnaissant que la méthode de l'angle facial pourrait prononcer sur les facultés dont les organes sont placés près du front (302), Gall ne pouvait pardonner aux physiologistes et aux naturalistes contemporains de l'adopter; il va jusqu'à leur reprocher de l'ignorance et de la témérité; « les moins instruits, dit-il (loc. cit.), sont aussi ceux qui se prononcent avec le plus de hardiesse ! » Et voyez à quoi se bornait cette hardiesse : les partisans de l'angle facial de Camper n'avaient pas cru devoir aller au delà d'un fait *général*; ils avaient dit : l'ouverture de l'angle facial ne peut donner que la mesure du degré d'*intelligence*, et sous le nom d'intelligence ils résumaient, comme l'ont toujours fait les physiologistes, les *principales* facultés de l'esprit; Gall, pour embrouiller les faits, cite des animaux et des hommes à facultés toutes *spéciales;* il cite les fourmis, les abeilles, le castor, la penduline, le chien, le singe, Voltaire, Descartes, Mozart, Lessing et enfin lui-même Gall (309), et alors il demande qu'on lui dise, d'après la méthode en question, qui a le plus d'intelligence des fourmis ou des abeilles, du castor ou du chien, de Voltaire ou de Descartes, de Mozart ou de Lessing, du castor, du chien ou de lui Gall (sic) !

A cela la réponse est assez facile : chez tous ces individus, hommes et bêtes, et à part l'instinct ou le talent particulier, il y a une somme d'intellingence qui peut être évaluée; tel animal, à instinct merveilleux, peut être complètement stupide sous tous les autres rapports ; Gall dit que le chien est incapable de la plus chétive construction ; c'est vrai, mais chacun reconnaîtra qu'il n'en est pas moins très supérieur au castor en intelligence générale ; il ajoute qu'on n'aurait pu faire de Descartes un poète, et de Voltaire un mathématicien; je n'en sais rien ; mais ce que je sais, c'est que chacun de ces deux hommes était pourvu d'une grande et magnifique somme d'intelligence! Gall dit encore que Lessing avec tout son génie détestait la musique; c'est possible, mais ceci n'implique pas que Mozart ne put avoir comme lui d'éminentes facultés intellectuelles ; il finit enfin par demander qu'on établisse une comparaison pour l'intelligence entre la fourmi, l'abeille, le castor, le singe, son chien et sa propre personne ! c'est véritablement tomber dans une mauvaise plaisanterie ; il n'y avait plus de réponse sérieuse à faire.

En résumé, Gall trouvait inacceptable ce mode de détermination, par la seule raison qu'il ne pouvait donner que des évaluations *générales* ; il trouvait que ce degré d'intelligence auquel on voulait arriver n'était qu'une *abstraction, un pur être de raison* (340), et alors, s'adressant à ceux qu'il combattait, il leur dit : Prendrez-vous le penchant à la propagation, l'amour des petits, l'instinct carnassier, le talent de la musique, de la poésie et autres pour des êtres de raison ? » puis il plaint les élèves qui sont encore obligés d'apprendre de semblables erreurs.... ! ! !

Tel était le langage que Gall devait tenir à ses adeptes ; mais on conviendra que, sans déroger à sa logique, il aurait pu fort bien admettre, avec la multiplicité de ses organes cérébraux et de ses facultés de l'âme, une évaluation générale ; et que tout en regardant ses facultés spéciales, comme des *êtres positifs et réels*, il aurait pu admettre que le développement *simultané* d'un certain ordre de ces mêmes facultés peut fort bien constituer l'état qu'on désigne sous le nom général d'intelligence ; mais alors il n'aurait plus été le fondateur de la physiologie du cerveau, aussi ne s'est-il prêté à aucune transaction.

9° Après l'angle facial de Camper, il fallait dire quelque chose de l'*angle occipital de Daubenton;* la ligne horizontale part ici du bord inférieur des orbites pour aboutir au niveau du trou occipital ; une perpendiculaire est abaissée à la hauteur des condyles. On sent bien que Gall ne sera pas plus disposé à admettre ce mode d'évaluation que le précédent ; tout ce qui doit conduire à une appréciation générale du degré d'intelligence chez les animaux et chez l'homme ne lui convient pas ; il lui faut une topographie cérébrale détaillée ; tout le reste n'est que chimères et abstractions ; purs êtres de raison, ou du moins essais infructueux ; aussi, et afin de placer le lecteur au point de vue le plus convenable pour ses découvertes, il va traiter pour son propre compte, dit-il, *de l'interprétation des différentes formes de la tête* (p. 311). Mais le lecteur se tromperait s'il croyait trouver ici l'interprétation complète des diverses formes de la tête. Gall déclare que *satisfaire dès à présent sa curiosité* (sic), ce serait intervertir l'ordre des matières. Pour le moment, il va se borner à quelques observations générales sur la forme et la dimension du cerveau et de la tête, relatives à la manie, à la démence et à l'imbécillité.

Gall a regardé ces questions comme toutes nouvelles dans la science, et conséquemment il n'a pas cru devoir les faire précéder d'un historique ; il aurait été surtout bien loin de soupçonner que, dans l'antiquité, un médecin classé par lui au rang des vitalistes abstraits, au nombre de ces rêveurs qui croyaient que l'âme n'avait rien de commun avec l'organisation cérébrale, que ce médecin, dis-je, avait énoncé sur ce sujet tout autant à peu près qu'on en sait aujourd'hui ; ce médecin, c'est encore Galien, car il est bien peu de questions que ce grand homme n'ait abordées et traitées au point de vue anatomique. N'ayant pas, pour le moment, le texte grec sous la main, je me bornerai ici à citer une traduction latine dont chacun pourra vérifier l'exactitude.

Galien a examiné, d'une part, quelles sont les formes ordinaires de la tête, quelles sont les formes les plus avantageuses, et, d'autre part, quels sont les effets soit d'un volume excessif ou d'une petitesse extrême, et enfin des vices partiels de conformation.

Il pose d'abord en principe que, dans les cas où la tête est évidemment trop volumineuse ou trop petite, il y a lésion dans la force de l'intelligence; découverte que Gall ne manquera pas sans doute de s'attribuer.

Vis præterea cogitandi iis, qui aut nimis magna capita aut nimis exigua evidenter possident, oblæsa est (in Hipp., Epidem., VI, Galeni, Comment., 1).

Voilà qui est positif.

Mais, si telle est la loi générale, on va voir comment elle se comporte dans les deux cas supposés, car il y a une différence.

Quand les têtes sont évidemment trop petites, elles sont *toujours* défectueuses, *sed exigua quidem capita semper prava sunt;* c'est là un fait absolu, une loi proprement dite; tandis que dans le cas contraire, c'est à dire quand les têtes sont évidemment trop grosses, il peut se faire, bien que cela soit rare, il peut se faire qu'elles restent avantageuses, *magna verò capita, licet rarò, non nunquam bona fuerint...,* et ici vient se placer un fait historique raconté par Gall lui-même dans son premier volume, mais dans un autre but ; les statues de Périclès étaient toujours casquées, et cela parce que les artistes grecs avaient voulu dissimuler le volume de sa tête évidemment disproportionée avec le reste de son corps ; les poètes comiques, dit Galien, en firent un sujet de plaisanteries ; *quali capite Pericles atheniensis prudentissimus fuisse traditur ; undè et comici ejus capitis magnitudinem dicteriis lacesserunt* (loc. cit.).

Gall a trouvé que ces amis de la beauté, ou plutôt des belles proportions, étaient en cela dans l'erreur ; car, suivant lui, cette grosse tête annonçait un génie de premier ordre ; mais Galien n'était nullement de cet avis; il y a plus, dans l'opinion du médecin de Pergame, si Périclès avait du génie, et on ne saurait en douter, ce génie, chez lui, s'était développé, non pas à *cause* du volume excessif de sa tête, mais bien *malgré* ce volume ; Galien donne en effet cette coïncidence comme une rareté, et encore faut-il qu'alors la tête volumineuse conserve ses formes naturelles, *præterea verò magis grande caput bonum sit, si et naturalem figuram retineat* (loc. cit.).

Galien était donc pénétré de cette idée, que les facultés intellectuelles concordent dans leur développement normal avec les justes proportions qui constituent la beauté ; ceci se conçoit pour l'époque; il ne fallait rien moins que l'apparition de la doctrine phrénologique moderne pour établir en principe qu'une tête hérissée de certaines protubérances est préférable.

Quant à l'exiguité de la tête, nous avons vu que Galien n'admettait pas d'exception ; il a établi que dans ces cas il y a nécessairement altération de l'intelligence. Gall paraît d'abord du même avis puisqu'il dit en parlant de la Vénus de Médicis, *qu'avec une tête aussi petite, toute femme serait nécessairement imbécile*(t. I, p. 203.).

Mais Galien ne s'est pas contenté de dire que pour bien fonctionner une tête doit avoir conservé des formes normales dans son développement ; il a encore indiqué quelles sont ces formes; *optima enim capitis figura oblongo orbi utrinque compresso similis*, etc., puis il est arrivé aux éminences et aux dépressions du crâne. Voilà, bien certainement, ce que le phrénologiste moderne était encore loin de soupçonner quand il accusait le médecin grec d'avoir placé l'intelligence en dehors de l'organisation.

Galien vient de dire qu'une tête bien conformée est un sphéroïde allongé d'avant en arrière et déprimé latéralement ; or cette tête peut être déformée ; elle peut s'élever en pointe par dépression ou par exagération de l'une ou de l'autre de ces deux proéminences, soit de la proéminence frontale, soit de la proéminence occipitale, et alors vous avez à distinguer, dit-il, quelle est celle qui se trouve augmentée ou diminuée : *quando igitur ob alterutrius eminentiæ defectum aut excessum acuta capita redduntur, primum quidem te illud animadvertere decet, utrum aucta aut diminuta proeminentia acutum caput evaserit* (loc. cit.).

C'est qu'ici Galien veut encore poser une loi. Une tête, dit-il, qui va en pointe par le fait d'une protubérance, n'est pas *toujours* défectueuse, tandis que si elle est ainsi conformée par le fait d'une dépression, elle l'est nécessairement : *Vitiosum enim semper est ex comminuta mucronatum caput, non semper verò malum ex adaucta.*

Ce n'est pas tout, les protubérances sont plus ou moins défectueuses suivant les régions sur lesquelles elles se sont développées, et, toutes choses égales d'ailleurs, il vaut mieux que l'excès porte sur la région occipitale, car là sont placées les parties les plus importantes, c'est de là que part la moelle épinière, etc., etc.

Meliùs enim putandum est occipitis eminentiam majorem esse, ibi namque et nobilissimus cerebri sinus et dorsi medullæ exortus, locati sunt, etc., (loc. cit.).

Ces citations suffisent pour montrer que Galien avait traité ces questions avec assez de détails, et qu'il avait eu pour soutenir ses idées des raisons tout aussi bonnes que celles qu'on cherche aujourd'hui à faire prévaloir dans la doctrine dite phrénologique. Maintenant je reviens exclusivement à Gall.

Ce qu'il y a d'abord de bien remarquable c'est que le phrénologiste moderne reprend la question précisément dans les termes dont s'était servi Galien ; il nous prévient en effet (t. II, p. 321) « qu'il va déterminer dans quels rapports » sont un grand ou un petit cerveau, une grande » ou une petite tête, avec les facultés intellectuel- » les ! » Et son chapitre a pour titre : *De l'influence d'un grand ou d'un petit cerveau, d'une grande ou d'une petite tête sur la manifestation des forces morales ou intellectuelles.*

Je le répète, la question est posée absolument comme du temps de Galien ; nous savons comment celui-ci y avait répondu ; le phrénologiste moderne ignorait complètement ce fait historique, car il assure que les auteurs n'ont su y répondre que d'une manière vague, et pour le prouver il remonte.... à Pinel ! Pour lui, il pense y avoir répondu d'une manière précise et catégorique, il y a plus, il aurait déterminé, pour l'homme, une quantité de *masse cérébrale*, avec laquelle est possible la manifestation de tous les différents degrés de facultés intellectuelles depuis l'imbécilité jusqu'au génie le plus élevé !(t. II, p. 345.) Enfin il n'aurait pas borné sous ce rapport ses recherches à l'espèce humaine, il les aurait suivies dans différentes classes d'animaux, montrant partout un *accroissement* de cette masse cérébrale à mesure que les facultés s'*agrandissent*. Nous allons voir comment il s'y est pris pour mesurer cette capacité variable de la boîte crânienne dans l'espèce humaine, et partant comment il a fait ses doubles évaluations : celles qui portent sur le volume du cerveau et celles qui portent sur le degré d'intelligence.

Mais ici on s'est sans doute déjà demandé comment il se fait que ce même Gall qui tout à l'heure a fait le procès à tous ceux qui avaient voulu se baser sur le volume du cerveau pour arriver à déterminer la mesure de l'intelligence, que ce même Gall, qui avait proscrit cette méthode de la manière la plus formelle, qui ne voulait entendre parler en aucune façon de la masse totale du cerveau, soit qu'on la considérât d'une manière *absolue*, ou relativement aux dimensions du reste du corps, ou proportionnellement aux nerfs, à la moelle épinière, etc., etc., comment, dis-je, ce même Gall va précisément s'appuyer ici sur ce mode d'évaluation. Eh quoi ! il ne lui répugne donc plus maintenant de montrer qu'il y a un rapport évident entre la grosseur de la tête et la somme des facultés intellectuelles? Non, sans doute ; et, je l'avais fait pressentir, il ne pouvait y échapper ; je le disais, alors qu'il faisait le procès et à ceux qui voulaient prendre pour base, pour échelle de comparaison, le volume général de la tête, et à ceux qui voulaient qu'on ouvrît un angle en avant de l'encéphale, et à ceux qui voulaient qu'on l'ouvrit en arrière, je disais que Gall combattait des méthodes, des procédés d'investigation, qui ressortaient de sa doctrine à lui; qu'il faisait la guerre aux siens; en voici la preuve : il est obligé d'y revenir ici, et d'en appeler à des faits qu'il avait d'abord voulu rejeter.

On va voir qu'ici il procède et il conclut absolument comme ceux qu'il avait cherché à réfuter. Qu'avaient dit, en effet, ceux-ci? Ils avaient dit (284) qu'il faut attribuer les qualités prédominantes de l'homme à la masse plus considérable de son cerveau; d'autres avaient ajouté que cela est surtout évident quand on établit une comparaison entre le volume de cet organe et les autres parties du corps, et ils rappelaient que les anciens paraissaient avoir senti qu'un front proéminent annonce des qualités intellectuelles distinguées, etc., etc. Gall avait combattu tout cela; que dit-il ici à son tour ? Il dit, qu'avec une tête très exiguë (nous donnerons tout à l'heure ses mesures) les sujets sont *complètement imbéciles*; qu'avec une tête un peu moins petite, ils conservent une *triste médiocrité*. *Mais*, poursuit-il (341), *à mesure que nous approchons des cerveaux plus considérables, nous voyons prendre aux facultés plus d'étendue!*

Ainsi ce qui était erreur dans la bouche des autres est devenu vérité dans la sienne; il ne fallait pas d'abord se baser sur cette mesure, et lui n'en veut plus d'autres ! Comme ses prétendus adversaires, il va aussi en appeler aux sculpteurs anciens *qui paraissent avoir senti cette vérité* (loc. cit.), *qui donnaient de grosses têtes à leurs philosophes* ; bref, il n'omettra aucune des banalités à l'usage de tous les phrénologistes.

Enfin, et pour pousser aussi loin que possible ce même point de doctrine qu'il avait cherché tout à l'heure à réfuter, en citant exception sur exception, il va soutenir maintenant que la loi est absolue, infaillible ! qu'il n'y a aucune exception. Voyez plutôt comme il s'exprime.

« Et que l'on ne croie pas, dit-il (342), que ce
» n'est qu'accidentellement qu'une tête de di-
» mension considérable coïncide de temps en
» temps avec un génie distingué; quoi que l'a-
» mour-propre puisse objecter, LA LOI EST GÉ-
» NÉRALE ! Je n'ai *rencontré* ni dans l'antiquité,
» ni dans les temps modernes, aucun homme
» d'un génie vaste dont la tête ne dût être ran-
» gée dans la dernière classe que je viens d'éta-
» blir (celle des plus grandes dimensions), sur-
» tout si l'on fait attention au plus grand déve-
» loppement du front (suit, comme série de preuves irréfragables, une liste de grands hommes, qui tous, à en croire Gall, auraient eu des têtes énormes). Que l'on considère les
» bustes et les gravures d'Homère, de Socrate,
» de Démosthène, de Pline, de Bacon, de Sully,

» de Galilée, de Montaigne, de Corneille (Mo-
» lière ne se trouve pas cité, et pour cause sans
» doute,) de Racine, de Bossuet, de Newton,
» de Leibnitz, de Locke, de Pascal, Montes-
» quieu, Voltaire, etc., etc. »

Avant d'aller plus loin faisons une remarque sur les bustes et les gravures des grands hommes, si souvent invoqués par Gall en faveur de sa doctrine.

On voit où il a été chercher ses documents pour établir *sa loi générale* ; il a cru pouvoir mettre ainsi à contribution, dans l'intérêt de son système, et l'antiquité toute entière et les temps modernes ; il ne s'est pas demandé si ces bustes, ces effigies de tant de grands hommes sont authentiques ou non ; si on peut en toute sûreté accepter comme réelles, comme vraies, ou du moins comme fidèles ces images remaniées tant et tant de fois par les artistes : non, ceci lui suffit complètement, et, s'il a quelque réserve, c'est plutôt à l'égard des illustrations contemporaines ; il n'a guère cité que Napoléon, l'homme du siècle, qu'il a bien fallu tailler à la Plutarque artistiquement et phrénologiquement ; Gall n'a donc pu se dispenser de lui donner une tête énorme; *donner* est bien le mot, car ici, comme il était possible de vérifier ses assertions, on pourra se faire à cet égard une juste idée de sa libéralité.

Gall nous a dit tout à l'heure que dans les

temps anciens, aussi bien que dans les temps modernes, il ne lui est pas arrivé une seule fois *de rencontrer* un homme d'un génie vaste qui n'eut une tête énorme ; or, c'eût été chose bien fâcheuse qu'un homme comme Napoléon *se fut rencontré* pourvu d'une petite tête ; donc, Gall ne pouvait s'arrêter à cette étrange idée ; loin de là : s'il fait un reproche aux artistes contemporains, c'est d'avoir encore obéi ici à de fausses préventions sur le beau idéal ; *ils laissaient*, dit-il, (t. I, p. 202) *la tête de Napoléon dans sa grandeur naturelle, mais afin d'établir une proportion conforme à leurs idées, ils la plaçaient sur un corps colossal* ! Qui pourrait douter après cela que Napoléon n'ait eu une tête d'une grosseur monstrueuse ? Mais le grand homme est mort ; son dernier médecin a moulé très exactement son crâne, et dès lors ces faits ont été ramenés à leur juste valeur ; or ce vaste cerveau n'avait que 20 pouces 10 lignes à sa grande circonférence ! c'est à dire, 6 lignes de plus que les idiots ! (voyez Gazette médic., 1834 ; 433, 449). Ce qui nous a surtout frappé, dit M. Peisse, c'est le peu de ressemblance de cette tête avec *tous* les bustes, portraits et médailles que nous avons. Les artistes ont été naturellement conduits à idéaliser toutes les effigies d'un homme devenu aussi extraordinaire ; il fallait poétiser sa personne, sa tête, surtout, comme il avait lui-même poétisé sa vie ! On ne s'est donc pas borné à exhausser sa taille comme le croit Gall, on a donné à son crâne une énorme ampliation, et c'est probablement ainsi, dit M. Peisse, que les têtes des hommes illustres de Plutarque ont été remaniées par le ciseau des sculpteurs. Que devient dès lors la liste donnée par Gall? Nous avons vu qu'il n'a pas hésité à y placer Descartes et Voltaire ; or, il a été prouvé, et de la manière la plus positive, que le mathématicien comme le poète avaient des têtes d'une très petite dimension; Gall a pris le parti de nier tout simplement le fait à l'égard de Voltaire; mais Spurzheim, qui avait en main la pièce de conviction, s'en est tiré autrement ; il a nié tout simplement le génie, et jusqu'à l'intelligence de Descartes (Gazet. médic., loc. cit.)!

Ainsi, rien n'embarrasse les phrénologistes; ils ont trois moyens à leur service ; ou bien ils nient que la tête du prétendu grand homme ait pu se trouver, se *rencontrer* d'un petit volume, ou bien ils nient qu'il ait pu avoir une grande intelligence ; que, si ces deux points sont également hors de doute, ils disent que c'est une *exception*, bien que Gall nous ait prévenu que sous ce rapport il n'y a pas d'exception.

Mais maintenant que nous savons à quels résultats est arrivé Gall, tout en procédant et suivant sa coutume par la voie anecdotique, savoir: que plus les individus sont pourvus de têtes petites plus ils sont voisins de l'imbécillité, tandis que plus ils sont pourvus de têtes volumineuses, plus ils se rapprochent du génie, nous allons passer aux mesures qu'il a indiquées comme base de ses évaluations psychologiques.

Gall, pour avoir le volume du cerveau, mesurait le crâne immédiatement au dessus de l'arc supérieur de l'orbite et au dessus de la partie la plus proéminente de l'occipital ; il le mesurait aussi à partir de la racine du nez jusqu'au bord postérieur de l'occipital.

Lorsqu'il trouvait dans le premier sens une périphérie de 11 à 13 et même 14 pouces, et dans le second 8 à 9 pouces, il déclarait que l'exercice entier des facultés intellectuelles était absolument impossible dans un cerveau si petit, et qu'alors il y avait toujours idiotisme (330).

Les têtes de 18 à 18 pouces 1/2 comportaient une demi-imbécillité ; mais quand on arrive, disait-il, aux têtes de 21 à 22 pouces de périphérie on trouve la plus haute somme d'intelligence (354).

Gall ne dit pas sur combien d'individus il a pris ces diverses mesures ; si c'est sur un fort grand nombre, ou sur un petit nombre, ou sur quelques individus seulement ; comme exemples de têtes très volumineuses, il n'a signalé ici que des bustes et des gravures d'hommes illustres ; pour contrôler ces faits nous allons placer en regard les résultats obtenus par M. Lélut sur des nombres considérables.

Gall a été si tranchant, si péremptoire, quand il a posé ces prétendus principes, que d'autres auraient craint peut-être d'en appeler sous ce rapport à l'expérience ; cependant on va voir que M. Lélut a bien fait de ne pas s'en laisser imposer par le ton dogmatique de Gall ; celui-ci ne voulait pas même qu'on se permît d'élever un doute ; les principes que je viens d'émettre, dit-il (345), ne peuvent être révoqués en doute que par ceux qui n'ont jamais consulté la nature ! On va juger qui a su le mieux consulter la nature pour cet ordre de faits ou de Gall ou de M. Lélut.

Voici comment ce dernier observateur a procédé.

Les tableaux qui forment la base de son travail résultent des mesures de 100 crânes vivants d'idiots et d'imbéciles mâles répartis en quatre classes d'après le degré d'idiotisme. Les cheveux avaient été tenus plus courts que chez les hommes d'une intelligence ordinaire, et leur tête, dit M. Lélut, devait être trouvée d'autant plus petite (*Du développement du crâne dans ses rapports avec l'intelligence*, 4 *et passim*).

Les mesures ont été prises dans tous les sens, mais nous ne mentionnerons que les résultats obtenus pour la grande circonférence, ou circonférence horizontale afin de les comparer avec les résultats signalés par Gall ; nous ne mentionnerons pas non plus les faits très importants, d'ailleurs, dont M. Lélut a cru devoir tenir compte, tels que l'âge des individus, leur taille, etc., etc. ; nous voulons déterminer tout simplement et d'une manière absolue quelle capacité générale du crâne M. Lélut a trouvée chez ses idiots.

Et d'abord, puisque M. Lélut, par sa répartition en quatre séries, a naturellement établi une échelle pour le degré d'intelligence, nous allons voir du premier coup d'œil si la loi posée, ou plutôt rappelée par Gall, a été touvée juste ; cette loi exprimée par lui en ces termes : à *mesure que des têtes de* 14 *pouces de circonférence* (idiotisme complet) *nous nous rapprochons des cerveaux plus considérables, nous voyons prendre aux facultés intellectuelles plus d'étendue, jusqu'à ce que nous soyons parvenus aux têtes de* 21 à 22 *pouces* (341).

Pour que notre comparaison soit rigoureuse, nous nous emparons des résultats notés par M. Lélut, et voici comment nous les disposons.

Les imbéciles, avons-nous dit, ont été distribués par M. Lélut en quatre classes : dans la première il a mis les idiots du degré le plus inférieur, ceux donc la vie est à peu près toute végétative, ou plutôt toute bestiale (op. cit., 4). Sensations, mémoire, jugement, tout est obtus ou nul ; il n'y a pas, ou il y a peu de parole ; l'idiot sait à peine, ou ne sait pas se vêtir ; il ne fait guère que marcher ou dormir.

Dans la seconde, les caractères sont un peu moins brutaux.

Dans la troisième, moins encore.

Dans la quatrième, tout se trouve : sensations, mémoire, jugement, mais à un degré un peu moindre que chez les intelligences ordinaires; l'imbécillité n'est plus marquée que par le défaut de volonté, d'énergie, de suite dans l'esprit.

Enfin, et pour constituer une classe à part, M. Lélut a opéré sur des individus doués d'une intelligence ordinaire.

Voilà donc cinq degrés d'intelligence qui vont nous servir d'échelle ; seulement nous les placerons dans un ordre inverse à celui de Gall ; et au lieu de partir des mesures crâniennes, comme il l'a fait, pour trouver une étendue d'intelligence correspondante, nous partirons de la mesure intellectuelle, pour trouver une mesure crânienne, correspondante ou non correspondante ; il en résulte qu'à mesure que nous descendrons vers le degré le plus bas, le plus profond de l'idiotisme, nous devrons trouver, si la loi de Gall est juste, une circonférence crânienne de plus en plus petite, jusqu'à 14 pouces, et que dès le premier pas, c'est à dire, en partant des hommes de génie nous devrons trouver des circonférences de 21 à 22 pouces ; mais je dois le dire tout d'abord, ce premier terme nous manque.

M. Lélut n'a pas eu d'homme de génie à sa disposition, et, partant, il n'a pu donner de circonférence crânienne correspondante; Gall ne les avait pas non plus, mais il nous a cité Homère, Socrate, Platon, Démosthène, etc.; il aura pensé sans doute que telle devait être la circonférence du crâne de ces illustrations; M. Lélut, plus timide, n'a rien indiqué, je le répète, pour le premier, pour le plus haut degré.

Passons au second, c'est à dire, aux hommes d'une intelligence ordinaire. M. Lélut a trouvé pour la circonférence horizontale du cerveau 20 pouces 2 lignes, mesure qui correspondrait assez bien aux assertions de Gall si, d'une part, celui-ci avait pu nous prouver que ses hommes de génie avaient 22 pouces, ou seulement plus de 20 pouces 2 lig., et si, d'autre part, les résultats signalés par M. Lélut montraient une décroissance à mesure qu'on descend vers l'idiotisme; mais on va voir qu'il n'en est nullement ainsi; poursuivons.

Pour les hommes d'une intelligence ordinaire nous venons de trouver 20 pouces 2 lignes. Pour le degré le plus faible de l'idiotisme, nous trouvons : 20 pouces 3 lignes 6/10 !! c'est à dire, que loin de diminuer, comme le veut Gall, cette circonférence crânienne augmente d'étendue.

Pour le degré suivant, dans lequel l'idiotisme est un peu plus marqué, nous trouvons 20 p. 0 l. 2/3.

Pour un degré plus marqué encore, 20 pouces 1 ligne 1/3, c'est à dire, une légère augmentation après une décroissance, ce qui nous éloigne beaucoup des 18 pouces à 18 pouces 1/2 que Gall assignait à ce degré d'imbécilité.

Et enfin pour le degré le plus bas, le plus profond d'idiotisme, pour ce degré auquel Gall attribuait 14 pouces tout au plus, nous trouvons dans les tableaux de M. Lélut 20 pouces!

Ajoutons qu'on arrive à des résultats analogues quand on cherche dans quel rapport est, avec le développement de la moitié antérieure du crâne, le développement de l'intelligence, et que ces résultats sont encore bien plus marqués quand on tient compte, comme on doit le faire, de la taille des sujets; on voit en effet, dit M. Lélut, que les imbéciles pris en général étant de 58 millimètres plus petits que les autres hommes, le développement total de leur crâne est en réalité *plus grand* que celui de ces derniers de 14 à 15/1000 ; on voit aussi que le développement frontal de cette cavité est chez eux de 17 à 18/1000 *plus grand* que celui des hommes d'une intelligence ordinaire (op. cit., 24).

Ces faits suffiront sans doute pour montrer combien Gall s'est égaré dans toutes ses suppositions, et combien il importait de vérifier sur de forts grands nombres des assertions de cette nature ; peut-être, dira-t-on, qu'après tout ceci n'est pas encore la doctrine de Gall ; qu'il a pu en cela commettre de graves erreurs sans infirmer la valeur réelle de son système ; que sans doute il s'est trop avancé, mais que, s'il avait voulu se tenir retranché dans les limites de sa doctrine, il était inattaquable, puisque enfin ce n'est pas le volume absolu, le volume *total* du cerveau qu'il avait à considérer, mais bien le volume *relatif* des différentes parties de cet organe. A cela nous avons déjà répondu que ces deux ordres de faits sont trop étroitement liés pour qu'il eût pu abandonner les uns et soutenir exclusivement les autres; on a répété depuis lui, et pour échapper à de graves objections, que ce n'est pas le volume général du cerveau qui fait l'homme éminent que c'est le volume relatif de quelques portions de ce viscère, on a même ajouté qu'il pourrait se faire qu'un homme doué d'un esprit très distingué eût un cerveau *généralement* petit ; car le développement de deux ou trois portions suffirait pour ennoblir singulièrement une intelligence, alors même que toutes les autres portions seraient d'une notable exiguité. Erreurs que tout cela ; vaines défaites; le système de Gall, on le verra plus tard, ne concorde pas avec ces suppositions ; dans ces cas, l'homme tout en se trouvant doué de quelque merveilleuse spécialité, serait un crétin pour tout le reste ; il y avait donc, comme je l'ai déjà dit, nécessité pour Gall de soutenir que la somme des facultés intellectuelles croît avec l'amplitude du crâne ; c'était une nécessité que lui imposait son système et il s'y est soumis ; aussi dans ce sens a-t-il voulu poser une loi générale, une loi qui ne souffrait pas d'exceptions et nous savons à l'aide de quels arguments il l'a défendue.

Maintenant que le terrain de l'a discussion est en quelque sorte déblayé, il nous reste à aborder définitivement cette grande question de la pluralité des organes cérébraux, question qui constitue véritablement la doctrine de Gall, c'est ce que nous nous proposons de faire dans les articles suivants.

Il nous est donc enfin permis de prendre corps à corps, pour ainsi dire, la doctrine du prétendu fondateur de la physiologie du cerveau. Nous l'avons dépouillée de tout son entourage, de tous ses emprunts, elle est définitivement mise à nu ; que les propositions précédentes soient nécessaires ou non à l'acceptation de cette doctrine, peu nous importe ; nous la touchons maintenant du doigt, puisque cette quatrième proposition la comprend tout entière.

§ IV. LE CERVEAU EST COMPOSÉ D'AUTANT D'ORGANES PARTICULIERS QU'IL Y A DE PENCHANTS, DE SENTIMENTS, DE FACULTÉS QUI DIFFÈRENT ESSENTIELLEMENT ENTRE EUX.

Avant d'examiner cette proposition qui résume à elle seule, je viens de le dire, toute la doctrine de Gall, il sera assez curieux de montrer quelle était l'outrecuidance de ce physiologiste et en quels termes pompeux il annonçait lui-même l'infaillibilité de sa science.

Montaigne a fait quelque part une comparaison à la fois pleine de grâce et de justesse ;

L'homme présomptueux et ignorant, a-t-il dit, est comme l'épi encore vide et léger : il dresse hardiment la tête et domine ainsi ceux qui l'entourent ; l'homme, au contraire plein de science et de sagesse, ressemble à l'épi chargé de grains : il fléchit, baisse la tête et s'incline volontiers devant les autres.

Écoutez Gall !! et faites le rapprochement :

« Je contracte vis à vis de mes lecteurs l'en-
» gagement d'établir si solidement la doctrine
» de la pluralité des organes, qu'à l'avenir elle
» sera à l'abri de toute objection » (T. II. p. 349.) Et plus loin:

« Ici je m'impose la tâche, non pas, comme
» l'ont fait mes devanciers, d'avancer, d'après
» des aperçus vagues et des hypothèses gratuites,
» *qu'il peut* exister dans le cerveau des organes
» pour les différentes facultés, mais d'établir
» par les faits les plus *irréfragables*, pris de la
» physiologie et de la pathologie, tant des ani-
» maux que de l'homme, qu'il faut chercher dans
» le cerveau un organe particulier pour chaque
» faculté intellectuelle et pour chaque qualité
» morale essentiellement distinctes. » (P. 362.)

Ce qu'il y a ici de plus clair, c'est que, du propre aveu de Gall, d'autres, *avant lui*, puisqu'il les appelle ses *devanciers*, d'autres avaient soutenu qu'il peut exister dans le cerveau des organes pour les différentes facultés; seulement, au dire de Gall, ils n'avaient pu soutenir cette assertion qu'à l'aide d'aperçus vagues et d'hypothèses gratuites; tandis que lui va soutenir cette même assertion à l'aide de faits *irrécusables!* Voilà la seule différence. Mais si ces faits ne sont pas *irrécusables*, comme il l'annonce, que lui restera-t-il, à ce fondateur de la physiologie du cerveau ? en quoi et comment aura-t-il jeté les fondements de cette science? il n'aura pas même le mérite d'avoir *imaginé* une doctrine, il ne lui restera que des annonces pompeuses et des histoires faites à plaisir.

Mais enfin, ces faits peuvent être *irrécusables*, il faut donc les examiner, et rien sans doute ne sera plus facile puisque son premier chapitre a pour titre : *Preuves de la pluralité des organes de l'âme.* (Loc. cit.) Attendez cependant, il vous suffira de lire les trois premières lignes de ce chapitre, pour éprouver un nouveau désappointement ; c'est à dire, pour apprendre que les preuves irrécusables sont encore ajournées; et pour savoir que ces faits dont il vient de faire tant de bruit, ces faits les plus irrécusables, pris de la physiologie et de la pathologie, etc., ne seront que des points de vue généraux. Eh! pourquoi, dira-t-on, sommes-nous de nouveau renvoyés aux volumes suivants? Tout simplement parce que Gall, esprit éminemment supérieur, a senti le besoin de se mettre ici *à la portée* de tous ses lecteurs !

Voici le début de son chapitre :

« Pour me mettre à la portée de tous mes
» lecteurs je suis obligé de renvoyer mes preuves
» les plus *irréfragables* aux volumes suivants et
» de me borner ici à des points de vue généraux. »
(Loc. cit.)

Cette circonstance est fâcheuse, pour nous du moins qui à toute force voulons des preuves irrécusables ; mais enfin admettons que Gall ait bien voulu se mettre ici à notre portée, et contentons-nous des aperçus qu'il va nous exposer ; mais surtout gardons-nous bien de nous laisser imposer par les mots; car, bien que décidé à se borner, comme il vient de le dire, *à quelques points de vue généraux*, Gall n'en distribue pas moins ses *aperçus*, auxquels il donne le nom de preuves, en trois catégories, savoir : *preuves anatomiques, preuves physiologiques* et *preuves pathologiques*. (364.)

Ces dénominations prises à la lettre pourraient induire en erreur; pour être vrai, exact, pour être logique, il faut diviser en deux grandes classes toutes les prétendues preuves invoquées ici par Gall : les unes sont des assertions posées *a priori*, les autres déduites *a posteriori*; aux premières il aurait dû donner le nom de *présomp-*

tions, aux secondes le nom d'*inductions;* ceci n'aurait pu en infirmer la valeur; car des présomptions peuvent être assez bien fondées, et des inductions peuvent conduire à un haut degré de certitude ; seulement, il aurait donné aux choses leurs véritables noms.

Cette distinction une fois bien établie, reprenons : Gall, et on devrait s'y attendre, pour prouver sa pluralité des organes encéphaliques, commence par exposer ses présomptions, divisées, comme nous venons de le dire, en trois catégories empruntées qu'elles seront, selon lui, à l'anatomie, à la physiologie et à la pathologie ; cette exposition aurait pu être fort courte, si Gall n'avait jugé à propos *de se choisir* des objections et de les combattre avec une sorte de complaisance ; au reste, voici à quoi se réduisent ses premiers arguments.

1° *Preuve anatomique :* avec chaque *nouveau* viscère, à chaque *nouvel* appareil des sens, on découvre une *nouvelle* fonction, et cette fonction est d'autant plus *compliquée* que l'organisation du viscère ou du sens est plus *parfaite*. Or, comme la *graduation* est la même à l'égard du cerveau des différentes espèces ; *Il s'ensuit* que le nombre des facultés est en rapport avec celui *des parties intégrantes* du cerveau. (365.)

A cela nous répondrons que cette présomption serait fondée, si d'abord, comme le veut Gall, chaque circonvolution cérébrale était un appareil ou même un organe distinct : et s'il était possible de voir chacun de ces organes distincts se surajouter dans la série animale comme un appareil *nouveau*. Chacun sait en effet qu'il y a une grande différence entre une fonction *compliquée* et une *série* de fonctions; qu'il y a une différence non moins grande entre une organisation *parfaite* et une *série* d'organes : ce qui fait que, tout en admettant avec Gall que plus on se rapproche de l'homme dans la série animale, plus on voit les opérations intellectuelles se *compliquer*, et l'organisation du cerveau devenir *parfaite*; tout en admettant cela, dis-je, on ne dira pas, avec lui, qu'il *suit de là* que le nombre des facultés de l'intelligence est en rapport avec celui des parties intégrantes du cerveau de l'homme.

On se gardera d'autant plus de tirer cette induction, que des *parties intégrantes* ne sont pas des organes distincts; car on pourrait les multiplier tout aussi arbitrairement que les facultés.

2° *Preuve anatomique.* L'analogie qui existe entre l'organisation du cerveau et celle des autres systèmes nerveux prouve que le cerveau est composé de plusieurs organes. (378).

A cela nous répondrons que cette présomption serait fondée si cette analogie était réelle ; mais comme Gall a eu soin de nous prévenir (p. 367) que, par organes *intracrâniens*, il entend *les circonvolutions du cerveau*; il s'ensuit qu'il n'y a pas moyen d'établir une analogie. Est-il possible, en effet, de comparer, comme le veut Gall, chacun des systèmes nerveux des organes des sens, soit l'appareil visuel ou l'appareil auditif, à une circonvolution ? Est-il possible de trouver entre deux simples replis de la substance cérébrale l'unité et l'indépendance qu'on trouve dans un appareil de sensations spéciales? La réponse ne saurait être douteuse. Donc, cette assertion de Gall, loin de constituer une preuve, ne suggère pas même une présomption.

3° *Preuve anatomique.* Les différences les plus marquées de la structure de l'encéphale, chez les différents animaux, correspondent à des différences marquées dans ses fonctions.(395).

Ceci n'étant qu'une variante de la première preuve, il n'y a pas à s'y arrêter.

1ʳᵉ *Preuve physiologique.* Dans tous les êtres organisés des phénomènes différents supposent des appareils différents ; donc, les différentes fonctions du cerveau supposent également des organes différents. (398)

Ici, ce n'est plus même une présomption, c'est une supposition ; il faut d'abord, en effet, admettre comme prouvé que les opérations de l'intelligence sont toutes scindées, distinctes, indépendantes; qu'on peut les compter, les énumérer, en trouver de 27 à 30 ; assurément, c'est là ce que Gall entendait ; mais si, après avoir bien analysé les faits, nous ne pouvons reconnaître qu'une perfection graduelle dans la formation des idées et dans la manifestation de la pensée ; si nous voyons unité là où il voyait multiplicité, connexion là où il voyait séparation, que devient son rapprochement ? Il est évident qu'ici il part d'une supposition dynamique, c'est à dire d'une prétendue multiplicité de fonctions, pour arriver à une prétendue multiplicité d'organes, tout comme plus loin il partira d'une supposition plastique, c'est à dire d'une multiplicité d'organes, pour arriver à une multiplicité de fonctions.

2ᵉ *Preuve physiologique.* L'histoire naturelle, d'un bout à l'autre, nous montre dans chaque espèce d'animaux d'autres penchants, d'autres aptitudes industrielles, d'autres facultés. Ne devons-nous pas en conclure nécessairement que les différents penchants, les différentes facultés de ces animaux sont produits par des parties cérébrales distinctes ? (412.)

Nous devons en conclure, pour ne pas aller au-delà d'une simple présomption, que ces différents penchants, ces différentes aptitudes, résultent d'une organisation générale toute différente, et non de telles ou telles circonvolutions cérébrales. Voyez, en effet, quels sont les exemples que Gall a cités dans ce même chapitre. La brebis, dit-il (loc. cit.), vit en troupeaux ; la mouche à miel et la fourmi en république ! ne sont-ce pas là de singuliers exemples pour prouver que chaque penchant, chaque aptitude animale, résulte d'une circonvolution cérébrale particulière? (Loc. cit., 411.) Il faut, en vérité, que Gall ait bien compté sur la bénévolence de ses lecteurs pour écrire des choses semblables; mais si quelqu'un, le prenant au sérieux, lui eût demandé de placer en regard, d'un côté l'organe, ou plutôt la circonvolution cérébrale (car c'est tout un pour lui) qui fait que la brebis suit toujours ses compagnes, et d'un autre..... j'allais dire la circonvolution cérébrale qui fait que la mouche à miel a des tendances républicaines.... mais je passe à une présomption plus sérieuse.

3e *Preuve physiologique.* Les qualités et les facultés qui se trouvent chez tous les individus de la même espèce existent chez les divers individus *à des degrés très différents*, ce qui ne peut s'expliquer que par le *différent degré* d'activité *des différents* organes de ces qualités ou de ces facultés. (414.)

Voilà bien des différences; mais il n'y a aucune présomption à en tirer relativement à la pluralité des organes cérébraux. Que ces différents degrés dans les facultés de l'intelligence tiennent ou non à différents degrés d'activité organique, il n'en résulte pas qu'il y ait multiplicité plutôt qu'unité dans l'organisation cérébrale: donc la remarque est étrangère au sujet en question.

4e *Preuve physiologique.* Dans le même individu les différentes qualités existent à des degrés très différents; ce qui, encore, ne pourrait pas avoir lieu, si chaque qualité ne dépendait pas d'un organe particulier. (421.)

Pour réfuter ce raisonnement, je ne saurais encore mieux faire que de rappeler l'exemple cité par Gall à l'appui de cette même proposition.

L'un de mes chiens, dit-il (loc. cit.), est extrêmement hargneux et ne caresse personne; un autre, hors le cas où il se voit attaqué, vit en paix avec tous les autres chiens; or, il n'y a pas moyen d'expliquer cette diversité de caractère, si on ne suppose, pour chacune de ces dispositions, des organes spéciaux et diversement développés. Les autres exemples sont du même genre, et les conclusions aussi péremptoires : rien ne saurait embarrasser Gall; il a toujours un organe à sa disposition, et un organe qui lui rend raison de tout, aussi bien chez les animaux que chez l'homme. Découvre-t-il une nuance de caractère quelque peu marquée, vite il a un organe à placer en regard : on vient d'en avoir la preuve à l'égard de ces deux chiens, et il est probable que, même pour César et Laridon, il aurait invoqué, non un genre différent d'éducation, comme le voulait le fabuliste, mais un genre tout différent d'organe.

5ᵉ *Preuve physiologique.* Il est des fonctions qui ne se manifestent simultanément ni chez les animaux ni chez l'homme; les unes se manifestent constamment, tandis que d'autres, suivant l'âge

du sujet ou suivant la saison, se manifestent ou cessent de se manifester. (428.) Si le cerveau n'était qu'un organe unique, tous ces phénomènes pourraient-ils s'expliquer d'une manière *satisfaisante*? tous ces phénomènes se conçoivent, au contraire, *très bien* du moment où l'on admet la pluralité des organes? (434.)

N'avais-je pas raison de dire que Gall ne trouve aucune difficulté dans l'explication des phénomènes intellectuels, grâce à cette libéralité en vertu de laquelle il accorde un organe à tout phénomène, à tout incident, à toute circonstance connue ou inconnue. Voyez les exemples qu'il cite encore ici. Chez la plupart des animaux, les instincts sont soumis à l'influence des saisons; l'instinct du chant est tantôt en activité, tantôt dans l'inaction; comment expliquer cela? d'autres sont embarrassés, ils invoquent l'action du climat, celle de la température, etc.; Gall a une explication bien plus satisfaisante: il suppose un organe du chant, et ceci répond à tout, même aux intermittences et aux recrudescences; de même pour l'instinct de l'accouplement, de même pour l'aptitude à bâtir des demeures, etc., etc.. Et quant à l'homme, s'il est vrai qu'en avançant en âge il perd la force de combiner un grand nombre d'idées, si de nouvelles impressions glissent en quelque sorte sur son cerveau; si chez lui aussi il y a un temps pour les amours, puis une inertie complète, rien de plus simple, de plus facile à expliquer : c'est qu'il y a dans son cerveau pluralité d'organes!! On est vraiment tenté de se demander si Gall débitait tout cela de bonne foi, si ces prétendues explications lui paraissaient aussi satisfaisantes qu'il le dit. Quoi! parce qu'il suppose que chaque circonvolution cérébrale est un organe d'instinct, il conçoit parfaitement et les intermittences des actions instinctives chez les animaux, et les vicissitudes des actes intellectuels chez l'homme! il se rend parfaitement compte de tous ces problèmes ; il peut les résoudre, les ramener aux faits les plus simples! Mais, à ce compte, Gall aurait été pourvu lui-même d'un organe supplémentaire, d'un organe, du moins, qui nous manque complètement ici, celui de la compréhension de ces sortes de faits.

6e *Preuve physiologique.* Une contention d'esprit n'est jamais que partielle, de façon que l'on peut se reposer tout en continuant de s'occuper, pourvu que l'on change d'objet ; cela serait impossible, si, dans une contention d'esprit quelconque, le cerveau tout entier était également actif. (438.)

Il est bien singulier que dès que Gall se met à citer des exemples pour prouver la justesse de ses prétendues preuves, on est tout aussitôt frappé de leur peu de valeur ; ainsi à l'égard de cette dernière supposition qui, dans son énoncé général, a quelque chose de spécieux, de séduisant même, quels sont ses exemples ? Après avoir joui longtemps, dit-il, du plaisir de la table, on entend avec plaisir un concert... Or on observe précisément les mêmes phénomènes dans la manifestation des facultés de l'âme.(Loc. cit.) Le rapprochement n'est pas heureux; il est certain que, quand l'estomac est totalement rempli, il est matériellement impossible de continuer à jouir des plaisirs de la table ; circonstance qu'on ne retrouve nullement dans la manifestation des facultés de l'âme: et si alors on entend avec plaisir un concert, c'est qu'on passe à des actes essentiellement différents. Mais sans quitter encore ce rapprochement, il y a là des analogies que Gall n'a pas remarquées. Pourquoi, en effet, la satiété cesse-t-elle quand on change d'aliments ? C'est toujours le *même organe* qui agit, et cependant il retrouve une nouvelle énergie dans le changement d'objet. En serait-il de même à l'égard de l'esprit? se reposerait-il tout en restant *lui*, tout en restant *un*, par le fait seul qu'il changerait d'*objet* ? Ne pourrait-il pas se faire que l'esprit, tombé dans une sorte *de satiété*, par suite d'une longue contention sur un *même objet*, retrouvât un nouvel *appétit*, par cela seul qu'il aurait changé d'objet ? On voit que la comparaison invoquée par Gall prouverait plutôt contre sa supposition; mais passons maintenant à ce qu'il appelle ses preuves pathologiques.

1re *Preuve pathologique.* Il y a des manies

partielles, qu'on désigne communément sous le nom de *monomanies*. Or, si le cerveau n'est qu'un organe unique, si sa masse homogène agit tout entière dans la manifestation de chacune des qualités morales ou de chacune des facultés intellectuelles, on ne voit pas pourquoi dans ces cas l'homme ne tombe pas plutôt dans une manie générale que dans une manie partielle. (444.)

C'est là une présomption qu'on a fait souvent valoir en faveur de la théorie de la pluralité des organes cérébraux; mais cette présomption n'est encore que spécieuse. Et d'abord on s'est fait illusion sur cette prétendue délimitation, sur cet isolement des monomanies : il ne faut pas croire que ces manies soient rigoureusement, positivement *partielles* ; il est impossible que l'esprit puisse délirer ainsi *exclusivement* sur un point et raisonner juste sur tout le reste. Qu'on examine avec soin ces prétendus monomaniaques, et on verra que leur intelligence n'est pas seulement faussée sur un point particulier. On a mieux caractérisé les faits, quand on a dit qu'il y a chez ces malades *prédominance* d'une idée, qu'il y a un délire *prédominant*. Ainsi la base sur laquelle Gall prétend ici s'appuyer n'est pas exacte ; maintenant, et en admettant cette prédominance d'idées, est-il plus rationnel pour l'expliquer, de recourir à une prétendue pluralité des organes intellectuels qu'à l'unité de cet organisme? L'une de ces explications n'est pas plus satisfaisante que l'autre. Il n'est pas de médecin qui ne sache que cette prédominance d'idées est tout aussi bien déterminée par des lésions générales du cerveau que par des lésions partielles de ce même organe; il n'est pas de médecin qui n'ait observé ces genres de délire, et dans le cours de fièvres graves, et dans les cas de congestions, d'irritations générales de la masse encéphalique. Si la théorie de Gall était vraie, il y aurait alors manie générale, et non des délires prédominants; à une lésion organique générale devrait correspondre une lésion dynamique également générale. Cependant il n'en est pas ainsi. Pourquoi ensuite, dans les cas bien caractérisés de manies aussi partielles, de monomanies aussi exclusives que le prétend Gall, pourquoi, dans ces cas, dis-je, puisqu'il était sûr de sa topographie cérébrale, puisqu'il savait d'une manière aussi positive où se trouvait l'organe lésé, le lieu, le point affecté; pourquoi, lorsque les individus succombaient, ne s'en venait-il pas dans les amphithéâtres dire à tous ceux qui doutaient de la réalité de sa doctrine : « Ouvrez ce » sujet, incisez méthodiquement son cerveau, » et dans tel lieu, dans tel point, vous trouverez » une lésion matérielle manifeste!» Pourquoi Gall n'a-t-il jamais pu dire cela? Pourquoi ses successeurs n'ont-ils jamais pu le dire non plus? C'est **que sa doctrine de la pluralité des organes ne** comportait pas des preuves de cette nature, des preuves aussi décisives. Gall préférait d'une part de simples présomptions, et d'autre part, comme documents confirmatifs, de simples anecdotes.

Avant de terminer sur ce point, je dois dire cependant que Gall, dans le même chapitre, a fait une remarque très fondée, non pas sur sa pluralité des organes intellectuels, mais sur l'impuissance dans laquelle se sont trouvés Pinel et Esquirol quand ils ont voulu étayer les doctrines des idéologues du 18e siècle sur des faits pathologiques ; et en cela Gall, sans s'en douter, a fourni des armes contre lui-même. Les idéologues, on le sait, avaient aussi distingué, sinon plusieurs organes, du moins plusieurs facultés intellectuelles, mais en bien plus petit nombre que Gall; c'étaient seulement la sensation, l'attention, la perception, la comparaison, etc., etc. Or, Pinel et Esquirol, imbus qu'ils étaient de ces doctrines, avaient cru observer des monomanies, des délires qui portaient exclusivement sur l'une ou l'autre de ces mêmes facultés, et en ce sens, les aberrations de l'intelligence leur paraissaient confirmer les théories de Locke et de Condillac; mais Gall a prouvé, en analysant les observations rapportées par Pinel et par Esquirol, que dans tous ces cas il y avait eu délire général ; que, par exemple, dans les faits cités pour montrer que l'attention peut être exclusivement lésée, il y avait eu lésion de *toutes* les autres facultés. Il suffit de lire ces observations pour voir que Gall avait raison. Comment veut-on que l'esprit pèche soit dans l'association des idées, soit dans leur comparaison, sans pécher en même-temps dans le jugement qu'il portera sur ces mêmes idées et dans les déterminations qu'il prendra d'après ce même jugement? Mais, je l'ai déjà dit, il en est de même à l'égard des monomanies de Gall, il est impossible que le délire porte aussi rigoureusement sur un seul point; et l'expérience est là pour établir le contraire. On pourra toujours s'en convaincre, à moins que les monomanies ne soient simulées, ce qui arrive souvent.

2e *Preuve pathologique.* Des qualités morales ou des facultés intellectuelles peuvent, par une maladie, par une blessure, etc., être troublées, émoussées, etc., tandis que les autres sont dans un état tout différent ou dans l'état de santé. (450.)

Dans les exemples que Gall a cités à l'appui de cette proposition, il a de nouveau ramené ses cas de monomanies, en y ajoutant des faits en apparence plus probants; nous ne devrons nous occuper que de ces derniers.

Au moment où un homme voulait s'asseoir, dit-il (loc. cit.), on lui retira la chaise; la commotion qu'il éprouva lui fit perdre complètement la mémoire des noms; à Paris, un chirurgien se trouva dans le même état après une fièvre grave; Broussonnet, après une chute, perdit la mémoire des substantifs.

Gall aurait pu réunir beaucoup d'autres faits semblables; tous les auteurs en ont cité, à commencer par Galien, qui en a rapporté plusieurs. Nous n'entendons donc pas les contester. Ces faits sont irrécusables; et nous ajouterons que dans ces cas il n'en est plus comme pour les monomanies, l'abolition de la faculté en question est tout à fait exclusive, partielle; et les autres, ainsi que le dit Gall, peuvent rester comme dans l'état de santé; le malade sent l'infirmité de son esprit, et il est le premier à là déplorer. Mais maintenant est-ce là une présomption aussi forte, aussi décisive que le prétend Gall, en faveur de la multiplicité des organes encéphaliques? Nous ne le pensons pas, et voici pourquoi.

D'abord, des faits de cette nature n'ont été observés qu'à l'égard de la *mémoire*, faculté intellectuelle qui n'est pas de la façon de Gall; on n'a pu rien observer de semblable pour les facultés inventées par les idéologues du 18e siècle, parce qu'elles sont tellement connexes ou plutôt si arbitrairement établies qu'une lésion isolée n'est pas plus possible à leur égard qu'une manifestation isolée. Gall n'a pas pu citer non plus une abolition aussi distincte, aussi isolée pour une seule des 27 ou 30 facultés de son invention; on n'a donc, je le répète, observé cela que pour la mémoire ; or, s'il est une faculté intellectuelle liée à des conditions matérielles, c'est assurément celle-ci ; on peut même présumer avec assez de probabilité qu'elle consiste en *un mouvement* qui se passerait dans la masse cérébrale ; mouvement *continu*, mouvement qui persisterait sans interruption dans le cerveau depuis le moment où une impression a agi et lui a donné la première impulsion ; et si l'esprit n'a pas en même temps la conscience de tous ces mouvements ou de tous ses souvenirs, c'est que l'attention ne saurait se partager entre tant de sensations. Une autre circonstance tend encore à prouver qu'il y a quelque chose de *mécanique* dans les phénomènes de la mémoire. C'est l'artifice que nous employons instinctivement pour rappeler nos souvenirs. Avons-nous, par exemple, quelque difficulté à nous rappeler la fin d'une phrase, la dernière moitié d'un vers, nous en répétons à plusieurs reprises le commencement, et bientôt le reste se présente à l'esprit. Il semble que c'est comme un mouvement déjà exécuté, auquel nous cherchons à donner une même impulsion. Qui ne sait combien certains sons, certains airs de musique ont d'influence sur nos souvenirs, et combien ils nous rappellent vivement des évènements que nous regardions comme effacés de notre mémoire ?

Mais maintenant que nous avons cherché à matérialiser, pour ainsi dire, la mémoire, devons-nous en conclure que les mouvements qui aident à sa manifestation ont un département limité dans le cerveau, et qu'il y a autant de départements qu'il y a d'espèces de mémoire inventées par Gall? En aucune manière ; ceci prouve seulement ou plutôt porte à croire que si la mémoire peut être exclusivement abolie, c'est que sa manifestation tient à un acte tout matériel et *particularisé par le mode* suivant lequel il est *effectué*, et non par la partie dans laquelle la mémoire serait *localisée*. S'il y a une probabilité (nous nous servons de ce mot à dessein, car on ne peut rien dire de plus), c'est assurément celle-ci ; du moins elle paraît la plus rationnelle. Les sectateurs de Gall trouvent plus satisfaisant, il leur convient mieux de croire que toute mémoire *est logée* dans un morceau de substance cérébrale, et il faut de plus, pour que leur esprit soit complètement satisfait, qu'il y ait un morceau distinct pour tous les genres de mémoire qu'il leur a plu d'inventer. Réduite à ces termes, la question ne leur offre plus de difficultés : d'un côté un genre de mémoire, soit la mémoire des lieux ou des noms, de l'autre une ou deux circonvolutions cérébrales, et voilà le problème résolu. Les choses ne nous ont point paru aussi simples. Nous nous sommes permis de faire d'autres suppositions ; on jugera de quel côté il y a plus de vraisemblance.

Mais nous en avons fini avec les faits cités par

Gall, faits qu'il aurait dû donner comme propres à établir de simples présomptions, mais auxquels il a préféré donner le nom de preuves anatomiques, physiologiques et pathologiques. Admettons-les, si on le veut, comme autant de preuves *à priori*; on nous le permettra d'autant plus, que cet auteur est riche en faits qu'il doit bientôt nous exposer comme autant de preuves *à posteriori*. Gall, en effet, ne se dissimulait pas que la première moitié de son ouvrage n'a guère été consacrée qu'à l'exposition de faits sur lesquels les physiologistes sont à peu près d'accord ; il sentait lui-même qu'il n'en est pas ainsi à l'égard de la multiplicité d'organes encéphaliques et de facultés correspondantes. Il se plaint ici et amèrement de ce que déjà on avait dit à ce sujet. On prétend, s'écrie t-il (t. III, p. 106), que *cette partie de mes découvertes est la partie la plus faible et la moins démontrée*; on accuse même mon organologie spéciale d'absurdité, d'extravagance, de folie, de charlatanisme et d'imposture. (Loc. cit.) Pour fermer la bouche aux opposants, Gall, pour la vingtième fois, prend l'engagement *envers ses lecteurs et envers lui-même de démontrer rigoureusement chaque qualité et chaque faculté primitive, et le siége de son organe, et de donner ainsi à sa doctrine le plus haut intérêt et une évidence incontestable.* (Loc. cit., pag. 108.) Pour la vingtième fois aussi, nous nous promettons de bien examiner ces mêmes démonstrations et de reconnaître, s'il y a lieu, cette évidence incontestable. Mais avant de nous soumettre ses résultats, Gall va nous apprendre comment il a dû procéder dans ses recherches, comment il a cru devoir observer : ce qui lui permettra de différer encore quelque peu ses preuves irrécusables.

Quelques physiologistes avant lui avaient eu l'idée de rechercher quels peuvent être les rapports de l'organisation cérébrale avec l'entendement humain; et pour arriver à des résultats, ils avaient tour à tour invoqué l'anatomie du cerveau dans ses applications physiologiques et pathologiques, son anatomie comparée, les vivisections, etc., etc. Gall n'aimait pas ces procédés ; il disait tout simplement à ses amis (pag. 167) : « Indiquez-moi les forces fondamentales de l'âme, et je trouverai l'organe et le siége de chacune. » En effet, dès qu'on lui avait désigné une faculté, un penchant, une industrie, il mettait tout aussitôt le doigt sur l'organe, et pour cela, il lui suffisait d'avoir recours aux moyens suivants :

1er *moyen*. Gall entendait dire tous les jours de tel ou tel personnage : « C'est un entêté (sic), » c'est un ambitieux », ou bien : « il est très porté » pour les femmes, il a la passion de bâtir, etc., » etc. » Il examinait aussitôt la forme de la tête de l'individu, et il l'imprimait (sic) dans sa mémoire (la forme de la tête, s'entend).

Il veut bien nous apprendre que parfois il

commettait quelques erreurs ; ses amis cherchaient à le consoler. Les exceptions, lui disaient-ils, confirment la règle. Mais ce n'est pas là ce qu'entendait Gall. « Je ne fus jamais de cet avis, » dit-il (t. III, p. 175); élève de la nature, dès » ma première jeunesse, je ne pouvais supposer » qu'il y eût rien d'indéterminé et de vague ; ses » lois doivent être immuables et fixes, etc. », et Gall faisait de nouvelles recherches, afin d'établir des faits qui ne souffrissent aucune exception ; rien ne pouvait l'arrêter ; certaines personnes, d'ailleurs bien intentionnées, lui objectaient que ce qui pouvait être vrai à Vienne pourrait être faux à Paris, à Londres, etc. (Loc. cit.) Ces objections n'eurent aucune influence sur son esprit.

2e *moyen.* Celui-ci est la contre-épreuve du premier. Gall avait d'abord cherché des hommes entêtés, portés à l'amour, etc., et tout aussitôt il avait constaté une saillie quelconque à la surface de leur crâne. Pour avoir une contre-épreuve, il se mit à chercher les mêmes facultés à un degré *très médiocre*, ou plutôt dans un état de complète *nullité*; par exemple, dit-il, lorsque dans la région où, chez ceux qui excellent dans la musique, il existe un développement considérable du cerveau, je ne *trouvais plus de proéminence, mais au contraire un plan ou même un enfoncement*, ceci confirmait pleinement **l'idée que j'avais adoptée. (P. 179.)**

Il faut dire ici, non pas à l'honneur de l'espèce humaine, mais, pour être vrai, il faut dire que Gall trouvait bien plus fréquemment des sujets à contre-épreuve que des sujets à épreuve positive, par la raison, ainsi qu'il le dit fort judicieusement, que le *génie est rare*; mais aussi quel génie que celui qui permettait de mesurer ainsi le génie! D'autres fois, Gall était plus heureux, il trouvait en même temps des têtes à preuve positive et à contre-épreuve!

3e *moyen.* Mais de même que certains individus se font remarquer par la prédominance d'une qualité dite morale ou d'une faculté intellectuelle, il en est d'autres qui peuvent également se faire remarquer par une protubérance énorme à leur tête! Gall nous apprend, en effet (p. 180), que parfois il découvrait tout d'abord à la tête de quelques individus des protubérances considérables; et alors il n'avait plus qu'à s'enquérir d'une seule chose, savoir : quelle était la faculté ou la qualité éminente de ces mêmes personnages; puis, quand il avait découvert cette qualité ou cette faculté, il revenait aux deux premiers moyens, épreuve et contre-épreuve! Pouvait-on en conscience apporter plus de sévérité, plus de précision dans des observations de cette nature?

4e *moyen.* On n'est pas toujours en humeur, dit Gall, de palper des têtes, et on ne trouve pas toujours des personnes *vivantes* disposées à se laisser palper; on ne peut pas non plus faire collection de têtes vivantes ; telles sont les difficultés qui déterminèrent ce physiologiste à rassembler des *plâtres*. Une première condition pour mouler une tête destinée à de semblables explorations, c'est de raser exactement les cheveux; mais on ne consent pas facilement à cette opération préalable; ceci ne pouvait arrêter Gall; quand, dit-il (183), on ne voulait pas s'y prêter *de bonne grâce, je rendais les contours extérieurs de la tête en les palpant!* à la bonne heure! l'aveu est précieux; aussi n'avons-nous pas de peine à le croire lorsqu'il ajoute ensuite qu'en peu d'années il sut se former ainsi une collection de quatre cents plâtres, d'hommes de tous les états et de toutes les classes depuis le mendiant jusqu'au prince ; ceci se conçoit parfaitement, les protubérances devaient bien certainement se trouver accusées et correspondre de tout point aux qualités morales.

5e *moyen*. Il consiste à faire une collection de crânes. Comme le livre de Gall était écrit principalement pour les gens du monde, l'auteur a voulu montrer qu'il était au-dessus des préjugés, et qu'en phrénologie il ne faut pas avoir peur des morts. Il dit, en effet, qu'une *collection de crânes, qui n'est qu'un épouvantail aux yeux du vulgaire, devient la source des découvertes les plus utiles et les plus importantes* (187). Aussi Gall regrette que les anciens n'aient pas fait collection des têtes de leurs grands hommes.

Nous n'avons, dit-il (loc. cit.), que des imitations imparfaites ou fausses, et deux bustes du même homme, sortis des mains de deux artistes différents différeront toujours: remarque très fondée, mais qui n'a pas empêché Gall d'invoquer, à l'appui de ses doctrines, les bustes de tous les grands hommes à nous transmis par ces mêmes artistes.

Tels sont les *moyens* que Gall dit avoir employés pour l'édification de son système, et tout à l'heure on verra en quels termes il s'applaudit de son œuvre.

Ces moyens paraissent simples, à la portée de tout le monde; employés par l'auteur pour arriver à *la découverte* des organes cérébraux et des facultés correspondantes, il semble qu'ils auraient dû, et à bien plus forte raison, et avec bien plus de facilité, de promptitude, qu'ils auraient dû, disons-nous, permettre de *constater* la réalité de ces mêmes découvertes; et cependant cela n'est pas arrivé: d'où vient cette circonstance? C'est qu'au fond ces moyens sont insignifiants, puérils même, et une doctrine fondée sur de semblables moyens repose, je ne crains pas de le dire, sur de *vériritables commérages*; on va en avoir la preuve.

Eh! quoi, après s'être élevé contre tous les procédés employés par ses devanciers, contre les mesures, soit de la totalité de l'encéphale, soit d'une de ses régions, contre les angles ouverts en avant ou en arrière de la tête ; contre les observations physiologiques faites sur une grande échelle, contre les vivisections, les résultats tirés de l'anatomie comparée, etc. etc., Gall s'en vient nous dire que, pour lui, c'est d'abord dans le *langage ordinaire* qu'il a trouvé ses plus sûrs indices ; que quand il entendait dire que tel individu *était d'une fierté révoltante*, tel autre *d'une ambition insatiable*, que tel autre était *un entêté*, il avait par cela seul résolu le premier problème, il avait découvert autant de fonctions cérébrales inconnues avant lui, qu'il avait ainsi découvert la fonction de la fierté, la fonction de l'ambition, la fonction de l'entêtement ! etc. etc. !

Puis il nous assure que le second problème, savoir celui de trouver l'organe encéphalique correspondant, n'offrait plus pour lui aucune difficulté !! qu'il lui suffisait d'explorer la tête des mêmes individus, il y trouvait à coup sûr une proéminence : et c'est sur de semblables investigations que va reposer toute sa doctrine, c'est lui qui nous en prévient !

Il y a là deux problèmes, soit. Eh! bien s'est-il seulement mis en état de les résoudre ? Le premier n'est pas même abordé ; il est, je viens de le dire, obtenu par des commérages ; Gall entend dire que tel homme est un *entêté* (ces expressions lui appartiennent); que tel autre est *très porté pour les femmes;* il apprend cela par des ouï-dire, il en conclut que par la voix du peuple il est ainsi arrivé à une première découverte et il en prend note. Puis il nous dit que palpant le crâne de ces mêmes individus, il n'a pas manqué de trouver une protubérance différente chez chacun d'eux et qu'ainsi il a résolu la seconde moitié du problème. Et voilà à quoi se réduisent ses observations. Ce n'est pas tout : il a une contre-épreuve par devers lui ; s'il apprend toujours par des ouï-dire, que tel autre personnage est à peu près sans volonté, que tel autre a de l'antipathie pour les femmes ; il explore leur crâne, et comme, dans la région où chez les autres il avait trouvé une saillie, il ne découvre plus qu'un plan, ou même une dépression, sa démonstration a acquis le plus haut degré de certitude ! tels sont les moyens à l'aide desquels il prétend avoir fondé la physiologie du cerveau ; mais il faut le voir dans l'application.

Je citerai de nouveau ses propres paroles pour montrer comment il procédait dans tous les cas particuliers, aussi bien pour découvrir les facultés que pour trouver les protubérances extra-crâniennes.

Pour partir véritablement du doute, il supposait qu'il n'avait encore aucune notion particulière sur ces deux ordres de faits. Il avait bien cette notion vague et générale, que d'une part le cerveau est un assemblage d'organes, et que d'autre part l'intelligence est un assemblage de facultés. Mais il ne savait ni où étaient les protubérances, ni quel nom on devait donner aux facultés. Je ne savais, dit-il « si je trouverais dans la langue des expressions pour désigner toutes les qualités et les facultés fondamentales. » (Tom, IV, p. 2.) Comment faire alors? comment résoudre cette première question ? le voici :

« Je rassemblai dans ma maison, dit-il, un
» certain nombre d'individus, pris dans les plus
» basses classes et se livrant à différentes occu-
» pations : des cochers de fiacre, des commis-
» sionnaires, etc. ; j'acquis leur confiance, et je
» les disposai à la franchise en leur donnant
» quelque argent et en leur faisant distribuer du
» vin et de la bière. Lorsque je les vis dans une
» disposition d'esprit favorable, je les engageai
» à me dire tout ce qu'ils savaient réciproque-
» ment, tant de leurs bonnes que de leurs mau-
» vaises qualités et j'examinai soigneusement
» les têtes des uns et des autres. »

» Je ne pus point être dérouté par les fausses
» idées que se font les philosophes sur l'origine
» de nos qualités et de nos facultés : chez les
» individus auxquels j'avais affaire, il ne pouvait
» pas être question d'éducation ;... des hommes
» semblables sont les enfants de la nature ! »
(Loc. cit.)

Je ne voyais tout à l'heure que des commérages dans les recherches, dans les moyens que Gall prétend avoir suivis pour fonder sa physiologie du cerveau ; mais en vérité ici, ce sont des propos d'ivrognes que Gall va invoquer ; il ramasse dans les rues de Vienne la fange de la population ; il gorge de vin et de bière quelques misérables, et il a la naïveté de nous dire que quand il les voyait dans une *disposition d'esprit favorable* il les prenait à part et les faisait jaser les uns sur les autres, et que c'est ainsi qu'il a formé la langue de sa science nouvelle ! Des hommes pourvus de quelque instruction auraient pu l'induire en erreur ; il se félicite de n'avoir pas eu affaire à des philosophes, mais à *des enfants de la nature* : chez eux, dit-il, il ne pouvait pas être question *d'éducation ?* Et pourquoi cela ? C'est d'instruction qu'il ne pouvait être question, mais il est plus que probable que ce ramassis d'ivrognes n'avait pu avoir qu'une fort mauvaise *éducation*, et qu'une fois pris de vin, tous s'amusaient à mystifier le philosophe qui palpait leurs crânes.

Quoi qu'il en soit, fort de recherches aussi exactes, aussi bien instituées, aussi pures, Gall s'exprime de la manière suivante :

« C'est ainsi que naquit cette carte crâniologi-
» que, saisie avec tant d'avidité par le public...
» Les artistes s'en sont bientôt emparée, l'ont
» exécutée tant bien que mal sans jamais me
» consulter, et en ont répandu un grand nombre
» dans le public sous toutes sortes de masques. »
(T. III, p. 208.)

Et on devait accueillir en effet avec une sorte

d'engouement cette topographie cérébrale sans en rechercher les fondements et l'origine; les demi-savants devaient en orner leurs cabinets; il est si flatteur de passer pour un homme profond, pour un homme à hautes études, de laisser croire au vulgaire qu'on possède le merveilleux secret de lire jusqu'au fond de l'âme et cela en promenant la pulpe des doigts sur le crâne du premier venu ; mais Gall ne voulait point qu'on s'en tînt là, il avait des prétentions bien plus élevées.

Une fois sa carte crâniologique dressée, il prétend que « tout le monde a dû être frappé de la profonde sagesse qui éclate dans son arrangement. »

« Je défie, dit-il (t. III, p. 210), tous ceux qui
» voudraient attribuer ma détermination des
» forces radicales et du siége de leurs organes
» à un caprice, à une destination conçue arbi-
» trairement, je les défie d'être doués de la
» dixième partie de perspicacité nécessaire pour
» avoir seulement le plus obscur pressentiment
» de cet ordre si admirablement combiné. »

On conviendra que voici un singulier défi ! Mettre les gens en demeure, les défier enfin d'avoir de l'esprit, de la perspicacité, dans la proportion d'un dixième ! Je ne sais si jamais on s'était avisé de mettre ses adversaires dans un aussi étrange embarras.

Mais en voici assez sur les généralités de l'organologie encéphalique telle que l'entendait

Gall et sur ses moyens d'investigation ; il nous reste maintenant à examiner chacune de ses découvertes en particulier.

Nous savons maintenant, mais d'une manière générale, *comment naquit la carte crâniologique*, carte qui a donné tant d'extension à la renommée de Gall ; lui-même, s'est chargé de nous l'apprendre, mais il ne s'en est pas tenu là ; il a donné de plus, et pour chaque département, pour chaque localité de cette carte, un *historique de ses découvertes ;* c'était bien agir ; il était nécessaire, dans un ouvrage qui a des prétentions scientifiques, il était nécessaire d'édifier le lecteur sur la valeur de chacune de ces découvertes; Gall s'est conduit en cela comme un voyageur, qui, après avoir parcouru un pays jusque là inconnu, expose minutieusement comment et par quels moyens il a pris connaissance de chaque contrée en particulier.

Mais par quel point, par quelle région Gall a-t-il abordé, a-t-il attaqué la masse encéphalique ? par où a-t-il commencé ses investigations ? Comme il avait cru pouvoir grouper en grandes sections ses prétendus organes encéphaliques; et par suite les distribuer en une sorte de hiérarchie, il s'est d'abord occupé des parties qui correspondraient, suivant lui, aux *qualités inférieures* pour passer successivement à celles qui correspondraient aux *sentiments les plus élevés* (t. III, 224).

Nous sommes bien aise que Gall ait suivi cette marche ; il a singulièrement facilité les recherches auxquelles nous avons dû nous livrer. Si en effet Gall n'avait pas mis un certain ordre dans la distribution de ses prétendus organes, il nous aurait été bien difficile de contrôler scientifiquement toutes ses assertions ; il n'y avait que ui qui pût avoir un choix d'observations pour chaque point de l'encéphale qu'il lui a plu de limiter ; nous n'aurions pas eu d'observations aussi bien *adaptées* à lui opposer, mais comme il a groupé ses organes en raison de l'analogie de leurs fonctions en quatre régions principales, nous aurons des faits à mettre en regard pour chacune de ces régions ; dès lors nous pourrons en apprécier ou tout l'arbitraire ou toute l'exactitude.

Nous distribuerons donc nos remarques en quatre sections : dans la première nous examinerons les organes et les facultés que Gall a placées dans la région postérieure du crâne, puisque c'est par là qu'il a lui-même commencé son exposition ; puis nous passerons aux organes et aux sens localisés par lui dans les régions latérales ; nous verrons ensuite ce qu'il a dit de la région supérieure, ou enfin comment il a parlé de la région antérieure. Nous aurons des faits à opposer aux siens, pour chacune de ces quatre grandes régions ; nous n'en aurions pas eu pour chacun de ses vingt-sept ou trente départements ; il suffira, je le répète, de les mettre en regard et on jugera en toute connaissance d'observations et d'expériences.

§ I. Gall a donc commencé son exposition des organes encéphaliques par la région postérieure ; c'est par là que nous commencerons aussi. Et, tout d'abord, nous reconnnaîtrons avec lui que dans cette région il existe une portion de l'encéphale tellement distincte, à raison de sa forme, de sa structure, de son isolement, qu'on peut lui donner le nom *d'organe* et conséquemment en rechercher les attributions, les fonctions spéciales ; non pas cependant en se plaçant uniquement au point de vue de Gall, c'est-à-dire avec le dessein arrêté de n'y trouver que des fonctions sensoriales, mais bien avec le dessein de rechercher si cet organe n'est pas plutôt destiné à l'accomplissement de fonctions simplement *nerveuses*.

Cet organe, c'est le cervelet, objet des recherches des physiologistes anciens et modernes ; sur lequel les anatomistes de l'école d'Alexandrie avaient déjà fait des expériences assez nombreuses. De nos jours ces expériences ont été reprises avec plus de méthode, plus de suite, et conséquemment avec des résultats plus satisfaisants. Les faits pathologiques n'ont pas manqué non plus ; ils ont été réunis en fort grand nombre ; nous verrons ce qu'on peut en inférer ; et quand une fois nous aurons établi quel est sous ce premier rapport l'état de la science, nous passerons aux résultats donnés par Gall; nous *énumèrerons* et nous *pèserons* ses observations. Mais nous devons le déclarer d'avance, les prétendus *historiques* donnés par Gall, ne contiendront pas de *faits* pour la plupart; le plus souvent il n'aura par devers lui que des historiettes, des anecdotes; à ce point que parfois nous serons honteux de les citer, honteux de montrer comment cet homme entendait la science; il le faudra bien cependant, et on va en avoir un spécimen pour les fonctions du cervelet.

Notions scientifiques sur le cervelet ; expériences et observations.

Il convient en effet de distinguer les expériences, directement et à dessein pratiquées sur le cervelet, des lésions pathologiques signalées par les observateurs. Les expériences ont été faites sur des animaux pleins de vie et de santé; l'organe a été attaqué isolément; aussi, pour ce qui est des fonctions nerveuses, on a pu en tirer quelques inductions assez positives. Les faits pathologiques observés de préférence chez l'homme sont loin de présenter les mêmes résultats : ici il y a bientôt des effets qui viennnent mutuellement se compliquer et ajouter de nouvelles difficultés au problème; nous verrons qu'en général les phénomènes ont été à peu de chose près semblables à ceux qu'on retrouve dans les lésions du cerveau, sans doute à raison du voisinage de ce dernier organe et de l'extension du mal dans toute l'étendue de l'encéphale; mais reprenons les faits d'expérimentation.

Les physiologistes qui se sont principalement occupés de cette question sont Rolando, Schœps, Hertwig, MM. Flourens et Magendie.

Ces expérimentateurs ont varié et répété un grand nombre de fois leurs recherches; les uns ont enlevé un côté du cervelet; les autres ont procédé par couches successives; le résultat général des recherches faites par Rolando serait que la diminution des mouvements est en raison directe des lésions opérées sur le cervelet; de sorte que cet organe ne serait qu'un appareil moteur. Les conclusions que M. Flourens a tirées de ses expériences ne sont pas moins positives. Suivant ce physiologiste, l'énergie des mouvements serait d'abord affaiblie par les lésions du cervelet, mais il y aurait surtout altération dans la faculté de coordonner ces mouvements; à ce point que la locomotion ne pourrait plus avoir lieu.

Hertwig n'a guère fait que confirmer les observations de M. Flourens; M. Magendie a noté également des anomalies qui portaient sur les mouvements; il a vu des tournoiements et des mouvements de recul.

Ainsi tous se sont accordés sur ce point, que les lésions traumatiques du cervelet sont généralement suivies de désordres qui portent sur les mouvements ; les dissidences ne sont relatives qu'au rôle qu'on doit assigner au cervelet dans la manifestation de ces mouvements; les uns en effet ont conclu de leurs expériences que le cervelet est l'organe *producteur* du principe des mouvements ; les autres ont assuré qu'il n'est que le *régulateur* de ces mêmes mouvements.

Les faits pathologiques ont été pour la plupart recueillis par Burdach avec un soin extrême; Muller a fait avec juste raison l'éloge du travail immense composé par le physiologiste de Kœnisberg, travail peu connu en France, sans doute parce qu'il n'a pas été traduit, mais qui ne saurait être trop consulté par ceux qui s'occupent de la physiologie du cerveau.

Burdach a puisé ces faits dans les auteurs dont le nom fait foi et dans les recueils les plus estimés ; il a mis à contribution Morgagni, Stoll, les mémoires et les prix de l'Académie de chirurgie ; Desault, J.-L. Petit, Haller, Pinel, Esquirol, Rochoux, Cruvelhier, Ch. Bell, Abercrombie, Falret, Serres, Dumoulin, le journal de Magendie, les archives de Meckel, les archives de Horn, le journal d'Édimbourg, Home et Bauer, Wilson Philip, etc., etc.

Enfin il n'y a pas jusqu'à Gall lui-même qu'il n'ait cité et dont il n'ait compris les observations dans la somme totale des faits, comme si ces observations eussent été d'aussi bon aloi,

Nous allons d'abord énumérer sur quelles parties du cervelet ont porté les lésions indiquées par les auteurs ; puis nous dirons quels sont les symptômes qui ont été notés.

Voici cette petite statistique :

35 fois les lésions ont porté sur les membranes du cervelet ; 5 fois on y a constaté des traces de suppuration ; un épaississement notable et des adhérences ; 20 fois on y a trouvé des productions anormales, 1 fois des hydatides, et enfin 9 fois des concrétions osseuses et pierreuses.

Les lésions superficielles se sont élevées à 34 ; 8 fois il y a eu des épanchements de sang ; 14 fois de la suppuration ; 12 fois des productions anormales.

Les cas dans lesquels la substance du cervelet a été intéressée sont bien plus nombreux ; ils ne s'élèvent pas à moins de 196. Des épanchements sanguins y ont été observés 36 fois ; des épanchements de sérosité 8 fois ; de la suppuration 40 fois ; le ramollissement de cette substance a été constaté 19 fois ; l'induration 3 fois. On y a trouvé 86 fois des productions anormales ; 1 fois des concrétions ; 2 fois une dépression manifeste du crâne et 1 fois extravasation de sang.

Ce n'est pas tout : les lésions, qui portaient à la fois sur les membranes et sur la substance du cervelet, ont été également notées. Il y a eu 174 cas de cette nature, 39 fois il y avait épanchement de sang ; 6 fois épanchement de sérosité; 19 fois de la suppuration; 6 fois de l'atrophie ; 51 fois du ramollissement ; 10 fois de l'induration ; 34 fois des productions anormales ; 4 fois des concrétions; 1 fois des corps étrangers, et enfin 2 fois de la gangrène ; ce qui donne une somme totale de 435 cas de lésions du cervelet et de ses annexes.

Je demande grâce pour l'aridité de ces détails ; mais ils sont nécessaires dans la question qui nous occupe. Plus, en effet, on aura pu réunir de documents sur les affections du cervelet, plus il sera possible d'en inférer quels sont les actes de l'économie dans lesquels intervient cet organe ; mais il ne suffit pas d'avoir des faits, il faut les distribuer en catégories bien distinctes afin de mieux en apprécier les effets, aussi avons-nous eu soin d'établir différents groupes, en raison de la nature des lésions.

Nous avons dit que dans les cas de lésions traumatiques chez l'homme, les désordres sont tels que bientôt des effets multiples viennent se compliquer mutuellement, et que le cerveau lui-même ne tarde pas à participer au mal ; dans les affections de cause interne mais aiguës, il doit en être souvent de même. Il faut bien distinguer tous ces cas ; mais il est un grand nombre de lésions qui, à raison de la lenteur de leurs progrès et de leur peu d'intensité dans les premières périodes, doivent **susciter des effets plus simples et plus significa-**

tifs ; ainsi les productions anormales, les ramollissements, les indurations, etc., qui viennent à se développer dans une portion limitée de la masse encéphalique, devraient nécessairement se traduire par des signes décisifs dans la question qui nous occupe. Admettons, en effet, comme le veut Gall, que chaque portion de cette masse soit un organe distinct, et que cet organe préside à des fonctions spéciales, il est évident que toute lésion isolée, limitée dans cette portion, donnera lieu à des changements et à des troubles notables dans ces fonctions. Or, c'est précisément pour mettre ce fait en évidence que nous venons d'énumérer, et en catégories bien distinctes, les 435 cas de lésions observées dans le cervelet. Nous venons de dire combien de fois et de quelles manières cet organe a été matériellement lésé ; il nous reste à voir par quels phénomènes ces lésions, si nombreuses et si variées, se sont traduites.

Ces symptômes sont assez nombreux ; en voici d'abord la simple énumération : vertiges, céphalalgie, délire, stupeur, imbécillité, perte de la mémoire, aliénation, coma, apoplexie, convulsions générales, épilepsie, paralysies générales ou locales, telles que celles des sens, des muscles de la face, des membres, etc.; troubles de la respiration, troubles des fonctions digestives, troubles des fonctions urinaires, troubles des fonctions génitales.

De ces phénomènes, comme on le voit, les uns sont idiopathiques, les autres purement sympathiques ; il n'en est aucun qui se soit reproduit constamment ; tous peuvent manquer, comme ils peuvent se montrer simultanément ; la question importante ici est de dire dans quelle proportion ils se sont reproduits ; c'est ce qui se trouvera résolu en faisant de nouveau la statistique des cas observés.

En considérant d'abord en masse les 435 cas, et abstraction faite de la variété des lésions, nous voyons que le vertige a eu lieu 7 fois ; la céphalalgie 71 fois ; le délire 14 fois ; l'imbécillité, ou l'affaiblissement de l'intelligence, 23 fois ; la perte de la mémoire 13 fois ; l'aliénation 9 fois ; la stupeur et le coma 29 fois ; l'apoplexie 41 fois ; les convusions générales épileptiques 43 fois ; la paralysie des sens 21 fois ; la paralysie dominante ou exclusive des membres supérieurs 9 fois ; celle des membres inférieurs 12 fois ; de la mâchoire inférieure 2 fois ; de la langue 7 fois ; le trouble des fonctions digestives 36 fois ; en particulier, le vomissement 21 fois ; et enfin le trouble des fonctions génito-urinaires 11 fois.

Si maintenant nous prenons chaque lésion à part, nous aurons le tableau suivant :

MEMBRANES.		SURFACE.	
Suppuration. Hypertrophie.	Vertige 1. Coma, stupeur 1. Céphalalgie 1. Affections morales 1. Convulsions gén., épilep 1.	Épanchement de sang.	Céphalalgie 2. Coma, stupeur 1. Apoplexie 5.
Adhérences.		Suppuration.	Céphalalgie 5. Vertige 1. Délire 2. Coma, stupeur 2. Apoplexie 2. Imbécillité 1. Faiblesse ou perte de mémoire 1.
Productions anormales.	Céphalalgie 3. Délire 1. Faiblesse intel.; imbécillité 1. Faiblesse ou perte de mé. 1. Affections morales 1. Faiblesse des sens, cécité 3. Dureté de l'ouïe, surd. 2. Paralys. gén. des memb. 1. Convuls. gén. et épilep. 2. Paralysie prédominan. ou exclusiv. des memb. infér. 1. Paralys. de la mâch. infér. 1. Paralysie de la langue 1. Dysphagie 1. Vomissement 1.	Productions anormales.	Céphalalgie 6. Délire 2. Coma, stupeur 4.
Hydatides.	Affect mor 1.		
Concrétions variées.	Céphalalgie 2. Délire 2. Apoplexie 1. Imbécillité 1. Convuls. gén., épilept. 3.		

16

SUBSTANCE.

Épanchement de sang.	Vertige 2. Coma, stupeur 1. Apoplexie 13. Affect. mor. 2. Faiblesse des sens, cécité 1. Paralys. gén. des memb. 1 Convuls. gén. et épilepsie 7. Paralysie domin. ou exclusive des memb. infér. 4. Paralysie de la langue 2. Dysphagie 1. Vomissement 2.	Ramolissement.	Conv. gén., épil. 6. Paralysie domin. ou exclusive des membres infér. 2. Dysphagie 1. Vomissement 6.
			Faiblesse de ssens, cécité 2. Dureté de l'ouïe, surdité 1. Paralysie gén. des membres 1. Conv. gén., épil. 1. Paralysie domin. ou exclusive des membres sup. 2. Id. des mem. inf. 2. Paralysie de la mâchoire infér. 1. Paral. de la lang., diffic. dans la par. 3 Dysphagie 1.
Épanchement de sérosité.	Affections morales 1. Dureté de l'ouïe, surd. 1. Convuls. générales et épilep. 4. Paralysie dominante ou exclus. des mem. sup. 1. Vomissement 1.	Induration.	Faiblesse des sens, cécité 1. Vomissement 2.
Supuration.	Céphalalgie 11. Vertige 3. Délire 2. Coma, stup. 2. Apoplexie 1. Imbécillité 1. Faiblesse des sens, cécité 2. Dureté de l'ouïe, surd. 3.	Productions anormales.	Céphalalgie 19. Délire 5. Aliénat. et manie 2. Coma, stupeur 4. Apoplexie 2. Faibl. int., imbéc. 2. Faiblesse ou perte de mémoire 3. Affect. morales 2. Faiblesse des sens, cécité 5. Dureté de l'ouïe, surdité 1. Paralysie générale des membres 1. Conv. gén., épil. 15. Par. dom. ou excl. des memb. sup. 5.

SUBSTANCE.		MEMBRANES, SURFACE ET SUBSTANCE LÉSÉES A LA FOIS.	
Productions anormales. (Suite.)	Paralysie dominante ou exclus. des membres inf. 3. Paralysie de la mâchoire inf. 2. Convulsions de la mâch. inf. 1. Paralysie de la langue 4. Dysphagie 1. Vomissement 9.	Épanchement de sang.	Apoplexie 18. Hémiplégie 5. Paral. des muscles de la face 3. Conv. des muscles de la face 1. Paral. des muscles droit int. et inf. de l'œil 1. Difficulté de la respiration 1. Voies urinair. 1. Selles involont. 1. Organ. génit. 6.
Concrétions variées.	Paralysie dominante ou exclus. des membres sup. 1.	Épanchem. de sérosité.	Céphalalgie 1. Apoplexie 2. Hémiplégie 1. Organ. génit. 1.
Dépression.	Faibl. des sens, cécité 1. Dureté de l'ouïe, surdité 1.		
Extravasation de sang.	Convulsions générales et épilep. 1.	Suppuration.	Apoplexie 3. Imbécillité 2. Faibl. ou perte de mémoire 1. Hémiplégie 1. Conv. des muscles de la nuq. 1. Conv. des muscles de la face 1. Affection de la pupille 1. Troubles resp. 1. Voies urinair. 2. Selles invol. 1. Accidents gast. 1. Amaigrissem. 2. Org. génitaux 1.
		Atrophie.	Céphalalgie 3. Imbécillité 1. Troubl. respir. 1. Org. génitaux 1.

MEMBRANES, SURFACE ET SUBSTANCE LÉSÉES A LA FOIS.			
Excavations.	Coma, stup. 2.	Concrétions variées.	Apoplexie 1. Imbécillité 2. Amaigrissem. 1.
Ramollissement.	Alién., manie 4. Coma, stupeur 11. Apoplexie 8. Imbécillité 7. Faibl. ou perte de mémoire 3. Hémiplégie 7. Paral. des muscles de la face 1. Conv. de la fac. 1. Par. des muscl. droits int. et infér. de l'œil 1. Aff. de la pupil. 1. Troubles resp. 3. Constipation 1. Selles involont. 1. Voies urinair. 2.	Corps étrangers. Gangrène.	Coma, stupeur 1. Coma, stupeur 2.
Induration.	Alién., manie 1. Imbécillité 6. Hémiplégie 1. Constipation 1. Selles involont. 1.		
Productions anormales.	Alién., manie 2. Apoplexie 2. Imbécillité 3. Faibl. ou perte de mémoire 4. Conv. des mus. de la nuque 2. Conv. de la fac. 1. Aff. de la pup 2. Troubl. respir. 1. Constipation 5. Diarrhée 1. Amaigrissem. 9. Voies urinair. 1. Org. génitaux 1.		

Quelles sont maintenant les conclusions qu'on pourrait inférer de tous ces faits? quelles inductons est-on en droit d'en tirer sur les fonctions du cervelet? Nous l'avons fait pressentir au commencement de cet article, on ne saurait dans cet ordre de faits trouver la même concordance que dans les résultats obtenus par les vivisections. Et cependant on n'a pas eu à produire de mutilations, on n'a pas eu à torturer des animaux vivants; ce sont des affections qui souvent se sont graduellement développées dans la substance même du cervelet, qui peu à peu en ont changé la constitution. Comment se fait-il donc qu'il y ait eu si peu de concordance dans les effets pathologiques? comment se fait-il qu'on ne puisse trouver aucun fait général qui vienne dominer tous les autres? qu'il n'ait apparu enfin aucun phénomène tel qu'on puisse dire : le cervelet produit ou du moins concourt nécessairement à la production de ce phénomène? Voyez en effet quels sont les symptômes qui se sont montrés avec le plus de fréquence : ce sont, d'une part, les convulsions générales épileptiques, d'autre part, les accidens apoplectiques, les désordres de la digestion, et, avant tout, les douleurs de tête; mais les autres symptômes n'ont pas été tellement rares qu'ils aient laissé à ceux-là une prédominance très marquée. La céphalalgie, il est vrai, s'est montrée 71 fois sur les 435 cas; mais une modification de la sensibilité ne saurait donner des indices sur la localisation d'une faculté, d'une fonction. Le vomissement s'est déclaré 24 fois, mais que pourrait-on en conclure, puisqu'il a manqué plus de 400 fois? Assurément nul n'ira songer à faire du cervelet l'organe qui préside à l'acte de la digestion; pas plus qu'on ne songera à faire de ce même organe l'agent de la génération, parce que, sur 435 cas, on aura observé 11 fois des troubles du côté des organes génitaux.

S'il fallait cependant ici poser quelques conclusions approximatives, nous dirions qu'en considérant la nature des phénomènes qui se sont reproduits avec le plus de fréquence, on serait porté à croire que le cervelet concourt plus spécialement aux actes de la motilité. Nous avons vu en effet qu'en première ligne, il s'est manifesté des désordres dans les mouvements musculaires, d'abord des convulsions, soit générales et sous la forme épileptique, soit locales et dominantes dans tels ou tels membres; puis des paralysies sous la forme ordinaire ou sous la forme apoplectique, ce qui concorderait avec les résultats que les expérimentateurs ont obtenus dans leurs visisections. Mais, nous le répétons, ce sont là de simples présomptions; il faudrait des chiffres beaucoup plus considérables pour les convertir en lois générales.

ASSERTIONS ET HISTORIETTES DE GALL SUR LE CERVELET.

Nous venons de dire quel est encore aujourd'hui l'état de la science sur le cervelet, considéré comme organe encéphalique distinct et indépendant ; nous avons exposé statistiquement la somme des faits recueillis par les observateurs, et nous n'en avons pu tirer que des conclusions provisoires ou tout au plus approximatives. Gall, à l'en croire, aurait été plus heureux, et il aurait surtout marché beaucoup plus vite en besogne ; mais c'est qu'aussi la voie qu'il a suivie est bien différente, il a d'abord énoncé tout simplement *sa proposition*, puis il a donné l'*histoire de sa découverte*. Sa proposition est celle-ci : *le cervelet est l'organe de la génération.* Quant à l'historique de cette prétendue découverte, il l'a donné *afin*, dit-il, *de faire concevoir à ses lecteurs comment a pu lui venir cette idée aussi étrangère aux principes physiologiques qu'à l'opinion générale.* (T. III, p. 245.

Jusqu'à lui en effet on n'avait nullement songé, en physiologie, à soutenir que les propulsions vénériennes ont leur source dans la partie la plus reculée de l'encéphale ; et le bon sens général, la raison publique, d'accord en cela avec la science, ne s'était nullement avisé d'aller chercher là le premier mobile de l'amour physique.

Comment donc Gall va-t-il s'y prendre pour

nous faire concevoir la venue de cette étrange idée dans son esprit? C'est dans le chapitre intitulé : *Historique de la découverte*, que Gall a mis ses lecteurs au fait de cette circonstance ; mais en vérité, nous ne nous sentons pas le courage de rappeler avec quelques détails les indécentes histoires citées dans ce chapitre; il nous suffira de dire que Gall ayant eu occasion, on ne sait comment, de *soutenir, avec le plat de sa main, la nuque d'une jeune veuve, pendant des attaques convulsives qui ne manquaient jamais de se terminer par une évacuation...... Il y sentit une forte chaleur et surtout une proéminence bombée......* (T. III, p. 345.) D'où cette première idée lumineuse, *qu'il pourrait bien exister une connexion entre les fonctions de l'amour physique et les parties cérébrales placées dans la nuque. En très peu de temps,* ajoute Gall, *j'eus recueilli un nombre prodigieux de faits à l'appui de cette idée.* (Loc. cit.)

Ce n'est pas là, en effet, ce qu'il y avait de plus difficile pour Gall ; accommodant, ingénieux comme il l'était dans l'art de trouver, et au besoin de créer des proéminences, une fois l'idée première suggérée, les faits confirmatifs ne devaient pas lui manquer ; il devait les rencontrer en nombre prodigieux : toutefois, ce n'est pas le nombre des faits qui est prodigieux dans l'ouvrage de Gall ; ce sont les faits en eux-mêmes qui sont *prodigieux*. Ainsi, après l'histoire de la veuve, vient celle d'un *petit garçon de cinq ans*, qui, suivant Gall, *avait déjà, depuis quelques années* (pag. 360 ; textuel), *satisfait avec des femmes l'instinct de la propagation* !!

Depuis quelques années ! et il n'avait alors que cinq ans, et Gall dit qu'il *a vu* cela à Paris !!

Il est bien entendu que *sa nuque était large, bombée et robuste* (261.)

Puis vient l'histoire, non moins véridique, d'un autre petit garçon *âgé de moins de trois ans* ; celui-ci, dit Gall, se jetait *non-seulement sur de petites filles, mais sur des femmes* (loc. cit.). Il mourut prématurément, et voici pourquoi : c'est Gall qui fait tout naturellement ce commentaire : *comme ce petit garçon était entouré de filles qui se prêtaient à satisfaire ses désirs, comme à un jeu piquant par sa singularité, il mourut de consomption avant d'avoir atteint la fin de sa quatrième année !!* (loc. cit.)

En vérité, rien n'égale l'impassibilité et la sagacité d'un phrénologiste ! Que penser d'abord de ces filles qui trouvaient le *jeu piquant par sa singularité*, et qui se seraient ainsi amusées à tuer un enfant ? que penser ensuite du narrateur qui trouve cela tout simple, tout naturel ? Quant à nous, et bien que Gall nous affirme qu'il a encore *vu cela à Paris*, nous disons : non, nous ne pouvons croire ni à la possibilité de ce fait, ni à ce degré de dépravation.

J'allais oublier de dire que Gall a encore

trouvé ici, comme de juste, un cervelet *extraordinairement développé*.

Tels sont les faits *positifs* cités par Gall ; les faits à preuve *directe*. Mais nous nous rappelons qu'il nous a promis des faits à *contre-épreuve*, et il en a effectivement ici à nous citer : ceux-ci ne sont pas moins curieux que les précédents. D'abord il cite les *portraits* de Charles XII, de Newton et de Kant, portraits qui permettent de voir, à tout phrénologiste, que le cervelet de ces grands hommes était *très-peu développé* (265). *Est-il étonnant après cela*, s'écrie Gall, *que saint Thomas à Kempis, dans le portrait duquel je reconnais les mêmes caractères, se soit armé d'un tison pour repousser loin de lui une jeune fille remplie d'attraits* (loc. cit.)?

Bonnes gens! âmes dévotes! qui sans doute avez cru jusqu'à présent que saint Thomas à Kempis avait dû faire de grands efforts sur lui-même lorsqu'il s'est décidé à mettre en fuite la jeune fille avec son tison, détrompez-vous : le fondateur de la physiologie du cerveau, vient de vous prouver qu'il n'y avait aucun mérite à cela! C'était tout simplement parce que saint Thomas à Kempis n'avait qu'un petit cervelet! Gall a vu cela d'après son portrait, il n'y a plus rien à dire.

Ainsi tout s'explique naturellement dans la théorie de Gall : le vice comme la vertu, ou plutôt ce qu'on est convenu d'appeler vice et vertu;

car il n'y a dans tout cela qu'un peu plus ou un peu moins de substance cérébelleuse ; et c'est là ce qu'on devrait bien persuader aux gens qui prétendent avoir vaincu leurs passions, comme à ceux qui, sont tombés sous le joug de ces mêmes passions.

Gall d'ailleurs joignait l'exemple au précepte ; en voici la preuve : *une dame très spirituelle, dit-il, était tourmentée, par les désirs les plus désordonnés..... elle vint me trouver à Paris comme une femme désespérée...; je la rendis attentive à la forme de sa nuque..., et lui conseillai d'y faire souvent appliquer des sangsues, etc.* (320). Dites après cela si, dans toute bonne éducation, il ne faudrait pas plus tenir compte de la forme de la nuque que de la moralité des sujets et s'il n'y a pas beaucoup plus à espérer de l'effet des sangsues que de l'effet des exhortations ? Ame, intelligence, vertu, moralité, vice, dépravation, vains mots que tout cela ; il y a un cervelet peu ou beaucoup développé, et rien de plus ; dès lors vous ne devez plus vous enquérir que d'une seule chose ; *diminuer le cervelet !* Voilà l'unique problème de l'éducation.

Mais je me lasse en vérité de citer toutes ces absurdités et quand je fais un retour sur l'apparition première de cette doctrine de Gall, échafaudée qu'elle était sur toutes ces inepties, je me demande comment il se fait qu'elle ait pu compter des adeptes parmi des hommes qui bien certainement ne manquaient pas de mérite ; il faut que, pour eux, cet amas d'erreurs ait eu bien des charmes ?

Mais poursuivons notre analyse, car le moment de juger définitivement l'ensemble de cette doctrine n'est pas encore venu.

A raison de son isolement, de son unité, le cervelet devait se trouver doué par Gall de fonctions uniques et distinctes ; mais cet organe n'occupe pas toute la partie postérieure de la boîte crânienne ; les lobes postérieurs du cerveau proéminent dans cette même région. Or, Gall n'a pas manqué d'y tracer quelques départements ; non pas à la face inférieure, non pas dans les enfoncements des scissures, mais bien aux seules surfaces en rapport avec le tégument osseux ; par la raison que là seulement les prétendues saillies cérébrales peuvent correspondre à de prétendus enfoncements osseux.

Pour apprécier encore ici la valeur de ces assertions, nous aurons d'abord à exposer les faits que possède la science sur les lésions des parties postérieurs du cerveau et les faits cités par Gall en faveur de son système : puis nous verrons quelles conclusions on doit tirer de ce rapprochement.

NOTIONS SCIENTIFIQUES SUR LA RÉGION POSTÉRIEURE DU CERVEAU. EXPÉRIENCES ET OBSERVATIONS.

Notre dessein est donc d'examiner ici comparativement l'état réel de la science, en ce qui concerne la région la plus reculée du cerveau, et les idées de Gall sur les prétendus organes de cette même région ; mais en nous en tenant même à ces grandes divisions, il nous sera bien difficile de donner des résultats particuliers, spéciaux, afin de les mettre en regard de ceux qu'il a imaginés. On a constaté, en effet, une telle solidarité, une telle concordance dans l'universalité de l'encéphale, que partout et toujours on arrive à peu près aux mêmes résultats, quelle que soit d'ailleurs la partie de ce système soumise à l'observation. En effet, dès qu'on a rappelé ce fait général, que les facultés intellectuelles ont leur siége dans les hémisphères cérébraux ; que la graduation de leur développement concorde assez bien, dans la série animale, avec celle des facultés supérieures de l'âme ; dès qu'on a rappelé, dis-je, cette proposition aussi vieille que la sience, si, par des observations *positives*, on veut aller plus loin, on est arrêté court, à ce point qu'on désespère véritablement de jamais faire un pas de plus. Soit qu'on adopte le système des idéologues du dix-huitième siècle pour se rendre compte de la formation des idées et de leur emmagasinement dans l'encéphale, soit qu'on adopte la doctrine de la pluralité des penchants et des facultés, on tombe dans la même impuissance dès qu'on veut chercher des points de localisation matérielle, en rapport avec les assertions des philosophes. Quelle est, en effet, la partie du cerveau où viennent retentir les impressions exercées sur les organes? Quelle est celle où ces impressions sont transformées en sensations? où elles sont perçues ou converties en idées? Dans quelle autre partie du cerveau ces idées sont-elles combinées, associées, comparées, jugées, etc., etc.? Voilà ce qui n'a jamais pu être élucidé quand on a voulu s'en tenir aux faits bien observés. Il n'est point de région périphérique dans les hémisphères cérébraux qui n'ait été le siège de quelque lésion traumatique, même chez l'homme ; il y a eu des pertes de substance, des circonvolutions entières retranchées. Eh bien ! quand les individus ont survécu à ces graves mutilations, l'exercice des facultés intellectuelles s'est fait avec autant d'intégrité qu'antérieurement ; quand il y a eu des lésions fonctionnelles, celles-ci ont été d'un autre ordre, elles ont porté sur des appareils de sensations spéciales. Ainsi, la vue du côté opposé au siège de la lésion, l'ouïe, ont pu être abolies. S'il y a donc ici quelque chose de spécial, il ne faut pas le chercher dans les hautes facultés de l'âme, comme Gall a prétendu le faire, mais bien et seulement dans la *mécanique du cerveau*.

Quand il a été question du cervelet, nous avons vu que, d'après les résultats d'expérimentation, c'était le système musculaire qui paraissait plus spécialement sous la dépendance de cet organe ; quand on arrive aux hémisphères cérébraux, il n'en est plus de même. Parcourez les faits constatés expérimentalement par Haller, Zinn, Lorry, Hertwig, Schœps, MM. Flourens, Magendie, Bouillaud., etc, etc., et vous verrez qu'il n'est plus question de ces convulsions et de ces paralysies si fréquentes dans les expériences faites sur le cervelet. MM. Flourens et Bouillaud ont enlevé des lobes entiers. Les animaux tombaient dans la stupeur, mais ils jouissaient encore de l'intégrité de leurs mouvements. Nous l'avons dit, les lésions portaient en général sur des appareils de sensations spéciales; mais il n'y a aucune différence appréciable pour toute la surface des hémisphères cérébraux; que la lésion porte sur la région antérieure, sur la supérieure, ou la région postérieure, le résultat est toujours à peu près le même. Quand M. Bouillaud a mutilé les parties antérieures, quand M. Flourens a enlevé la couche supérieure, quand Hertwig a coupé les couches les plus reculées, les animaux ont perdu la vue et l'ouïe du côté opposé, ou sont tombés dans une stupeur profonde; toute faculté sensoriale était abolie; ils restaient dans une immobilité complète, conservant néanmoins la faculté de se tenir en équilibre, de marcher, de sauter et de voler, mais sans *spontanéité* aucune pour tous ces actes; l'animal reprend son équilibre quand on le lui fait perdre; il marche quand on le pousse; il vole quand on le jette en l'air, etc., etc.; tout au plus peut-on s'apercevoir d'une diminution dans les forces musculaires.

En résumé, si les expériences faites sur les régions postérieures des hémisphères cérébraux montrent des attributions autres que celles appartenant au cervelet, elles n'en montrent aucune qui soit différente de celles qui appartiennent aux autres régions des hémisphères; pour le cervelet, il y a prédominance dans les perturbations de la motilité; pour les hémisphères, il y a abolition plus ou moins complète des seules facultés sensoriales; ce qui diffère beaucoup des résultats annoncés par Gall.

Nous allons maintenant passer aux faits pathologiques observés chez l'homme; faits qui ne nous offriront plus la même concordance dans les symptômes notés par les auteurs, et cela sans doute à raison des circonstances que déjà nous avons rappelées lorsqu'il a été question de la pathologie du cervelet. De deux choses l'une, en effet : ou ces lésions sont aiguës, ou elles sont chroniques. Dans le premier cas, le mal peut bientôt se propager à toute la périphérie de l'encéphale, notamment dans toute l'étendue du tissu cellulaire sous-séreux : un épanchement plus ou moins considérable peut survenir, ou dans les ventricules ou dans la grande cavité de l'arachnoïde, et alors il n'y a plus à attendre de phénomènes propres à indiquer une localisation quelconque. Dans le second cas, c'est-à-dire quand les lésions sont chroniques, le mal peut naître et se développer sous la forme d'une *tumeur*; or, toute tumeur qui se développe dans un viscère tel que le cerveau, ne tarde pas à exercer une *compression*, fait important à noter pour donner la raison de la complication des phénomènes, et surtout de l'apparition de symptômes qui, sans cette circonstance, seraient complètement étrangers à l'affection.

C'est pour cela, sans doute, que dans les cas de lésions du cerveau, nous trouverons encore un nombre assez considérable de paralysies : d'après les faits d'expérimentation, il ne devrait pas y avoir de paralysie ni de convulsion quand les hémisphères cérébraux sont seuls lésés; mais quand c'est une tumeur qui s'est développée en un point quelconque de ces hémisphères, cette tumeur peut exercer une compression sur l'appareil moteur, et de là des phénomènes de paralysie. Toutefois, il ne faudrait pas que, basés sur ces considérations, les sectateurs de Gall se crussent en droit de rayer d'un trait de plume tous les faits pathologiques cités par les auteurs; ces faits n'en militent pas moins contre la doctrine de leur maître. En effet, il n'y a pas que des inflammations ou des tumeurs dans ces faits pathologiques; je l'ai déjà dit, il y a des altérations de nutrition, de sécrétion, il y a même de simples changements dans la densité de la pulpe cérébrale, et souvent très localisés ; or, si les prétendus organes imaginés par Gall existaient, dès qu'une altération semblable viendrait à se manifester en eux, il devrait en résulter immanquablement des troubles dans les facultés spéciales attribuées à ces mêmes organes. Cela n'a pas lieu cependant : ce sont toujours des perturbations du même ordre, ou du moins très analogues, qui se produisent, et cela quel que soit le nombre et la variété des lésions matérielles révélées à l'autopsie des sujets.

Mais voyons d'abord, dans les faits recueillis par les auteurs, quêlles ont été les lésions matérielles; puis nous examinerons les phénomènes simultanément observés.

Ces faits sont au nombre de 349 ; ils se sont partagés quant aux *parties affectées*, de la manière suivante : 33 fois les membranes seules ont été lésées; 11 fois seulement la surface a paru altérée, tandis que la substance a été lésée 146 fois ; enfin il y a eu 159 fois lésions portant à la fois sur les membranes, la surface et la substance. Si maintenant nous considérons le genre de lésions, nous trouverons qu'il y a eu pour les membranes 2 atrophies, 4 hypertrophies, 1 induration, 7 adhérences, 16 productions anormales, 3 concrétions variées; pour la surface, nous aurons : 6 épanchements de sang, 4 suppurations, 1 corps étranger; dans la substance, nous compterons 25 fois des épanchements de sang, 2 fois des épanchements de sérosité, 60 fois de la suppuration, 3 fois atrophie, 3 fois dépression, 19 fois du ramollissement, 6 fois de l'induration, 13 fois des productions anormales, 2 fois des hydatides, 2 fois des concrétions, 2 fois des commotions, 2 fois des plaies pénétrantes, 2 fois des corps étrangers, 1 fois un enfoncement du crâne, 1 fois gangrène, 3 fois avec de la carie. Pour les lésions communes aux membranes et à la substance, nous constaterons 18 fois des épanchements de sang, 4 fois un épanchement de sérosité, 25 fois de la suppuration, 5 fois de l'atrophie, 2 fois des excavations, 45 fois du ramollissement, 2 fois de l'induration, 1 fois des adhérences, 29 fois des productions anormales, 3 fois des hydatides, 5 fois des concrétions, 3 fois de la commotion, 6 fois des plaies pénétrantes, 3 fois des corps étrangers, 4 fois avec dépression du crâne, 3 fois de la gangrène et enfin 4 fois avec de la carie.

On voit, d'après cette simple énumération, que dans les cas cités, la région postérieure des hémisphères cérébraux a été le siège de lésions tantôt très superficielles et tantôt très profondes; les unes très légères, les autres extrêmement graves ; mais ce qu'il importe ici de ne pas perdre de vue, c'est que de ces lésions, si les unes étaient essentiellement aiguës, si par conséquent elles étaient de nature à susciter des troubles généraux, des phénomènes à la fois idiopathiques et sympathiques, les autres étaient chroniques, parfaitement localisées, sans réaction aucune et très propres conséquemment à révéler, par leurs symptômes, l'existence ou la non existence de fonctions spéciales dans cette région du cerveau. Tantôt, en effet, c'étaient des hydatides qui s'étaient développées dans un point de cette région, tantôt une concrétion, une induration, ou un simple travail de ramollissement; tantôt enfin il y avait hypertrophie de la substance nerveuse ou atrophie ; or, quoi de plus propre à susciter ou une exagération, ou un affaiblissement dans des fonctions spéciales, dans des facultés, des penchants, des instincts, s'il était vrai que tout cela fût sous la dépendance de cette partie du centre encéphalique? C'est donc vers l'expression symptomatique qu'il faut nous reporter; il faut chercher numériquement quels sont les phénomènes qui dans ces 349 cas se sont montrés chez les malades.

Nous retrouvons d'abord ici, comme dans les cas de lésions du cervelet, des douleurs de tête, du délire, de l'imbécillité et de l'aliénation, puis un affaiblissement plus ou moins marqué dans les fonction des sens, de la stupeur et du coma, des paralysies et des convulsions variées : mais, il importe de constater de nouveau quel a été l'ordre de fréquence dans le développement de ces symptômes.

Si nous faisons encore ici abstraction et du genre de lésion et de la localisation du mal, tout en nous en tenant à la région postérieure des hémisphères cérébraux, nous voyons que la céphalalgie s'est montrée 45 fois ; les troubles de l'intelligence, tels que le délire, les affections morales, la manie, l'imbécillité, se sont répétés 76 fois ; le coma et la stupeur 38 fois ; les paralysies 63 fois, et les convulsions 36 fois.

Au reste, voici les diverses séries de symptômes distribuées d'après la localisation du mal et le genre de lésions :

MEMBRANES.

Atrophie.	Affections morales 2.
Hypertrophie.	Céphalalgie 1. Coma, stupeur 1. Paralysie de la langue, difficulté de la parole 1. Dysphagie 1.
Induration.	Faiblesse des sens, cécité 1.
Adhérences.	Céphalalgie 2. Délire 1. Coma, stupeur 1. Imbécillité 1. Convulsions générales et épilepsie 2.
Productions anormales.	Céphalalgie 4. Coma, stupeur 2. Imbécillité 1. Faiblesse des sens, cécité 2. Dureté de l'ouïe, surdité 1. Convulsions des membr. sup. 1. Hémiplégie. 3. Paralysie de la langue 2.
Concrétions variées.	Imbécillité 1. Convulsions générales, épilep. 1. Hémiplégie 1.

SURFACE.

Épanchem: de sang.	Céphalalgie 1. Délire 1. Aliénation mentale 1. Coma, stupeur 2. Apoplexie 1.
Suppuration.	Céphalalgie 1. Délire 2. Coma, stupeur 1.
Corps étrangers.	Délire 1.

SUBSTANCE.

Épanchement de sang.
- Céphalalgie 1.
- Délire 1.
- Coma, stupeur 4.
- Apoplexie 7.
- Imbécillité 2.
- Affections morales 1.
- Dureté de l'ouïe, surdité 1.
- Convulsions génér. et épilep. 1.
- Hémiplégie 5.
- Paralysie de la langue, parole embarrassée 1.
- Dysphagie 1.

Épanchement de sérosité.
- Convulsions génér. et épilep. 1.
- Hémiplégie 1.

Suppuration.
- Céphalalgie 14.
- Vertige 1.
- Délire 7.
- Coma, stupeur 11.
- Apoplexie 1.
- Imbécillité 2.
- Affections morales 2.
- Faiblesse des sens, cécité 4.
- Convulsions générales et épilepsie 7.
- Hémiplégie 8.
- Paralysie de la langue 3.

Atrophie.
- Faiblesse des sens, cécité 1.
- Dureté de l'ouïe, surdité 1.
- Dysphagie 1.

Excavations.
- Affections morales 2.
- Hémiplégie 1.

Ramollissement.
- Faiblesse des sens, cécité 2.
- Dureté de l'ouïe, surdité 2.
- Convulsions générales et épilep. 3.
- Hémiplégie 7.
- Paralysie de la langue 4.
- Dysphagie 1.

Induration.	{ Affections morales 2. Convulsions génér. et épilep. 2. Hémiplégie 1. Paralysie de la langue 1.
Product. anormales.	{ Affections morales 2. Faibl. des sens, cécité 4. Convulsions génér. et épilep. 5. Convuls. des membres supér. 1. Hémiplégie 1.
Hydatides.	{ Affections morales 1. Convulsions générales et épilepsie 1.
Concrétions variées.	{ Convulsions génér. et épilepsie 1. Hémiplégie 1.
Commotion.	{ Affections morales 1. Paralysie de la langue, difficulté de la parole 1.
Plaies pénétrantes.	{ Paralysie de la langue, parole embarrassée 1. Dysphagie 1.
Corps étrangers.	{ Délire 1. Hémiplégie 1.
Avec dépression du crâne.	{ Convulsions générales et épilepsie 1.
Gangrène.	Convulsions génér. et épilepsie 1.
Avec carie.	{ Affections morales 1. Convulsions générales et épilepsie 2.

MEMBRANES, SURFACE ET SUBSTANCE LÉSÉES A LA FOIS.

Épanchement de sang.	{ Aliénation, manie 1. Apoplexie 8. Imbécillité 2. Paralysie dominante ou exclusive des membres supérieurs 1. Affection de la pupille 1. Trouble respiratoire 2. Vomissement 1. Accidents gastriques 1. Voies urinaires 1.

Épanch. de sérosité.	Coma, stupeur 1.
Suppuration.	Apoplexie 1. Imbécillité 8. Paralysie dominante ou exclusive des membres supérieurs 3. Convuls. de la mâchoire infér. 2. Paralys. des muscles de la face 1. Convuls. des muscles de la face 1. Paralys. du droit ext. de l'œil 1. Troubles respiratoires 2. Vomissement 5. Constipation 1.
Atrophie.	Céphalalgie 1. Imbécillité 1. Paralys. générale des membres 1. Paralysie de la mâchoire infér. 1. Fonctions génitales 1.
Excavations.	Aliénation, manie 1. Apoplexie 1.
Ramollissement.	Céphalalgie 6. Délire 2. Aliénation, manie 1. Coma, stupeur 9. Apoplexie 3. Imbécillité 7. Faiblesse ou perte de mémoire 1. Paralysie dominante ou exclusive des membres supérieurs 2. Convulsions de la mâchoire inférieure 1. Convuls. des muscl. de la nuque 1. Paralysie des muscles du cou 1. Paralysie des muscles de la face 3. Convulsions de la face 2. Affection de la pupille 2. Troubles respiratoires 2. Vomissement 1. Amaigrissement 1.
Induration.	Imbécillité 1. Paralysie dominante ou exclusive des membres inférieurs 1.

Adhérences.	Imbécillité 1.
Productions anorm.	Céphalalgie 8. Délire 2. Aliénation, manie 2. Coma, stupeur 5. Apoplexie 1.
Productions anormales.	Imbécillité 4. Paralysie dominante ou exclusive du membre supérieur 2. Paralysie de la langue, embarras de la parole 1. Vomissement 2. Selles involontaires 1.
Hydatides.	Accidents gastriques 1. Aliénation, manie 1. Selles involontaires 2.
Concrétions variées.	Céphalalgie 1. Paralysie dominante ou exclusive des membres inférieurs 1. Paralysie des muscles du cou 1. Troubles respiratoires 1. Vomissement 1.
Commotion.	Délire 1. Coma, stupeur 1. Imbécillité 1.
Plaies pénétrantes.	Troubles respiratoires 2. Vomissement 1. Accidents gastriques 2. Amaigrissement 1.
Corps étrangers.	Paralysie dominante ou exclusive des membres supérieurs 1. Vomissement 2.
Avec dépression du crâne.	Céphalalgie 1. Coma, stupeur 1. Imbécillité 1. Faiblesse ou perte de mém. 1.
Gangrène.	Céphalalgie 2. Accidents gastriques 1.
Avec carie.	Céphalalgie 2. Vertige 1. Apoplexie 1.

Si maintenant nous comparons ces résultats avec ceux qui ont été notés pour le cervelet, nous trouverons que pour les lésions du cerveau, il y a eu une proportion plus marquée dans les troubles de l'intelligence ; pour le cervelet, et sur une masse de 435 cas, nous n'avions guère trouvé que 69 fois des troubles aigus ou chroniques de l'intelligence, tandis que les paralysies s'étaient déclarées 54 fois ; ici, sur une somme de 349 cas, nous trouvons 76 fois des troubles de l'intelligence, et 63 fois des paralysies : la proportion des lésions de l'intelligence est plus forte, mais celle des paralysies reste assez considérable. Le premier fait concorderait avec les résultats d'expérimentation, savoir : que les hémisphères cérébraux sont spécialement dévolus aux actes de l'intelligence, tandis que le cervelet rentrerait dans l'appareil moteur ; mais ces chiffres ne seraient pas assez considérables pour décider cette question, si déjà elle ne l'avait été par d'autres observations. Quant à la fréquence des paralysies, dans les cas de lésions des hémisphères, elle s'explique par cette circonstance : qu'il y a souvent alors, et comme accident presque inévitable, une compression quelconque, compression qui porte sur des parties essentiellement motrices.

Nous sommes obligé, on le voit, de nous tenir dans une grande réserve quant aux conclusions à tirer des faits que nous venons de citer ici ; nous avons dû nous borner à faire remarquer la prédominance des troubles intellectuels ; mais, avant de terminer sur ce point, nous ferons observer que ces troubles ont toujours été *généraux ;* qu'il y ait eu délire aigu ou chronique, aliénation marquée par la manie ou par l'imbécillité, toujours est-il que l'intelligence était perturbée dans *son ensemble*, comme une machine excessivement compliquée, et dont on vient à léser l'un des rouages. Il nous serait donc impossible, d'une part, de trouver ici un seul fait propre à rendre vraisemblables les assertions de Gall sur l'existence de telle ou telle faculté *spéciale* dans cette région ; et, d'autre part, nous ne saurions non plus trouver ici la moindre probabilité pour l'*ordre* de facultés qu'il a localisées dans cette même région ; les facultés générales de l'intelligence étaient perturbées ; les opérations normales ne pouvaient plus s'accomplir ; mais on n'aurait su dire si les facultés lésées étaient d'un ordre inférieur ou d'un ordre supérieur ; c'était la *pensée*, l'*intellect*, l'*âme*, qui ne pouvait régulièrement se manifester : voilà tout.

ASSERTIONS ET HISTORIETTES DE GALL SUR LA RÉGION POSTÉRIEURE DU CERVEAU.

Gall n'a placé que peu d'organes dans la région postérieure du cerveau, tandis que la région frontale en est criblée ; c'est qu'aussi l'exploration n'est pas facile dans cette région postérieure, et la nature aurait été fort mal avisée si elle y avait placé de nobles penchants, de hautes facultés ; ce sont *des lieux peu fréquentés*, et là, comme en géographie, on trouve des déserts, des solitudes ; un jour peut-être, et quand cette partie du monde encéphalique sera mieux connue, on y établira une triangulation plus serrée.

En attendant, et dans un espace de 4 à 5 centimètres carrés, Gall a colloqué cinq organes correspondants aux facultés suivantes : *amour de la progéniture ; attachement ou amitié ; défense de soi-même ; orgueil ou fierté ; vanité ou désir de la gloire.*

Pour son organe de l'amour de la progéniture, Gall a trouvé des saillies extérieures peu prononcées, et deux fosses internes bien connues des anatomistes ; les lobes postérieurs du cerveau y sont logés. Mais, pour son organe de l'attachement ou de l'amitié, il a fait œuvre d'invention, car il n'a plus trouvé extérieurement et intérieurement que des surfaces planes ; enfin, pour l'organe de la défense de soi-même, il a encore eu plus de difficultés à vaincre, puisqu'à l'intérieur, loin de trouver une dépression pour loger son organe, il a trouvé une éminence osseuse ! Quant à l'organe de la fierté et à celui de la vanité, les dispositions anatomiques ne lui ont été encore que d'un faible secours ; le crâne est aussi uniformément arrondi intérieurement qu'extérieurement ; les circonvolutions cérébrales ne laissent plus même sur les surfaces osseuses correspondantes ces impressions digitales qui auraient pu lui servir de guide ; ici encore, il a dû tout créer, organes et facultés ; c'est, au reste, ce qui va nous être démontré par l'historique de ces cinq découvertes ; mais avant d'aller plus loin, disons un mot des idées de Spurzheim sur le groupement de ces premiers organes.

Gall avait certainement annoncé que ses organes n'étaient pas jetés au hasard à la surface de l'encéphale ; il avait dit que dans leur coordination, il y a un ordre admirable ; il défiait même ses adversaires d'avoir la dixième partie de la perspicacité nécessaire pour inventer un pareil arrangement ; c'est pour cela qu'après avoir parlé de l'organe de la procréation, il a parlé de son voisin, c'est-à-dire de l'organe de l'amour de la progéniture ; glorifiant le créateur de les avoir placés l'un près de l'autre ; car, qu'y a-t-il de plus analogue ? quand on aime à faire des enfants, on est bien près d'aimer les enfants. Puis il a parlé de l'organe de l'attachement, de l'amitié : autre analogie remarquable ; car celui qui aime les enfants, c'est-à-dire la famille, est bien près d'aimer tous ses semblables ; ceci est de la plus grande évidence.

Tous ces sentiments se touchent, donc les organes correspondants devaient se toucher dans la boîte crânienne ; mais malheureusement l'analogie n'est plus aussi marquée pour le quatrième organe, malgré son voisinage, c'est-à-dire pour l'organe de la défense de soi-même : c'est encore un amour, il est vrai, car on se bat d'autant mieux, dans ces cas, qu'on s'aime mieux soi-même ; c'est encore un sentiment, mais celui-ci est l'opposé des précédents ; aussi Gall et Spurzheim n'ont plus voulu voir ici qu'un nouvel instinct. Quant à l'organe de l'orgueil et à celui de la vanité, c'est nous qui les avons rapprochés des précédents par la seule raison qu'ils sont localisés par Gall dans la région postérieure du crâne ; mais Gall et Spurzheim, sans égard pour cette localisation, les ont rejetés dans un groupe d'organes tout différents ; vous n'avez qu'à jeter les yeux sur les têtes d'études de Spurzheim, vous verrez un liseré rouge qui sépare à jamais l'amour de la progéniture de l'amour de la gloire ; absolument comme, dans nos cartes géographiques, un liseré vert ou bleu sépare la Prusse de la France, en vertu des traités diplomatiques. D'autres diront peut-être qu'il n'y a pas ici de frontières naturelles ; qu'il n'y a pas de scissures, de sinus, de fleuves encéphaliques qui sépareraient les organes. Spurzheim n'aurait eu garde de s'arrêter à si peu de chose ; voyez la belle ordonnance, l'admirable configuration de sa carte crâniologique! Cinq grandes divisions, cinq parties dans ce monde encéphalique, frappent les yeux par des couleurs distinctes ; un liseré rouge comprend la région des instincts ; c'est celle que nous étudions actuellement, région inférieure, peu estimée des hommes de génie, et reléguée par les phrénologistes au pourtour postérieur et inférieur de la tête ; mais tout à côté un vaste liseré jaune marque la région des sentiments les plus élevés, tels que la bienveillance, la religiosité, etc. Plus en avant, et au pourtour du front, vous voyez un liseré bleu ; celui-ci comprend la région des idées ; sous chaque ride il y a ici un organe ; il n'y en a pas moins de six dans l'épaisseur du sourcil ; voilà donc quatre grandes parties bien distinctes dans le monde encéphalique ; mais Spurzheim en a trouvé une cinquième, bien moins étendue en surface que les précédentes, mais incomparablement plus estimable, puisque c'est la région de la *raison;* un liseré vert vous montre qu'elle n'a pas plus de deux centimètres carrés, au sommet du front, entre la région des idées et celle des sentiments ; aussi elle ne comprend que deux organes ; mais quels organes ! Il suffit de dire que c'est celui de la *causalité* et de la *comparativité*!!

Mais ne sortons pas de la région des instincts dans laquelle nous avons commencé notre excursion. Gall et Spurzheim ne sont pas tout à fait d'accord sur sa topographie particulière ; tous deux conviennent que cette région doit se prolonger latéralement au dessus des oreilles ; mais là où Gall n'a vu que l'attachement et la défense de soi-même, Spurzheim a vu de plus l'*habitativité* : et pour colloquer cet organe de l'habitativité, il a quelque peu déplacé, il a fait reculer l'organe de l'orgueil ! Il y a plus, il a fait tomber son liseré rouge en plein sur un organe créé par son collaborateur, et cela pour créer à son tour un organe nouveau, celui de l'habitativité. Mais je le répète, il n'a pas pour cela détruit la création de Gall ; c'est un simple remaniement de cette partie de la carte crâniologique ; il a reculé de deux centimètres l'organe de l'orgueil, lui donnant le nom d'organe *de l'estime de soi* ; et il a trouvé ainsi un espace suffisant pour son organe de l'habitativité. Mais laissons là ces premières variations des doctrines phrénologiques, et revenons aux seules découvertes de Gall. Nous avons dit que, indépendamment du cervelet, c'est-à-dire de l'organe de l'amour de la génération, Gall prétend avoir découvert dans la région postérieure du cerveau cinq organes bien distincts, et partant, cinq penchants, facultés ou instincts non moins évidents ; nous avons montré que les dispositions anatomiques n'avaient pu le guider dans ces découvertes, puisque, loin de trouver des éminences, on ne voit que des surfaces planes ou uniformément arrondies dans cette même région. C'est donc vers l'historique de ces découvertes que nous devons nous reporter ; c'est à Gall lui-même qu'il faut demander comment il a su trouver des organes là où les autres anatomistes n'avaient vu que circonvolutions cérébrales, variables en étendue, en grandeur, et nullement accusées sur la partie correspondante de la boîte crânienne.

Le premier de ces organes est celui de l'amour de la progéniture. Gall commence par avouer que longtemps il n'avait su à quoi s'en tenir sur cette faculté ; toutefois il n'avait eu garde de chercher l'organe de cette faculté dans les régions antérieures ou supérieures de la tête ; il le cherchait, mais sans pouvoir le trouver, dans la région occipitale, lorsqu'un beau jour, *dans un moment de disposition favorable, il fut frappé, tout en faisant sa leçon, de l'amour extrême que les singes ont pour leurs petits.* (T. 3, p. 418.)

Or, il faut savoir que Gall, antérieurement, avait remarqué, ce sont ses expressions, *que les crânes des singes ont, sous le rapport de la proéminence occipitale, une singulière analogie avec les crânes des femmes* (417), et déjà il en avait conclu *que la partie cérébrale placée sous cette proéminence, était très-probablement l'organe d'une qualité ou d'une faculté que les femmes et les singes possèdent également à un haut degré* (loc. cit.)

Dès lors, toutes les incertitudes de Gall vont cesser ; il interrompt sa leçon ; *il prie ses auditeurs de s'éloigner*, et, frappé qu'il était de ce *trait de lumière*, il court à sa collection de crânes, et bientôt il acquiert la certitude que là, en effet, se trouve l'organe de l'amour de la progéniture; alors, et comme toujours, les faits confirmatifs arrivent en foule. *C'est une femme dans le grand hôpital de Vienne, qui, dans son délire, soutenait qu'elle était enceinte de six enfants ;* il n'y avait, suivant Gall, *qu'une surexcitation de l'organe de la progéniture* qui pût rendre compte d'un phénomène aussi singulier. Elle mourut ! *Quelle fut ma joie,* s'écrie Gall, *en voyant un développement extraordinaire de cet organe* (450) *!*

C'est ensuite *un homme, dans un autre hospice d'aliénés, qui soutenait* (sic) *qu'il se trouvait dans un état de grossesse et qu'il portait deux enfants.* (452). *Nous annonçâmes,* dit Gall, *qu'il devait avoir l'organe en question très développé, et l'examen de sa tête prouva que nous ne nous étions pas trompés* (loc. cit.)

Vient ensuite la partie, l'application morale, que Gall ne laisse jamais échapper ; c'est une nouvelle explication de l'infanticide. *Imaginons,* dit Gall, *une femme dans laquelle* (sic) *l'organe de l'amour de la progéniture est peu développé. Elle est exposée à un amour malheureux. Elle a cédé aux désirs d'un amant qui l'abandonne. Si elle sent dans ses entrailles le fruit de son amour, elle le détruira avant qu'il n'ait vu la lumière, ou elle l'exposera à l'instant où il vient au monde* (447).

Mais ce n'est pas tout : il pourra se faire que, tout en ayant *un organe de l'amour de la progéniture peu développé*, cette même femme ait en même temps, *en elle* (sic), *un organe du meurtre très développé!* Qu'en résultera-t-il ? Il en résultera nécessairement *que de sa main elle ravira à son enfant le jour qu'il viendra d'entrevoir* (loc. cit.); et Gall demande s'IL FAUDRA S'EN ÉTONNER ! Pas le moins du monde, et s'il y avait ici à s'étonner de quelque chose, ce serait de voir des juges déclarer coupable une femme qui aurait ainsi obéi à son organisation!

Mais arrivons à l'organe de l'attachement et de l'amitié. Gall a passé légèrement sur cet organe ; il ne paraissait pas même y tenir beaucoup ; toutefois, il nous a donné un historique de cette découverte ; il la devait à une dame, *modèle de l'amitié*. Par complaisance, il voulut bien mouler sa tête, et alors il s'aperçut qu'il y avait chez elle une éminence au-dessus de l'organe de l'amour physique ; il ne lui en fallut pas davantage, dit-il, pour conclure que c'était là l'organe de l'attachement. Mais Spurzheim a trouvé que Gall avait placé cet organe trop haut; il l'a descendu au niveau de la combativité, en dehors des fosses occipitales supérieures et sur une surface tout-à-fait plane, du moins sur les crânes humains; car, sur les plâtres il y a toujours une éminence. Ce déplacement a permis à Spurzheim de descendre son liseré rouge de manière à donner plus d'étendue à la région des sentiments aux dépens de la région des instincts. Ce n'est pas tout, une dissidence plus prononcée existe encore ici entre ces deux phrénologistes. Gall avait jugé à propos de placer en arrière et au-dessous du sommet de la tête (268) une protubérance allongée correspondant à l'organe des hauteurs et de l'orgueil. Concédant ainsi à un seul et même organe deux ordres de faits en apparence tout différents, et cela à cause des faits suivants : *Un mendiant avait fixé son attention par ses manières distinguées* : en l'examinant attentivement, il remarqua chez lui la protubérance en question ; et *ceci lui rappela vivement le geste grave et hautain avec lequel l'un de ses cousins tirait son mouchoir, le ployait et le remettait dans sa poche* (t. 4, 250).

Ces faits *suffirent*, ajoute-t-il, pour lui faire reconnaître l'organe de l'orgueil ; et comme, en même temps, il avait observé que, chez le bouquetin, le chamois, le faucon, la partie cérébrale en question est d'autant plus développée que ces animaux ont leur demeure habituelle sur des lieux *plus élevés* (275); il s'était demandé s'il y a une différence essentielle entre l'instinct des *hauteurs* physiques chez les animaux et le penchant de l'homme pour la hauteur morale (281). Sa conclusion a été qu'il n'y a pas de différence essentielle ; et pour lever tous les doutes il rappelle que les enfants, dans leurs jeux, se dressent sur la pointe des pieds (sic), et montent sur des chaises; que les femmes petites et orgueilleuses choisissent une coiffure très élevée ; que ce qui chatouille (sic) le plus l'orgueil du guerrier, c'est le bonnet à poil et le casque surmonté d'un panache (286). Donc c'est bien le même organe qui porte le bouquetin à grimper sur le sommet des rochers, et l'homme à dominer, à opprimer ses semblables.

Mais Spurzheim n'était pas du tout de cet avis; il ne reconnaissait aucune analogie entre l'*estime de soi* chez l'homme et l'*habitation* dans les lieux élevés chez les animaux, tout en admettant néanmoins l'existence de ces deux instincts ou penchants et celle des organes qui leur correspondent. Comment dès lors sortir de cette difficulté ? Spurzheim s'y est pris de la manière suivante : nous avons dit que dans cette région postérieure de la tête les organes intracrâniens sont clair-semés, qu'il y a des espaces vides, et que les protubérances y ont été taillées largement par les phrénologistes. Qu'a fait Spurzheim ? Voyant que l'espace ne manquait pas, d'un seul organe il en a fait deux. Gall avait dénommé sa protubérance unique *organe des hauteurs et de l'orgueil*; Spurzheim, l'ayant coupée en deux, a donné à l'une des deux moitiés le nom d'*habitativité* et à l'autre celui d'*estime de soi*. Ce n'est pas tout : considérant que l'habitativité n'est après tout qu'un pur instinct, un instinct tout animal, il l'a descendu au-dessous de son liseré rouge, afin de la reléguer dans la région des qualités inférieures, tandis qu'il a élevé l'estime de soi au-dessus de son liseré jaune, plaçant ainsi cet organe dans la région des sentiments ou des qualités supérieures.

Quant à cet autre organe désigné par Gall sous le nom de *vanité ou désir de la gloire*, Spurzheim l'a trouvé trop haut ; il fallait le descendre vers le cervelet ; mais ici encore il a été besoin d'un petit remaniement. Gall l'avait placé immédiatement au dessous de l'organe de l'attachement ; fort heureusement il y avait encore un espace vide au dessous de ce dernier organe; aussi Spurzheim en a été quitte pour abaisser à la fois et l'organe de l'attachement auquel il a donné le nom d'*affectionnivité*, et celui de la vanité auquel il a donné le nom d'*approbativité* : voilà comment cette partie de le carte crâniologique a été définitivement constituée.

L'histoire de ces variations n'est pas seulement une chose plaisante, c'est une preuve nouvelle, je ne dirai pas de l'instabilité, mais de l'inanité de cette prétendue doctrine phrénologique. D'où vient, en effet, que l'un voit une protubérance là où un autre en voit deux ? D'où vient que celui-ci met une protubérance près du sommet de la tête, tandis que celui-là place cette même protubérance immédiatement au dessus du cervelet? Est-ce parce que tantôt il y a une protubérance unique et tantôt deux protubérances? Est-ce parce que, chez les divers individus, les protubérances s'élèvent et descendent? En aucune manière : c'est parce qu'en réalité il n'y a dans cette région aucune protubérance, je ne dirai pas constante, mais générale ; parce qu'à l'exception des fosses propres à loger le cervelet et l'extrémité occipitale des hémisphères cérébraux, fosses qui ne sont pas même accusées extérieurement par des protubérances, je parle ici des fosses occipitales supérieures, à cette exception près, dis-je, tout est ici le produit de l'imagination des phrénologistes. Qui pourrait dès lors les empêcher de placer leurs protubérances un peu plus bas ou un peu plus haut, de les multiplier ou de les amoindrir? Chaque phrénologiste est ici le maître d'agir à son gré ; Gall a démontré comment pour cela on doit s'y prendre. Nous allons le rappeler, et ceci terminera cette partie de notre examen.

La première chose à faire, nous l'avons déjà dit, c'est d'énoncer la proposition ; donc on déclare que telle partie de la boîte crânienne recouvre trois, quatre ou cinq organes bien distincts ; on déclare en même temps que ces organes sont accusés extérieurement par des protubérances osseuses. Un homme de bonne foi, pour s'en assurer, prend un crâne ; il ne trouve aucune des protubérances annoncées, mais peu importe, c'est un cas exceptionnel, lui dira-t-on, ou bien c'est que ce crâne appartenait à un individu complètement privé des organes en question ; la proposition n'en subsiste pas moins, et le premier point est résolu.

Vient ensuite l'historique de la découverte. Rien de plus facile encore à établir pour un phrénologiste ; il n'ira pas rassembler tous les cas observés par les physiologistes et les pathologistes ; il n'ira pas distribuer ces faits en catégories pour en tirer des conclusions quelque peu rigoureuses ; il suivra les traces de Gall, il lui suffira d'avoir par devers lui une ou deux anecdotes, vraisemblables ou non, authentiques ou non ; il racontera l'anecdote qui se sera passée à Vienne ou à Paris, et quant aux faits confirmatifs, ils ne seront pas plus difficiles à trouver. La première idée, le premier trait de lumière une fois donné par l'anecdote, le phrénologiste fera une visite dans un hospice d'aliénés ; il ne manquera pas d'y trouver l'exagération des penchants, des facultés qu'il aura découverts, et il affirmera qu'après avoir palpé la tête de ces aliénés dans la région indiquée, *il a eu le bonheur, il a été assez heureux* pour trouver une protubérance énorme ; il dira, comme Gall, *jugez quelle a été ma joie* de voir ma prévision complètement réalisée. Ceci terminé, il ne restera plus qu'une chose, l'*application morale* :

elle découlera naturellement et de l'anecdote, et de la visite dans l'hospice d'aliénés. Les plus grands crimes trouveront leur explication toute naturelle ; un peu plus ou un peu moins de développement dans l'organe imaginé rendront un compte satisfaisant de ce qui pourrait frapper d'épouvante les profanes. C'est ainsi qu'a procédé le fondateur de la physiologie du cerveau, et c'est ainsi que procèdent et que procèderont tous ses successeurs.

NOTIONS SCIENTIFIQUES SUR LA RÉGION MOYENNE DU CERVEAU. EXPÉRIENCES ET OBSERVATIONS.

Nous devons déclarer tout d'abord qu'on ne saurait trouver, par la voie des expériences et des observations positives, des différences notables entre la région postérieure et la région moyenne du cerveau, pour ce qui est du moins des fonctions qui seraient dévolues à ces parties.

Les deux ordres de faits que nous avons déjà signalés, c'est-à-dire les troubles intellectuels et les lésions nerveuses se montrent tout aussi bien, et dans une proportion à peu près semblable, soit que l'altération matérielle porte sur la région postérieure, soit qu'elle porte sur la région moyenne du cerveau : nous allons encore retrouver de l'aliénation et du délire, des paralysies et des convulsions absolument comme dans les cas précédents.

Il est arrivé plus d'une fois qu'un espace

plus ou moins considérable de la calotte osseuse, ayant été détruit, soit par un travail de mortification, soit par des couronnes de trépan, la région moyenne et supérieure des hémisphères cérébraux, a été mise à nu ; cette condition, accidentellement produite, a permis aux expérimentateurs de rechercher quels peuvent être les effets de la compression exercée sur cette partie du cerveau. Galien, le premier, nous l'avons déjà dit, a fait connaître les résultats de ces expériences. Depuis elles ont été souvent répétées, et il n'y a pas longtemps qu'elles ont été faites de nouveau dans les hôpitaux de Paris : les effets ont toujours été les mêmes. C'est d'abord l'intelligence qui est troublée, et troublée dans *l'ensemble* de ses opérations ; les impressions n'arrivent plus au sensorium avec netteté ; elles sont peu distinctes, confuses ; la perception en est imparfaite ; leur association empêchée et les volitions impuissantes. Si la compression est un peu plus forte, il y a suspension complète des opérations de l'intelligence, et bientôt il s'y joint des lésions d'un autre ordre. L'encéphale, devant en effet fonctionner et comme agent intellectuel, et comme agent nerveux, a deux sortes d'opérations à produire. Or, dans les expériences que nous citons ici, la suspension porte d'abord sur les opérations de l'intelligence, et dans l'ordre que nous venons d'indiquer ; puis les fonctions nerveuses vont être enrayées ; ainsi, l'individu que nous supposons soumis à ces expériences, après avoir perdu, comme on le dit, la connaissance, l'intelligence, ne tarde pas à fermer les yeux et à s'affaisser sur lui-même, pour tomber dans un coma profond ; il y a chez lui, non seulement interruption de tous les rapports avec le monde extérieur, tous ses sens sont fermés aux impressions qui arrivent du dehors ; mais tous les muscles sont comme frappés de paralysie ; il y a, comme disent les pathologistes, *résolution générale* ; et n'était la persistance de deux grandes fonctions organiques, la respiration et la circulation, l'individu serait comme frappé de mort.

Tout tend donc à confirmer ce fait, que le cerveau, dans sa région moyenne comme dans sa région postérieure, est le substratum de toute manifestation intellectuelle. Mais en quoi cette région aiderait-elle plus particulièrement, plus spécialement aux divers modes de cette manifestation, c'est là ce qu'il est impossible de résoudre ; rien ne prouve qu'il y ait là un département affecté à tel ordre de manifestations mentales, plutôt qu'à tel autre. Je dirai même ici en passant que, des deux substances qui composent la pulpe cérébrale, la substance grise et la substance blanche, l'une ne paraît pas avoir des attributions fonctionnelles différentes de celles dévolues à l'autre. L'écorce grise est-elle moins importante que la substance blanche ? n'est-elle que l'enveloppe de celle-ci, ou bien trouve-t-elle en elle un simple support? Ce sont là des questions complètement insolubles dans l'état actuel de la science. Nous avons assez bien scruté les différences d'organisation, le microscope nous a bien dévoilé en quoi la substance blanche diffère de la substance grise : mais pour ce qui est des attributions fonctionnelles, nous restons dans une ignorance absolue.

Je n'insisterai pas sur ces faits d'organisation ; je dirai seulement que, grâce à l'obligeance de M. Mandl, je les ai tout récemment encore vérifiés ; j'ai vu de nouveau les fibres qui composent la substance blanche, et les divers éléments qui entrent dans la composition de la substance grise. Ce sont là des faits parfaitement appréciables, mais qui ne peuvent conduire à la solution de notre problème ; aussi, sommes-nous forcés de reconnaître qu'il en est des deux substances du cerveau comme de ses diverses régions, savoir, qu'elles concourent à la manifestation des actes intellectuels, sans différencier, sans spécialiser ces mêmes actes. Il n'y a qu'un fait mis en évidence par des observations assez nombreuses : c'est que l'un des hémisphères peut suppléer à l'autre dans l'accomplissement de ses fonctions, fait annoncé positivement par Galien à l'occasion d'un jeune homme de Smyrne en Ionie, l'un des hémisphères ayant été profondément lésé (De usu part. lib. 8, c. 10). En considérant la combinaison des autres actes de l'économie, on devait s'attendre à ce fait. Ici, comme partout, il y a *unité* dans les résultats fonctionnels, mais *dualisme* dans la perpétration de l'acte lui-même; les commissures rendent raison de cette circonstance, mais on ne sait quels sont les usages spéciaux du corps calleux, de la glande pituitaire et de la glande pinéale.

Nous ne parlerons pas des vivisections pratiquées sur les animaux; elles n'ont eu pour résultats que de donner quelques indices sur les fonctions simplement nerveuses. Ici c'est le problème de l'intelligence qui nous préoccupe; nous sommes donc obligés de nous reporter aux faits d'observation pathologique. Ces faits, en tant qu'ils ont porté sur la région moyenne du cerveau, sont fort nombreux : ils ne s'élèvent pas à moins de 673. Nous les considèrerons d'abord sous le rapport du siége précis des lésions, de la nature de ces lésions elles-mêmes, et enfin, quant à leurs caractères phénoménaux.

Les membranes ont été trouvées altérées 52 fois seulement, et dans un pareil nombre de cas les lésions n'ont point paru aller au-delà des surfaces nerveuses; mais 301 fois la substance nerveuse a été profondément intéressée; enfin, 268 fois il y a eu altération simultanée des membranes, de la surface et de la substance cérébrale dans la région moyenne des hémisphères. Voilà pour la localisation du mal. Quant à la nature de ce même mal, on va voir que 103 fois il a consisté en épanchements sanguins ; 101 en productions anormales ; 147 en suppurations ; 97 en ramollissements ; 16 fois enfin en induration de la substance cérébrale. Les autres lésions moins importantes ont été dans une plus faible proportion.

Il nous reste à faire connaître le degré de fréquence des principaux symptômes. La céphalalgie a été, comme toujours, un symptôme assez ordinaire dans ces sortes de lésions; elle s'est montrée 89 fois. Les troubles de l'intelligence caractérisés par le délire, l'aliénation, la manie aiguë, l'imbécillité et autres affections morales, si on y joint les cas de stupeur et de coma, ont eu lieu 94 fois. Mais ce sont surtout les paralysies qui ont dominé ; on voit qu'elles se sont reproduites 111 fois! Les convulsions se sont montrées 74 fois. Du côté des voies digestives, il y a eu 42 fois des troubles marqués. Enfin, du côté de l'appareil génito-urinaire, il y a eu 10 fois des anomalies prononcées. Voici, du reste, la classification de toutes les lésions qui ont porté sur la région moyenne du cerveau.

	MEMBRANES.
Hypertrophie.	Affections morales 2.
Adhérences.	Céphalalgie 1.
	Vertige 1.
	Délire 1.
	Aliénation, manie 1.
	Coma, stupeur 1.
	Apoplexie 1.
Product. anormales.	Céphalalgie 7.
	Coma, stupeur 2.
	Imbécillité 2.
	Faiblesse des sens, cécité 2.
	Dureté de l'ouïe, surdité 2.
	Convulsions générales et épilepsie 7.
	Convulsions des membr. sup. 1.
	Id. infér. 1.
	Hémiplégie. 5.
	Convuls. de la mâchoire infér. 1.
	Paralysie des muscles du cou 1.
	Convuls. des muscl. de la nuque 1.
	Troubles respiratoires 2.
	Vomissement 3.
Hydatides.	Apoplexie 1.
Concrétions variées.	Céphalalgie 3.
	Affections morales 2.
	Convulsions générales, épilep. 1.
	SURFACE.
Épanchem. de sang.	Céphalalgie 1.
	Délire 1.
	Coma, stupeur 11.
Suppuration.	Céphalalgie 8.
	Vertige 2.
	Délire 5.
	Coma, stupeur 11.
Productions anormales.	Céphalalgie 3.
	Coma, stupeur 1.
	Imbécillité 1.
Corps étrangers.	Céphalalgie 1.
	Coma, stupeur 7.

SUBSTANCE.

Épanchement de sang.
- Céphalalgie 6.
- Vertige 1.
- Délire 4.
- Coma, stupeur 7.
- Apoplexie 13.
- Faiblesse ou perte de mémoire 1.
- Affections morales 1.
- Faiblesse des sens, cécité 3.
- Convulsions génér. et épilep. 7.
- Hémiplégie 5.
- Convulsions de la mâchoire inf. 3.
- Paralys. des muscles de la face 2.
- Troubles respiratoires 3.
- Vomissement 8.

Épanchement de sérosité.
- Hémiplégie 1.
- Vomissement 1.

Suppuration.
- Céphalalgie 4.
- Délire 9.
- Coma, stupeur 22.
- Apoplexie 5.
- Faiblesse ou perte de mém. 1.
- Affections morales 4.
- Faiblesse des sens, cécité 3.
- Dureté de l'ouïe, surdité 1.
- Convulsions générales et épilep. 18.
- Hémiplégie 8.
- Paralysie des muscles de la face 5.
- Convulsions de la face 1.
- Troubles respiratoires 1.
- Vomissement 3.

Atrophie.
- Convulsions génér. et épilep. 1.
- Convuls. de la mâchoire infér. 1.

Excavations.
- Affections morales 3.
- Faiblesse des sens, cécité 1.
- Convulsions génér. et épilep. 1.
- Hémiplégie 1.
- Paralysie des muscles de la face 2.

Hypertrophie.
- Affections morales 3.

SUBSTANCE.

Ramollissement.
- Affections morales 1.
- Faibl. des sens, cécité 5.
- Dureté de l'ouïe, surdité 2.
- Convulsions génér. et épilep. 3.
- Hémiplégie 7.
- Convuls. de la mâch. infér. 2.
- Paralysie des muscles de la face 7.
- Convuls. de la face 1.
- Troubles respiratoires 2.

Induration.
- Convulsions génér. et épilepsie 1.
- Hémiplégie 1.
- Vomissement 2.

Productions anormales.
- Céphalalgie 4.
- Aliénation, manie 1.
- Coma, stupeur 7.
- Apoplexie 1.
- Imbécillité 2.
- Faiblesse des sens, cécité 2.
- Convulsions générales, épilep. 6.
- Convuls. des memb. sup. 1.
- Hémiplégie 1.
- Convuls. de la mâch. infér. 1.
- Paralysie des muscles de la face 1.
- Troubles respiratoires 1.
- Vomissement 4.
- Génito-urinaires 8.

Hydatides.
- Faiblesse des sens, cécité 1.
- Convulsions générales, épilep. 2.
- Paralysie des musc. de la face 2.
- Troubles respiratoires 1.
- Vomissement 1.

Concrétions variées.
- Affections morales 1.
- Dureté de l'ouïe, surdité 1.
- Convulsions générales, épilep. 1.
- Hémiplégie 1.

Plaies pénétrantes.
- Convulsions générales, épilep. 1.
- Vomissement 2.

Corps étrangers.	Céphalalgie 3. Vertige 2. Délire 6. Coma, stupeur 12. Faiblesse des sens, cécité 1. Convulsions génér. et épilepsie 4. Hémiplégie 1. Convuls. de la mâchoire infér. 1. Vomissement 3.
Avec dépression du crâne.	Affections morales 1. Faiblesse des sens, cécité 3. Dureté de l'ouïe, surdité 4. Convuls. générales, épilep. 3. Paralysie des muscles de la face 1. Convulsions de la face 1. Vomissement 3.
Avec gangrène.	Convuls. génér., épilep. 1. Vomissement 1.
Avec carie.	Convulsions génér., épilep. 1.

MEMBRANES, SURFACE ET SUBSTANCE LÉSÉES A LA FOIS.

Épanchement de sang.	Apoplexie 13. Faiblesse ou perte de la mém. 1. Paralysie dominante ou exclusive des membres supérieurs 1. Paralysie de la langue 5. Dysphagie 3. Paralysie des muscles du cou 1. Affection de la pupille 1. Diarrhée 1. Selles involontaires 1. Affections des voies urinaires 1.
Épanch. de sérosité.	Délire 1. Coma, stupeur 1. Accidents gastriques 1.
Suppuration.	Céphalalgie 12. Apoplexie 5. Faiblesse ou perte de mém. 2.

	Paralysie dominante ou exclusive des membres supérieurs 6.
	Paralysie dominante ou exclusive des membres inférieurs 1.
	Paralysie de la langue 10.
	Dysphagie 1.
	Affection de la pupille 3.
	Constipation 1.
	Selles involontaires 1.
	Amaigrissement 4.
Atrophie.	Imbécillité 1.
	Faiblesse ou perte de la mémoire 1.
	Céphalalgie 1.
	Aliénation, manie 2.
Excavations.	Coma, stupeur 3.
	Apoplexie 7.
	Imbécillité 1.
	Faiblesse ou perte de mém. 1.
	Paralysie de la langue 2.
	Céphalalgie 13.
	Délire 5.
	Coma, stupeur 17.
	Apoplexie 14.
	Imbécillité 1.
	Paralys. générale des membres 2.
	Paralysie dominante ou exclusive des membres supérieurs 2.
Ramollissement.	Paralysie dominante ou exclusive des membres inférieurs 1.
	Paralysie de la langue 4.
	Dysphagie 2.
	Paralysie des muscles du cou 1.
	Paralysie du releveur de la paupière supérieure 3.
	Paralysie des muscles droit interne et droit inférieur de l'œil 1.
	Affection des voies urinaires 1.

Induration.	Céphalalgie 2. Délire 1. Aliénation, manie 1. Coma, stupeur 3. Apoplexie 3. Imbécillité 1. Paralysie des muscles droit interne et droit inférieur de l'œil 1.
Adhérences.	Aliénation, manie 1. Apoplexie 1.
Productions anorm.	Céphalalgie 2. Apoplexie 1. Imbécillité 5. Paralysie dominante ou exclusive des membres supérieurs 2. Paralysie des muscles droit interne et droit infér. de l'œil 1. Affection de la pupille 1. Constipation 1. Selles involontaires 1. Accidents gastriques 1. Amaigrissement 1. Affections des voies urinaires 1.
Hydatides.	Céphalalgie 4. Coma, stupeur 3. Apoplexie 1. Imbécillité 1. Paralysie dominante ou exclusive des membres supérieurs 1. Paralysie de la langue 1. Paralysie du releveur de la paupière supérieure 1. Constipation 1. Diarrhée 1.
Concrétions variées.	Céphalalgie 1. Délire 1. Paralysie dominante ou exclusive des membres inférieurs 1.

Plaies pénétrantes.	Délire 2. Coma, stupeur 1. Imbécillité 1. Paralysie dominante ou exclusive des membres supérieurs 1. Paralysie de la langue 1. Selles involontaires 1. Amaigrissement 1.
Corps étrangers.	Céphalalgie 5. Paralysie dominante ou exclusive des membres supérieurs 1. Paralysie de la langue 1. Paralysie du releveur de la paupière supérieure 2. Selles involontaires 1.
Avec dépression du crâne.	Vertige 3. Délire 3. Coma, stupeur 6. Imbécillité 1. Paralysie dominante ou exclusive des membres supérieurs 1. Paralysie de la langue 3.
Extravasat. de sang.	Coma, stupeur 2. Paralysie du releveur de la paupière supérieure 1.
Avec gangrène.	Céphalalgie 6. Délire 2. Coma, stupeur 3.
Avec carie.	Céphalalgie 5. Coma, stupeur 2. Apoplexie 1. Amaigrissement 1.

Il n'y a pas de nouvelles conclusions à tirer des faits que nous venons ici d'exposer : leur nombre paraît d'abord assez élevé puisqu'il va à 673 ; mais tant d'éléments entrent dans leur composition, il y a tant d'accidents dont on doit tenir compte, qu'on ne saurait encore y trouver des résultats définitifs. Si en effet, pour la région postérieure du cerveau, nous avions un chiffre un peu plus fort pour les troubles de l'intelligence, ici nous voyons que le chiffre des paralysies est bien plus élevé, puisqu'il atteint presque un sixième des cas observés. Faudrait-il en conclure que la région moyenne du cerveau, que sa partie supérieure est plus en rapport avec les organes du mouvement? En aucune manière ; car, dans toutes les vivisections faites par les physiologistes, dans le but d'éclaircir cette question, nous avons vu que les hémisphères du cerveau ont été trouvés complètement étrangers aux actes de la motilité. Pourquoi donc trouvons-nous ici tant de paralysies, tant de convulsions et de lésions des sens? Nous ne saurions répondre à cette question d'une manière satisfaisante, ou du moins complète ; tout ce que nous pouvons dire, c'est que les lois de la propagation dans le cerveau nous étant encore à peu près complètement inconnues, nous sommes forcés d'enregistrer une foule de cas qui semblent en contradiction avec des résultats déjà acquis à la science, sans en conclure pour cela que ces cas détruisent la règle posée.

C'est parce qu'on n'a pas tenu compte de ces difficultés que trop souvent les observateurs ont vu leurs assertions démenties par l'expérience. Nous pourrions citer ici, comme preuves, ce qui a été avancé à l'égard de trois sortes de paralysies : celles des membres supérieurs, celles des membres inférieurs et celles de la langue. Basés sur un très petit nombre de cas, quelques pathologistes avaient rattaché le point de départ des premières aux couches optiques et aux corps striés ; d'autres avaient également voulu rattacher le point de départ des paralysies de la langue à la région antérieure du cerveau. Or, il suffit de jeter les yeux sur nos tableaux pour voir que ces diverses paralysies se sont montrées avec une fréquence à peu près égale, quelqu'ait été le point de l'encéphale primitivement lésé.

Nous avons trouvé des paralysies dominantes ou exclusives, tantôt dans les membres supérieurs, tantôt dans les membres inférieurs, et cela aussi bien dans les cas de lésions de la région postérieure du cerveau que dans ceux de lésions de la région moyenne ; de même pour les paralysies de la langue. Or, quand nous trouvons une pareille incertitude pour des faits de paralysie, pour de simples troubles dans les mouvements, comment pourrions-nous nous attendre à trouver des résultats positifs pour les aberrations de l'intelligence ? pour ses divers modes de manifestation ? Il y a certainement quelque chose de décourageant dans cet aveu d'impuissance auquel nous nous trouvons réduits de nouveau, lorsqu'après avoir laborieusement reuni et analysé 673 cas de lésions cérébrales et de lésions appartenant à une seule région de l'encéphale, nous ne pouvons en inférer aucune loi générale. Mais nous devons nous dire qu'après tout ces matériaux ne sont pas perdus ; que, réunis à d'autres, ils permettront peut-être d'arriver un jour à quelques résultats significatifs. Nous devons nous dire enfin que s'ils ne nous ont conduits à aucune démonstration définitive, du moins ils nous auront mis en garde contre l'erreur. Ceci une fois dit, voyons comment Gall a procédé ici pour la confection de son système.

ASSERTIONS ET HISTORIETTES DE GALL SUR LA RÉGION MOYENNE DU CERVEAU.

Gall a placé sept ou huit organes dans la région moyenne du cerveau ; savoir, en procédant de bas en haut : *l'instinct carnassier*, au-dessus du méat auditif ; *le sens de la mécanique* dans la région temporale ; *le sens de la ruse*, au-dessus de l'instinct carnassier ; *le sentiment de la propriété*, en arrière de l'arcade supérieure de l'orbite ; *l'organe de la circonspection*, dans la région moyenne des pariétaux ; *l'organe de la fermeté*, sur le sommet de la tête ; et enfin, *le senti-*

ment religieux, en arrière de la région frontale.

Ce n'est pas dans cet ordre que Gall a exposé ce qu'il avait à dire sur ces prétendus organes. Comme il voulait passer des qualités inférieures aux organes les plus distingués, il a décrit d'abord ceux qu'il avait jugé à propos de localiser au pourtour inférieur de l'encéphale. Il aurait en effet regardé comme un contre-sens de mettre des instincts au sommet de la tête; aussi, est ce dans les régions latérales inférieures qu'il a placé et l'instinct carnassier et celui du vol, et celui de la ruse, réservant les hautes facultés pour la suture sagittale. Mais ici, tout en restant d'accord sur les grands principes, Spurzheim a remanié encore cette partie de la carte craniologique, et cela de sa propre autorité, sans en appeler à un congrès de phrénologistes : fidèle néanmoins aux grands principes, je viens de le dire, il a, comme son collaborateur, réservé les basses régions du cerveau aux qualités inférieures; il a donc prolongé son liseré rouge vers les régions latérales de la tête ; de sorte que ce liseré qui en arrière, comprenait déjà les appétits les plus grossiers de l'humanité, s'en vient encore comprendre au-dessus des oreilles les instincts les plus malfaisants et qui nous rapprochent de la brute. Quant à la région moyenne supérieure, on y retrouve aussi les plus belles qualités réunies et limitées par un liseré jaune.

Voilà pour les grandes divisions. Mais dans la

topographie de chacune de ces régions, Spurzheim diffère notablement de Gall : ici il ajoute, là il retranche; il bouleverse toute l'économie première. Ainsi, dans les régions latérales au pourtour des oreilles, là où Gall n'avait placé que l'instinct carnassier, la ruse et le vol; Spurzheim, plus recherché dans les termes, a colloqué *la combativité*, *la destructivité*, *la sécrétivité*, *l'acquisivité*, *la constructivité*, *la biophilie et l'alimentivité*. Est-ce progrès dans la science phrénologique? Est-ce bouleversement, désordre? C'est ce que nous ne pouvons dire pour le moment. Quoiqu'il en soit, ce sont là des innovations qui ont dû quelque peu surprendre Gall lui-même : la biophilie lui était inconnue; et c'était peut-être chose étrange pour lui de la voir si loin de la combativité. L'alimentivité en plein sur une portion du crâne complètement osseuse, c'est à dire sur le rocher, n'était pas moins étrange. Mais Spurzheim tenait avant tout à systématiser la science phrénologique et comme il avait déjà trouvé dans cette région des instincts assez grossiers, il lui a paru que s'il n'y plaçait pas celui de la gloutonnerie, la série serait incomplète; et d'ailleurs Gall avait laissé un vide en avant de l'oreille; il y avait là un vaste espace dans lequel on ne trouvait que le sens de la mécanique; rien n'était donc plus facile pour Spurzheim que de placer au-dessous, et sans rien déranger, le sens de l'alimentivité et celui de la biophilie.

Mais le remaniement a été plus considérable dans la région supérieure de la tête. Gall y avait encore laissé des espaces vides, c'est-à-dire inexplorés. Ainsi, entre l'organe de la fermeté et celui de la ruse on ne trouvait que la circonspection, puis à l'entour une véritable solitude. Spurzheim s'est mis à l'œuvre, et on va voir avec quelle fécondité il a su d'abord créer des organes jusque là complètement inconnus ; puis trouver pour ces mêmes organes les dénominations les plus ingénieuses.

Mais avant tout, et pour faire place à trois nouveaux organes, il a été obligé de déplacer la circonspection ; il l'a rejetée en bas et en arrière tout près de la combativité, dont elle n'est plus séparée que par le double filet jaune et rouge. Ayant ainsi déblayé le terrain, il a rangé parallèlement à la suture sagittale, et d'avant en arrière : 1° *la merveillosité ;* 2° *l'espérance ;* 3° *la consciensiosité ;* 4° *l'approbativité.*

Sur une autre ligne également parallèle à la suture sagittale, et tout près de cette même suture, il a successivement rangé *la bienveillance, la vénération, la fermeté* et *l'estime de soi,* rejetant un peu en dehors et en avant l'organe de l'*imitation.* Nous ne savons comment Gall a pris encore ces innovations. Bien que trois de ses organes aient été conservés par son collaborateur, il a pu hésiter à reconnaître l'*espérance* comme qualité fondamentale de l'entendement.

De même pour la *merveillosité*. La nécessité d'organes particuliers et distincts pour ces différents états ne lui était peut être pas bien démontrée. Mais ce n'est pas là ce qui doit nous occuper. Revenons aux motifs qui ont porté Gall à colloquer dans la région moyenne du cerveau les facultés que nous avons indiquées tout à l'heure.

L'instinct carnassier a été découvert par Gall de la manière suivante. Il avait un petit chien ; *ce petit chien avait été élevé par une dame très sensible* (tome IV, page 70) ; il se jetait sur tous les animaux et les étranglait l'un après l'autre. *Il finit*, dit Gall (loc. cit.), *par devenir le héros du quartier. Plusieurs fois, mes amis et moi nous nous sommes amusés à laisser courir dans une salle des rats par douzaine ! Les chiens caniches les plus forts reculaient souvent à leur attaque furieuse, et mon petit chien de dame tremblait d'impatience sur mon bras jusqu'au moment où je le mettais par terre ; alors il courait avec un grand sang froid d'un rat à l'autre et les tuait par un seul coup de dent à la nuque* (71). Gall a oublié de dire ici, mais il faut le sous-entendre, que ce petit chien avait l'organe de l'instinct carnassier très développé : ceci, en effet, n'a pas besoin d'être dit. Mais, pour la première fois, Gall s'aperçoit qu'après tout il ne peut étayer sa doctrine que sur des historiettes faites à plaisir, et il avoue que déjà le reproche lui en avait été fait.

Il est des auteurs, dit-il (loc. cit.), *qui taxent d'anecdotes et de contes les faits que je rapporte ; ils trouvent ridicule qu'à l'appui de l'organologie je cite les qualités d'un petit chien de dame : mais que pourrait-on alléguer à l'appui d'une doctrine, si ce ne sont des faits, qu'ils existent n'importe dans la musaraigne ou dans l'éléphant ?*

Gall se moque ici ; ce n'est pas la *petitesse* du chien qui rend le fait ridicule ; la *grosseur* de l'éléphant ne le rendrait pas plus sérieux. Gall feint de ne pas comprendre les reproches qui lui étaient adressés. On lui disait qu'à l'appui de sa doctrine, au lieu de citer des faits, il racontait des histoires ridicules ; et il demande ce qu'on pourrait citer à l'appui d'une doctrine, si ce n'est des *faits !* Mais c'est là précisément ce qui manque à sa doctrine, il ne cite pas de faits. Des anecdotes, des contes, comme celui de son petit chien, ne sont pas des faits. Des faits proprement dits doivent être d'abord revêtus d'un caractère d'authenticité, de véracité qu'on cherche en vain dans toutes ses anecdotes ; caractère qui ressort de tous les détails d'exposition. Ce n'est pas tout ; pour tirer une conclusion de quelque valeur, il ne faut pas seulement un fait, il faut une masse de faits, et de faits judicieusement interprétés, jugés, appréciés : c'est ainsi qu'on procède aujourd'hui en physiologie et en pathologie. Mais ce n'était pas là ce que Gall entendait. Il est bien plus commode de procéder par assertion, de dire, par exemple, pour prouver qu'on a trouvé l'organe du meurtre : *qu'on vous a envoyé le crâne d'un parricide, que vous l'avez mis de côté; que, peu après, vous avez reçu encore le crâne d'un voleur de grand chemin, qui, non content de commettre des vols, avait assassiné plusieurs personnes; qu'ils avaient l'un et l'autre une proéminence fortement bombée au-dessus du méat auditif* (66). Ce ne sont point là des faits, mais de simples assertions. On ne trouve, en effet, ici aucun de ces caractères d'authenticité dont je parlais tout à l'heure. On aurait pu répondre à Gall, pour lui faire enfin comprendre ce que c'est qu'un fait réellement scientifique; on aurait pu lui répondre : Vous vous bornez d'abord à nous dire qu'on vous a envoyé le crâne d'un parricide; mais qui est-ce qui vous avait envoyé ce crâne? quel était ce parricide? où avait-il été jugé et exécuté? Vous assurez ensuite que ce crâne avait une proéminence fortement bombée au-dessus du méat auditif; mais avec quels physiologistes avez-vous constaté cette proéminence? quel était le diamètre du crâne dans le sens transversal? quelle était l'étendue en largeur et en saillie de cette proéminence? qu'avez-vous fait de ce crâne? en quelles mains impartiales l'avez-vous déposé?

Ce n'est pas tout : admettons que vous ayez consigné tous ces détails, aussi bien pour le crâne du parricide que pour le crâne du voleur;

vous avez deux faits, voilà qui est incontestable ; mais que signifient ces deux faits pour la question qui nous occupe? c'est un fort grand nombre de faits semblables qu'il vous faudrait avoir par-devers vous, et ainsi pour toutes les questions que vous avez soulevées.

Mais ceci est devenu une digression ; nous y avons été entraînés par Gall lui-même. Il importait une fois pour toutes de prouver qu'on lui avait adressé un juste reproche quand on lui avait dit qu'à l'appui de sa doctrine il ne pouvait citer que des anecdotes, que des contes ridicules. Il ne s'est jamais départi de cette coutume. Ce qu'il a fait pour l'instinct carnassier, il l'a fait pour toutes ses autres facultés. On va en avoir de nouveaux exemples.

Nous savons que Gall a placé le signe extérieur du sens de la mécanique précisément dans une fosse, dans une excavation, c'est-à-dire dans la fosse temporale. D'où vient cela ? *C'est qu'il a rencontré deux mécaniciens très marquants chez lesquels les tempes étaient renflées en un gros bourrelet arrondi* (t. V, p. 160). Il n'en dit pas davantage, car pour lui ce sont encore là deux faits et non de simples assertions. Comme preuves confirmatives, il cite les chenilles, les araignées et les abeilles qui possèdent véritablement le sens de la mécanique, ainsi qu'on peut le voir dans leurs tissus, leurs toiles et leurs cellules hexagones ! (161).

Comment Gall a-t-il ensuite fait la découverte de l'organe de la ruse, et pourquoi l'à-t-il placé au-dessus de l'instinct carnassier ? Le voici. Gall, dans sa jeunesse, avait été frappé du caractère et de la forme de tête de l'un de ses camarades. *Sa tête était très large au-dessus des tempes, et* (ceci est important) *il la tenait toujours penchée en avant* (III, 485). *Sa pantomime*, ajoute Gall, *était absolument l'expression de la ruse, telle que je l'avais souvent observée dans les chats.* Voilà le premier fait. Passons au second.

Plus tard, Gall eut un autre camarade qui, au premier aspect, *paraissait la candeur même : personne ne se fût défié de lui ; mais* (voilà qui est décisif) *sa démarche, sa conduite étaient celles d'un chat qui guette une souris* (loc. cit.). *Il portait la tête de la même manière que l'autre ; sa figure était très belle ; mais comme il était faux et perfide, il avait un crâne extrêmement large au-dessus des tempes.*

Mais si ces faits sont intéressants, les corollaires ne sont pas moins instructifs. Gall va nous prouver qu'on peut tirer un excellent parti des hommes qui sont ainsi organisés : par exemple, on peut en faire d'excellents diplomates. On lui montra à Paris un personnage organisé de cette manière, M. de S***. *Au premier coup d'œil*, ajoute Gall, *j'eus deviné cet homme sous le rapport de cette qualité.... C'était l'un des diplomates les plus fins* *que le gouvernement d'alors eût employés* (192).

Néanmoins Gall trouve cette qualité détestable; et comme à ses yeux il n'y avait pas de plus grand crime que de ne pas croire à sa doctrine, à son savoir, il a joué ici un tour sanglant à l'un de ses adversaires. *C'était*, dit-il, *un homme doucereux, souple et calin; il nous accablait de politesses et de flatteries* (193). Tout autre que Gall aurait pu s'y laisser prendre, mais le fondateur de la physiologie du cerveau n'eut qu'à jeter les yeux sur la tête de cet homme pour découvrir sa perfidie! *Son organisation* dit-il (loc. cit.), nous a avertis de *suite d'être sur nos gardes*.

Effectivement, et voyez comme la prévision de Gall s'est réalisée : *C'est ce même professeur*, ajoute-t-il, *si poli, qui a entrepris plusieurs fois de décrier nos travaux par des déclamations métaphysiques et philosophiques.* N'est-ce pas là le comble de la ruse et de la fourberie? Heureusement la doctrine de Gall était assise sur des fondements inébranlables; lorsque ce professeur était *près d'entrer en matière*, reprend Gall, *il en a été empêché chaque fois par la faiblesse de ses moyens et l'évidence de ma doctrine* (loc. cit.)

Ainsi, et je suis étonné que Gall n'ait pas tiré cette conclusion; ce malheureux professeur, bien loin d'ébranler la doctrine phrénologique, a été, par la conformation de son crâne, une preuve de plus et une preuve vivante en faveur de cette même doctrine.

Le sentiment de la propriété et le penchant au vol reconnaissant un même organe, d'après la doctrine de Gall, voici comment la découverte en a été faite : nous avons déjà dit que Gall réunissait chez lui ce qu'il appelait *des enfants de la nature*, c'est-à-dire des crocheteurs, des portefaix, des cochers de fiacre, etc. ; quand il avait fait bien boire ces enfants de la nature, il arrivait souvent que ceux-ci se reprochaient mutuellement leurs méfaits, et particulièrement les vols qu'ils avaient commis ; ils appelaient ces vols des *chiperies*, et *chipeurs* ceux qui s'en étaient rendus coupables. Gall forma une classe des *chipeurs*, une classe de ceux qui avaient le vol en horreur, et une classe des indifférents : puis il se mit à examiner leurs têtes. On s'attend bien dès lors au résultat de ces recherches. Aussi lorsqu'on lit *qu'il fut très étonné de trouver chez les chipeurs* une proéminence allongée, tandis qu'au contraire, chez ceux qui avaient le vol en horreur, cette même région était *plane* (202), on se dit : Cela n'est pas, Gall n'a pas dû être étonné, il devait s'attendre à trouver immanquablement cette proéminence chez ses chipeurs. Il y a plus : Gall, perdant de vue ici ses trois groupes, n'a pas bien rendu compte des faits. Ce n'est pas chez ceux qui avaient horreur du vol qu'il a dû trouver une surface *plane*, mais bien chez les indifférents, chez les neutres ; c'est une dépression, une excavation qu'il a dû trouver chez les premiers. Au reste la morale suit de près ces remarques. *Tous les sujets de mes observations*, dit Gall, étaient absolument *les enfants de la nature, aucun deux n'avait reçu la moindre éducation* (202). Ceci était bon à dire, on va voir pourquoi. Vous croyez peut-être que les chipeurs avaient été entraînés par le mauvais exemple, dépravés par d'autres chipeurs ; vous vous imaginez peut-être que ceux qui avaient le vol en horreur avaient pu recevoir de leur parents quelques principes d'honnêteté ? Point, écoutez Gall : *Ceux qui avaient le vol en horreur*, dit-il (loc. cit.), *étaient souvent précisément ceux dont l'éducation avait été la plus complètement nulle*. Que si ensuite vous preniez la peine de lire dans les chapitres suivants les interminables histoires de voleurs qui ne pouvaient s'empêcher de voler, qui volaient irrésistiblement en vertu de la proéminence en question, vous finirez par être bien convaincu que l'éducation n'entre pour rien dans les affaires de vol ; vous verrez qu'on naît voleur comme on naît poète ; c'est encore là une affaire d'organisation cérébrale, bonne ou mauvaise d'après les conventions humaines, mais absolument indifférente pour l'observateur phrénologiste.

Mais pourquoi Gall n'a-t-il fait qu'une seule et même proéminence de l'organe du vol et de celui de la propriété ?

C'est que dans les idées de Gall c'est tout un.

L'organe est-il médiocrement développé ? c'est le sentiment de la propriété, sentiment honnête, d'après les conventions humaines, honnête même par excellence ; car, dans certains pays, ceux qui possèdent se croient seuls dans la classe des honnêtes gens. Est-il un peu plus développé ? c'est le penchant à faire des provisions, et bientôt le penchant à faire des acquisitions, c'est même la convoitise, penchant qui peut encore passer pour honnête, pourvu qu'il ne dépasse pas certaines bornes, qu'il n'aille pas plus loin. Enfin, l'organe est-il très-développé ? c'est le penchant au vol, fondé encore sur le désir de faire des acquisitions, mais définitivement réputé malhonnête, bien qu'il n'y ait au fond qu'un organe naturel en nous, mais un peu trop développé. C'est bien là ce que dit Gall, voici ses propres paroles: *Ne nous flattons pas d'avoir sauvé la nature du reproche d'être l'auteur du penchant au vol ; ce penchant est le résultat d'un très grand développement et d'une activité très énergique du sentiment de la propriété* (t. IV, 238). Si donc il y a quelque mal à cela, c'est la nature qui en est l'auteur ; nous avons beau faire, nous ne saurons laver la nature de ce méfait. De sorte que tout propriétaire en est déjà au premier degré du vol; il est pourvu de l'organe en question : un pas de plus et c'est un voleur. Quelle théorie, bon Dieu! et quand on songe que tout cela est encore enseigné, professé aujourd'hui, et qu'en même temps, avec un imperturbable sang-froid, on vous parle d'organes, de saillies, de proéminences que personne n'a jamais vus !

J'ai en ce moment sous les yeux vingt crânes différents sciés verticalement et transversalement, je cherche au dessus du conduit auditif, à partir du bord externe de l'arcade supérieure de l'orbite, jusqu'à l'angle postérieur et inférieur du pariétal, je cherche, dis-je, ces proéminences du sentiment de la propriété, de la ruse, de la défense de soi-même, etc., etc., et plus je regarde, moins je trouve ces dispositions que Gall nous décrit avec tant de complaisance. Où sont en effet ces proéminences tantôt allongées et tantôt demi-sphériques, placées à côté les unes des autres, sans se mêler, sans se confondre ? Je vois en dehors une large surface sur laquelle s'implante le muscle temporal, très légèrement arrondie, à peine convexe, sans sinuosités; en dedans je vois à la partie inférieure de larges impressions digitales moulées sur les circonvolutions, impressions creusées dans l'épaisseur des os, de manière à leur donner çà et là si peu d'épaisseur qu'ils en deviennent transparents sans cependant se trouver accusées sur la surface extérieure par la moindre saillie ! Dans la partie supérieure, là où devraient se trouver les larges excavations destinées à loger les organes de Gall, je ne vois qu'une surface légèrement et généralement concave, où ne se trouvent d'autres marques que les sillons arborisés correspondant aux vaisseaux sanguins de la dure-mère. Voilà ce qu'on voit, ce qu'on touche, ce qui tombe sous les sens enfin; et c'est quand le côté matériel du système de Gall lui fait ainsi défaut, qu'on voit son auteur accumuler assertions sur assertions, histoires sur histoires.

Sous la voûte du crâne il en est de même, ce qui n'empêchera pas Gall d'y loger bien des organes. Il y a trouvé en effet, avons-nous dit, l'organe de la circonspection, celui de la fermeté, et le sentiment religieux. Mais comment les a-t-il trouvés?

Il y avait à Vienne deux personnages de la connaissance de Gall; l'un était un prélat *qui s'interrompait toujours au milieu de ses périodes, et en répétait le commencement deux ou trois fois avant que de continuer; sa manière d'agir était conforme à sa manière de parler; l'autre était un conseiller de régence, à qui ses éternelles irrésolutions avaient valu le sobriquet de Cacadubio.* Dans les examens publics, le siége de Gall se trouvait immédiatement derrière les leurs, de sorte, dit-il, qu'il pouvait examiner leurs têtes en les regardant de haut en bas (t. IV, 317). C'est ainsi qu'il découvrit l'organe de la circonspection; organe qui devient celui du suicide, pour peu qu'il ait acquis un développement plus considérable.

Chose étrange! Gall ne nous apprend pas comment il fit la découverte de l'organe de la fermeté ; il n'y a pas d'historique pour cette faculté ; c'est une omission : Gall ne s'est jamais trouvé au dépourvu en fait d'historiettes ; il nous en donne même une ici qui dépasse tout ce qu'il nous a raconté jusqu'à présent en fait de protubérances.

« Un voleur de grand chemin, dit-il, était
» extrêmement endurci au crime ; on le retint
» longtemps dans une étroite prison pour le for-
» cer à déclarer ses complices. Lorsqu'on vit
» que ce moyen était insuffisant, on eut recours
» aux coups de bâton ; cette torture lui parais-
» sant trop douloureuse, il s'étrangla avec sa chaî-
» ne (t. V, p. 403.) » Voilà bien certainement un cas très authentique de fermeté et de persévérance ; il est bien vrai qu'on ne sait ni dans quel pays le fait s'est passé, ni à quelle époque, etc. Mais il n'en est pas moins certain que Gall, assistant à l'ouverture du corps, trouva..... quoi ? *les pariétaux désunis précisément dans la région où est placé l'organe de la fermeté!!* Ne serait-ce pas là l'indice d'un développement que rien **n'aurait pu arrêter**, à ce point que l'enveloppe osseuse aurait été crevée ? C'est la question que Gall s'est posée. *Faut-il attribuer cet écartement,* dit-il, *à l'activité excessivement énergique de l'organe de la fermeté ?* Il n'ose se prononcer, mais il pense que *des cas semblables* pourront

peut-être servir quelque jour à résoudre cette question! (Loc. cit.)

Il ne nous reste plus à parler que de l'organe du sentiment religieux placé par Gall en avant du précédent : il faut lire en entier l'historique de sa découverte pour se faire une juste idée de l'aplomb imperturbable de Gall, de sa confiance en lui-même, et surtout de l'inintelligence, de la profonde crédulité qu'il pensait trouver dans ses lecteurs. D'abord, ce qui l'a conduit à admettre que le sentiment religieux est chez l'homme une qualité fondamentale, c'est qu'il avait un frère qui, dans son enfance, sculptait de petits vases d'église, qui se faisait des chasubles et des surplis avec du papier, qui s'enfuit enfin de la maison et se fit ermite (t. V, p. 354).

Restait à trouver l'organe de cette faculté fondamentale. Rien de plus facile pour Gall : il se mit à visiter les églises de toutes les sectes, observant les têtes de ceux qui priaient avec ferveur ; il remarqua d'abord que fort heureusement les dévots les plus fervents sont presque toujours chauves ; pourquoi ? il n'en sait rien ; mais il s'aperçut que *toutes ces têtes chauves vont en s'élevant jusqu'au sommet* (sic, 355). Une fois convaincu que les personnes dévotes ont la tête ainsi conformée, Gall parcourt les couvents, il observe les moines, et il ne manque pas de trouver des têtes semblables; il n'y a d'exceptions que pour les sommelliers et les cuisiniers.

Mais c'est surtout ici que les portraits jouent un grand rôle : d'abord *les portraits des saints et des ecclésiastiques connus par leur zèle, ont toujours la tête fort élevée dans son sommet* (365). Dans l'antiquité, *les grands-prêtres et les sacrificateurs avaient des têtes ainsi conformées* (loc. cit.). Puis Gall vous invite à consulter, dans les planches que *lui-même* avait fait graver, une série de trente à quarante portraits, tous authentiques, depuis Constantin et Antonin-le-Pieux, jusqu'à M. de Lamennais.

Assurément, voici une riche collection ; mais il en est ici comme des plâtres ; Gall, au besoin, formerait des légions. Des preuves de cette force ne lui ont jamais manqué, pas plus que les contre-épreuves. Qui ne prévoit, par exemple, que Spinosa devait avoir une tête *aplatie* à son sommet ? Gall, en effet, n'a eu garde de laisser passer cet argument. Tout à l'heure il trouvera la preuve de l'existence de Dieu, non pas dans la sagesse des lois qui gouvernent l'univers, non pas dans la grandeur et dans la majesté de ses œuvres, mais tout simplement dans ce fait d'une proéminence vers la partie la plus reculée de l'os frontal ! (396.)

Mais ce n'est pas tout, on va voir que cet homme infatué de son système ne reculait devant rien. Il a voulu tout faire passer sous l'absurde niveau de sa théorie ; pour cela il a rapetissé tout ce qui est grand, flétri tout ce qui est pur, profané tout ce qui est saint. Croirait-on qu'ici, et sans s'embarrasser de ce qu'il y a d'extravagant, d'insensé, dans cette étrange assertion, il va soutenir que même sur la tête de l'homme-Dieu il a vu encore sa protubérance ! il l'y aurait volontiers clouée ! Ainsi, cette protubérance, ce prétendu organe, en vertu duquel, suivant Gall, on est apte à croire en Dieu, une fois venu dans le monde Dieu lui-même le portait au sommet de sa tête, afin, sans doute, de pouvoir croire en sa propre personne !! Il l'a vu dans tous les portraits du Christ, et il discute sérieusement pour prouver que cette forme divine n'avait pas été inventée, qu'elle était bien la copie fidèle de l'original !! Pour démontrer que tel était en effet le type de la forme du Christ, *il affirme que saint Luc était peintre, et qu'en cette qualité il aura nécessairement voulu conserver les traits de son maître* !! (t. V, p. 389.)

Il n'y a plus rien à dire après cette citation ; et on a peine à croire qu'en plein XIXᵉ siècle, un homme soit venu du fond de l'Allemagne, au milieu d'un peuple civilisé, prêcher une doctrine à l'aide de semblables stupidités, et qu'aujourd'hui encore cet homme soit vénéré comme un sage parmi quelques adeptes !

Ici se termine ce que nous avions à dire sur la région moyenne des hémisphères cérébraux. On est maintenant en mesure de comparer les résultats fournis par des observations consciencieuses, sévères, et ceux que Gall a prétendu établir à l'aide de quelques histoires faites à plaisir. Les observations proprement dites n'apprennent que peu de chose, il est vrai ; nous en sommes toujours à ce fait général que les hémisphères du cerveau sont indispensables à la manifestation de l'intelligence ; qu'ils sont comme destinés à réaliser cette intelligence dans le monde moral ; mais nous ne trouvons aucune spécialisation de cette intelligence dans la région moyenne de ces hémisphères, pas plus que nous n'en avons trouvé dans leur région postérieure. Que les lésions matérielles portent sur la première de ces régions ou sur la seconde, nous voyons toujours les actes de cette intelligence plus ou moins empêchés, mais dans tout ce qu'ils ont de complexe, de simultané, pas plus dans un mode que dans une autre ; c'est une marche générale qui se trouve embarrassée ou tout à fait suspendue. Les histoires de Gall en disent bien davantage ; elles sont toutes si complètes, si décisives, si péremptoires, qu'une seule suffit pour lui faire faire à chaque fois une grande découverte ; c'est pour cette raison sans doute qu'en d'autres temps elles avaient entraîné tant de convictions parmi les gens du monde. L'esprit veut à toute force des doctrines toutes faites; l'incertitude lui pèse ; l'oreiller du doute ne lui donne aucun repos ; mais le temps finit toujours par faire justice de ces œuvres d'erreur et de déception ; les observations rigoureuses, positives restent, alors même qu'elles ne conduisent encore à aucune conclusion ; tandis que les vaines théories, les faux systèmes, sont à jamais bannis du domaine de la science.

NOTIONS SCIENTIFIQUES SUR LA RÉGION ANTÉRIEURE DU CERVEAU. EXPÉRIENCES ET OBSERVATIONS.

Cette partie antérieure du cerveau, cette région frontale a été, on doit le prévoir, un sujet de prédilection pour les phrénologistes. Les autres régions sont mal placées pour l'exploration des organes : recouvertes de cheveux, cachées sous des coiffures plus ou moins épaisses, elles ne tombent pas immédiatement sous les yeux de l'observateur. Le front, au contraire, qui déjà par lui-même exprime tant de passions, qui se couvre de rougeur chez les personnes timorées, qui s'épanouit, pour ainsi dire, dans la joie, et se fronce dans la colère, qui reste comme sillonné par tous les orages de la vie, et sur lequel enfin, comme dit le poète, des rides profondes semblent graver en caractères indélébiles ou de glorieux exploits, ou de poignants remords; le front, enfin, a du paraître aux phrénologistes comme un livre sur lequel chacun d'eux n'a qu'à jeter les yeux pour y lire toute une vie intellectuelle.

Aussi Gall et Spurzheim y ont multiplié leurs protubérances ; la moindre inégalité y est devenue pour eux le signe extérieur d'un organe

important ; les plus nobles facultés y ont été placées ; ils y ont élevé en quelque sorte le trône de la raison : pour eux tout front large et proéminent est devenu l'expression infaillible d'une grande intelligence. Ecoutez plutôt Gall :
« A proportion que les parties cérébrales placées
» à la région antérieure supérieure du front sont
» plus développées, les facultés caractéristiques
» de l'esprit humain se prononcent davantage.
» L'homme s'élève de plus en plus non-seule-
» ment au-dessus de la brute, mais aussi au-
» dessus de la foule de ses semblables. » (T. V, p. 221.)

Malheureusement, c'est chose rare qu'un front vaste et énergiquement développé ; presque tous les hommes sont défavorablement organisés sous ce rapport ; ils ont un front petit et chétif. « Aussi, dit Gall, procréer, donner les
» premiers soins aux enfants, gagner sa vie
» par un travail quelconque, labourer la terre,
» pêcher, se livrer aux jouissances grossières ;
» voilà les occupations du plus grand nombre. »
(220.)

Cette commune et misérable condition ne tient donc qu'à une seule chose : le rétrécissement de la région frontale? Qui est-ce qui fait que tant de peuples ont encore une aveugle confiance dans les talismans, les amulettes, les gris-gris, les scapulaires, les songes, les oracles, etc., etc. ? *C'est le développement trop fai-*

ble des parties cérébrales antérieures et supérieures. (Loc. cit.)

Enfin, et ceci a placé Gall dans un fâcheux embarras : après avoir posé en fait que les femmes sont *inférieures* aux hommes sous le rapport de l'intelligence, il trouvera l'explication de cette infériorité dans le moindre développement de la région frontale.

Gall nous apprend qu'il avait soixante-cinq ans quand il a écrit ces lignes sur le *beau sexe* (p. 225). Notez que d'un trait de plume il le condamne, par le fait d'une prétendue organisation vicieuse, à une radicale et éternelle infériorité, et cependant, dit-il, il ne voudrait pas risquer la disgrâce du beau sexe! Comment faire? A soixante-cinq ans il a plus que jamais besoin de la bienveillance des femmes (sic.)! Il va leur faire dire leur fait par un autre philosophe, par Cabanis! Et pourquoi ne s'acquitte-t-il pas lui-même de cette mauvaise commission? pourquoi en charge-t-il Cabanis? Parce que, dit-il en propres termes, *Cabanis depuis plusieurs années doit être accoutumé à se passer de la faveur des dames!!* (T. V, p. 235).

Voilà assurément qui était très flatteur pour Cabanis. Cependant, et sans nous arrêter ici à cette malice de Gall, nous dirons que nous ne la comprenons pas; Cabanis est mort le 5 mai 1808, à l'âge de cinquante ans; Gall dit qu'au moment où il écrivait ces lignes, il avait lui soixante-cinq ans révolus, et il affirme qu'alors il avait encore besoin de la faveur des dames, tandis que Cabanis devait être accoutumé à s'en passer! Le sens de cette plaisanterie nous échappe.

Il est à peine besoin de dire que Gall, pour prouver la prééminence morale des grands fronts sur les petits fronts, s'est contenté de nous renvoyer à quelques unes de ses anecdotes et à des portraits de sa façon : c'est toujours la même méthode. « Maintenant, dit-il, qu'on examine les tê-
» tes, les portraits, les bustes des grands philoso-
» phes de tous les siècles, de Socrate, de Platon,
» de Bacon, de Galilée, Leibnitz, etc., etc. »(224.)

Mais où faut-il aller pour examiner ces têtes? où trouver ces bustes? où pourra-t-on mesurer ces fronts de Socrate et de Platon, de Bacon et de Galilée? Rien de plus simple et de plus facile, dans l'atlas de Gall : voyez pl. XCII, fig. 1 pour Socrate, fig. 2 pour Platon; pl. LXXXII, fig. 6 pour Bacon; fig. 4 pour Galilée; pl. XCII, fig. 3 pour Leibnitz, etc. Ainsi il n'y a plus rien à objecter, c'est Gall lui-même qui, dans son grand ouvrage, à pris la peine de faire graver tous ces fronts et de veiller à la délinéation exacte de toutes leurs protubérances.

D'autres cependant, et dans ces derniers temps, ont jugé à propos de procéder tout autrement pour chercher les rapports du développement de la région frontale avec celui de l'intelligence. Laissant là les portraits et les bustes des grands hommes, ils se sont dit : Expérimentons; mesurons des crânes. Ainsi M. Lelut, dont nous avons déjà cité les intéressantes recherches, M. Lelut a voulu constater dans quel rapport est, avec le développement de la moitié *antérieure* du crâne chez les hommes d'une intelligence ordinaire, celui de cette même moitié chez les imbéciles.

Pour cela, M. Lelut a opéré de nouveau chez cent idiots et imbéciles mâles, divisés en quatre classes, d'après le degré ascendant d'idiotisme: il s'est représenté, dit-il, le développement de la moitié antérieure du crâne par la somme de la moitié antérieure de la circonférence horizontale et de la moitié antérieure de la courbe longitudinale, de sorte qu'aucun des organes placés par Gall dans la région frontale n'a pu échapper à ses évaluations numériques.

Nous n'entrerons pas ici dans tous les détails mentionnés par M. Lelut; on pourra consulter son mémoire (du Développement du crâne dans ses rapports avec celui de l'intelligence, p. 15 et sequent.). Il nous suffira d'indiquer les résultats auxquels il est arrivé. Il a d'abord constaté que le développement de la moitié frontale du crâne des imbéciles est proportionnellement de trois à quatre millièmes plus *grand* que ce même développement chez les hommes d'une intelligence ordinaire; puis il a suivi cette comparaison dans les quatre degrés ascensionnels de l'imbécillité.

Chacune de ces évaluations, ou plutôt de ces proportions, est exprimée en chiffres. En voici les résultats :

1° Chez les idiots du plus bas étage, le développement de la région frontale du crâne est, proportionnellement au développement total de cette cavité, de quinze millièmes plus grand que ce même développement chez les hommes d'une intelligence ordinaire, c'est-à-dire de onze millièmes encore plus considérable que ne l'est, proportionnellement au développement total du crâne, celui des idiots en général.

2° Chez les imbéciles du deuxième degré, la région frontale est, proportionnellement à la capacité générale du crâne, de 13 millièmes dlus grande que cette même région chez les hommes d'une intelligence ordinaire.

3° Chez les imbéciles du troisième degré, le développement proportionnel de la région frontale est de 11 millièmes moindre que celui de cette même partie chez les hommes d'une intelligence ordinaire.

4° Enfin, chez les idiots ou imbéciles du quatrième degré, le développement proportionnel de la région frontale est de 1 millième moins grand que celui de cette même partie chez les hommes d'une intelligence ordinaire.

Ainsi, il est de toute évidence que si le crâne

des imbéciles est, absolument parlant, un peu plus petit que celui des autres hommes, cela tient à ce que sa moitié postérieure est beaucoup *moins* développée chez eux que chez ces derniers, soit dans le sens horizontal, soit, et *surtout*, dans le sens vertical. (Op. cit., 18.)

Donc, chez les imbéciles, le développement de la région frontale *est plus grand* que celui des hommes d'une intelligence ordinaire ; et il l'est *d'autant plus* qu'on descend plus bas dans l'échelle de l'imbécillité !

« J'ai peine en vérité, dit en terminant M. Lelut, à écrire cette double proposition tant elle me semble paradoxale à moi-même ; mais elle le paraîtra bien davantage encore, quoiqu'en définitive, elle ne soit que l'expression des faits, si l'on remarque que jusqu'ici je n'ai fait que comparer le développement frontal des idiots à celui des hommes d'une intelligence ordinaire, sans tenir compte de la différence de la taille, qui, étant moindre chez les premiers accroît d'autant plus la prééminence de la région frontale comme déjà elle avait accru chez eux celle de la totalité du crâne. (Op. cit., 19.)

Que deviennent dès lors toutes les déclamations pompeuses des modernes phrénologistes sur le front bombé des héros, des demi dieux et des grands philosophes ? Que deviennent ces lois posées avec tant d'assurance par Gall ?

Mais, ensuite, n'est-il pas bien singulier, qu'après plus de seize siècles, des recherches aussi bien faites, aussi positives viennent donner raison à Galien sur cette question de la conformation du crâne? Nous avons vu en effet que des deux extrémités de la tête, l'antérieure et la postérieure, Galien trouvait qu'il y avait plus de dommage pour l'intelligence quand c'était la région postérieure qui se trouvait aplatie, amoindrie ; par la raison, disait-il, que là se trouvent les parties encéphaliques les plus importantes, les plus nobles !

Pour nous qui avons divisé l'encéphale en trois régions seulement, et qui déjà avons examiné les régions postérieure et moyenne, toujours afin de chercher si les actes de l'intelligence ou plutôt si les forces primitives de l'âme sont diversement réparties au moins dans ces grandes portions de la masse cérébrale, nous ne trouvons encore ici que des résultats négatifs, nous voyons toujours que si la région antérieure est nécessaire à l'accomplissement des actes intellectuels, elle ne l'est *pas plus* que les deux autres régions; non seulement les actes de l'intelligence ne se spécialisent pas dans la région frontale, mais ils n'y prennent pas même plus d'énergie, plus de vivacité, plus d'élévation, plus de grandeur que dans les autres parties du cerveau. Force nous est donc de reconnaître que, métaphoriquement parlant, le front n'est pas plus distingué, plus noble que l'occiput.

L'histoire des lésions locales du cerveau concorde parfaitement avec ce que nous venons de dire; quel qu'ait été le lieu du mal jamais on n'a observé, dans les phénomènes consécutifs, des troubles dans telle direction de l'intelligence plutôt que dans telle autre. Rien de particulier, rien de spécial n'a paru ressortir avec un peu de constance, de la localisation du mal. Que si parfois il y a eu des faits spéciaux, il était absolument impossible de les rattacher à la lésion de telle partie plutôt qu'à celle de telle autre; ainsi dans les cas de lésions de la région moyenne et de la région postérieure du cerveau, des troubles intellectuels ont été presque toujours observés, et, parmi ces troubles, nous avons noté plus d'une fois la perte de la mémoire; assurément nous n'en avons pas conclu que Gall s'était trompé en plaçant le siége de la mémoire au dessus des orbites, nous n'avons pas revendiqué ce siége en faveur des régions postérieure ou moyenne du cerveau ; c'était un fait accidentel, qui n'avait rien de régulier, rien de constant. De même, ici, pour la partie antérieure, la perte de la mémoire, quand elle sera notée, n'aura pas plus de valeur pour la localisation des facultés ; nous la signalerons comme une simple coïncidence, mais nous nous arrêterons là.

L'histoire des plaies de tête pouvait peut-être néanmoins conduire à une autre conclusion.

Tout en éloignant l'idée qui donne chaque partie, chaque circonvolution cérébrale comme affectée à une faculté, à une force distincte et spéciale, cette histoire tendrait à prouver que, pour l'exécution des actes intellectuels, il faut un accord général, une simultanéité, une concordance de la part de toutes les portions de la masse encéphalique ; il est vraisemblable que celles-ci s'entraident mutuellement, à ce point que la lésion profonde de l'une d'elles paralyse complètement l'action des autres et partant l'action générale qui n'est autre que la manifestation intellectuelle.

Pourquoi, en effet, avons-nous vu la mémoire des mots, par exemple, abolie plus ou moins complètement tantôt lorsqu'il y avait lésion des seules parties postérieures du cerveau et tantôt quand il y avait lésion des parties supérieures et moyennes ? N'est-ce pas par la raison qu'une harmonie, qu'un consensus est nécessaire dans toute action régulière du cerveau ? C'est que cet accord est indispensable aussi bien pour l'action générale de l'intellect que pour l'acte le plus spécial, le plus particularisé ? et n'est-ce pas là enfin une preuve de plus en faveur de l'opinion que nous avons émise, savoir : que l'intelligence peut se modifier, se spécialiser dans ses actes sans cesser pour cela d'agir dans son ensemble ? Elle tend toutes ses forces vers un point particulier, mais c'est toujours par suite d'*une synergie intellectuelle ;* et s'il m'était permis d'employer ici une comparaison prise dans un tout autre ordre de choses, je dirais que c'est en quelque sorte comme un athlète qui fait effort pour soulever un fardeau à l'aide d'un seul doigt ; tout tend chez lui vers l'accomplissement d'un acte très particularisé, et cependant on voit qu'il n'est pas un de ses muscles qui ne se contracte et ne concourt pour sa part à cette autre synergie.

Mais il est temps de passer aux observations pathologiques : ces observations sont au nombre de 504. Nous les grouperons, comme déjà nous avons fait pour les parties moyenne et postérieure du cerveau, c'est-à-dire, en tant que les lésions ont porté sur les méninges, sur la substance cérébrale, et à la fois sur les membranes, les surfaces et la substance des lobes antérieurs du cerveau ; puis nous mentionnerons la nature de ces lésions, puis enfin les symptômes principaux qu'elles ont suscités pendant la vie des malades.

Le nombre total, disons-nous, est de 504 ; sur ce chiffre, on trouve 39 cas dans lesquels les membranes seules ont été lésées ; 40 dans lesquels il n'y a eu que lésion des surfaces ; 203 dans lesquels la substance cérébrale elle-même a été intéressée, et enfin 222 dans lesquels il y a eu à la fois lésion des membranes, des surfaces et de la substance.

Maintenant, les lésions se sont réparties,

quant à leur nature, de la manière suivante : les plaies pénétrantes ont été observées 33 fois ; les épanchements de sang 72 fois ; les épanchements de sérosité 12 fois ; la suppuration a été constatée 99 fois ; le ramollissement 65 fois ; les productions anormales 78 fois. Telles ont été les principales lésions. Quant aux symptômes, nous trouverons qu'ils ont été, à peu de chose près, semblables à ceux que nous avons trouvés dans les cas de lésions des autres parties du cerveau et qu'ils se sont montrés dans un ordre de fréquence très analogue ; nous n'aurons donc pas de conclusions différentes à en tirer. Seulement nous devrons noter que les troubles de l'intelligence, dans lesquels, il est vrai, nous faisons rentrer la stupeur et le coma, se sont montrés dans une proportion plus forte que précédemment relativement aux cas de convulsions et de paralysies. Ceci tient sans doute à ce que plus on s'avance vers la région frontale, plus on s'éloigne de l'appareil moteur, et conséquemment moins les effets de la compression sont marqués. Quoi qu'il en soit, la céphalalgie a eu lieu 78 fois ; les troubles variés de l'intelligence 156 fois ; les convulsions diverses 68 fois, et enfin les paralysies générales ou partielles 66 fois. Groupons de nouveau ces faits dans l'ordre que nous venons d'établir :

MEMBRANES.

Hypertrophie. { Affections morales 1.
Dysphagie 1.
Troubles respiratoires 1.

Adhérences. { Céphalalgie 4.
Vertige 1.
Délire 1.
Coma, stupeur 3.
Apoplexie 2.

Productions anormales. { Céphalalgie 6.
Apoplexie 1.
Imbécillité 1.
Faiblesse des sens, cécité 1.
Dureté de l'ouïe, surdité 1.
Convulsions générales, épilep. 3.
Hémiplégie 1.
Paralysie dominante ou exclusive des membres supérieurs 1.
Id.   infér. 2.

Concrétions variées. { Céphalalgie 5.
Apoplexie 1.
Imbécillité 1.
Affections morales 1.

SURFACES.

Épanchement de sang. { Céphalalgie 4.
Délire 3.
Coma, stupeur 7.
Apoplexie 2.

Suppuration. { Céphalalgie 8.
Délire 8.
Coma, stupeur 5.

Product. anormales. { Aliénation, manie 1.
Coma, stupeur 1.
Apoplexie 1.

SUBSTANCE.

Épanchement de sang.
- Céphalalgie 2.
- Vertige 1.
- Coma, stupeur 4.
- Apoplexie 4.
- Affections morales 2.
- Faiblesse des sens, cécité 3.
- Convulsions génér. et épilep. 4.
- Hémiplégie 4.
- Paralysie dominante ou exclusive des membres supérieurs 3.
- Paralysie de la langue, parole embarrassée. 4.
- Troubles respiratoires 3.

Épanchement de sérosité.
- Affections morales 1.
- Convulsions génér. et épilep. 1.
- Hémiplégie 2.
- Troubles respiratoires 1.

Suppuration.
- Céphalalgie 15.
- Délire 7.
- Coma, stupeur 16.
- Apoplexie 3.
- Imbécillité 1.
- Faiblesse ou perte de mém. 1.
- Affections morales 4.
- Faiblesse des sens, cécité 1.
- Convulsions génér. et épilep. 14.
- Hémiplégie 10.
- Paralysie dominante ou exclusive des membres supérieurs 3.
- Paralysie de la langue 1.
- Troubles respiratoires 2.

Hypertrophie.
- Affections morales 3.

Ramollissement.
- Convulsions génér. et épilep. 6.
- Hémiplégie 7.
- Paralysie de la langue, embarras de la parole 4.
- Dysphagie 1.
- Troubles respiratoires 2.

Productions anorm.	Aliénation, manie 2. Coma, stupeur 7. Apoplexie 2. Imbécillité 2. Faiblesse des sens, céc'té 5. Convulsions génér. et épilep. 6. Hémiplégie 1. Paralysie dominante ou exclusive des membres inférieurs 1. Dysphagie 1. Troubles respiratoires 1.
Hydatides.	Faiblesse des sens, cécité 1. Convulsions générales, épilep. 2.
Concrétions variées.	Affections morales 1. Convulsions générales, épilep. 1. Troubles respiratoires 1.
Commotion.	Faibl. des sens, cécité 1. Dureté de l'ouïe, surdité 2. Convulsions génér. et épilep. 1.
Plaies pénétrantes.	Faiblesse des sens, cécité 1. Convulsions générales, épilep. 4. Hémiplégie 3. Paralysie dominante ou exclusive des membres supérieurs 1. Paralysie de la langue, parole embarrassée 1. Troubles respiratoires 3.
Corps étrangers.	Affections morales 1. Faiblesse des sens, cécité 3. Convuls. générales, épilep. 4. Hémiplégie 1.
Dépression du crâne.	Affections morales 1. Faiblesse des sens, cécité 1. Dureté de l'ouïe, surdité 1. Convulsions générales, épilep. 2. Hémiplégie 2.
Extravasation de sang.	Affections morales 1. Convulsions génér. et épilep. 1.

MEMBRANES, SURFACE ET SUBSTANCE LÉSÉES A LA FOIS.

Épanchem. de sang.
- Céphalalgie 1.
- Apoplexie 5.
- Convuls. de la mâchoire infér. 1.
- Convuls. des muscl. de la nuque 1.
- Paralysie des muscles du cou 1.
- Paralysie des muscles de la face 2.
- Convulsions de la face 1.
- Paralysie du releveur de la paupière supérieure 1.
- Vomissement 4.
- Selles involontaires 2.
- Troubles dans l'appareil génito-urinaire 1.

Épanch. de sérosité.
- Vertige 1.
- Délire 2.
- Coma, stupeur 2.
- Vomissement 2.

Suppuration.
- Apoplexie 3.
- Imbécillité 1.
- Faiblesse ou perte de mém. 1.
- Convulsions des membr. inf. 8.
- Paralys. de la mâchoire infér. 1.
- Convulsions de la mâchoire inf. 3.
- Conv. des muscl. de la nuque 2.
- Paralysie des muscles de la face 1.
- Convulsions de la face 2.
- Vomissement 11.
- Diarrhée 1.

Ramollissement.
- Céphalalgie 10.
- Délire 3.
- Aliénation, manie 3.
- Coma, stupeur 10.
- Apoplexie 6.
- Imbécillité 1.
- Paralys. de la mâch. infér. 1.
- Convuls. de la mâchoire infér. 3.
- Convuls. de la face 2.

	Affection de la pupille 1.
	Vomissement 3.
	Diarrhée 1.
	Amaigrissement 1.
Induration.	Céphalalgie 1.
Adhérences.	Apoplexie 2.
Productions anormales.	Céphalalgie 6. Délire 2. Aliénation, manie 3. Apoplexie 4. Imbécillité 2. Convuls. des memb. sup. 1. Convuls. de la mâch. infér. 1. Convul. des muscl. de la nuque 1. Paralys. des muscles de la face 2. Paralysie des muscles droit interne et inférieur de l'œil 1. Affection de la pupille 1. Vomissement 2. Constipation 1. Selles involontaires 1. Troubles, voies urinaires 2.
Hydatides.	Céphalalgie 2. Délire 1.
Concrétions variées.	Céphalalgie 1. Coma, stupeur 1. Imbécillité 1. Apoplexie 1. Amaigrissement 1.
Commotion.	Céphalalgie 1. Coma, stupeur 1. Imbécillité 1. Faiblesse ou perte de la mémoire 3. Vomissement 3. Troubles, voies urinaires 1.
Plaies pénétrantes.	Vertige 1. Délire 1.

	Coma, stupeur 5.
	Imbécillité 2.
	Faiblesse ou perte de mém. 3.
	Convuls. des membr. infér. 1.
	Convuls. de la mâch. infér. 1.
	Affection de la pupille 1.
	Vomissement 3.
	Selles involontaires 1.
	Voies urinaires 1.
	Céphalalgie 6.
	Délire 1.
	Coma, stupeur 7.
	Imbécillité 2.
Corps étrangers.	Paralys. des muscles de la face 1.
	Convulsion de la face 1.
	Vomissement 2.
	Diarrhée 1.
	Selles involontaires 1.
	Voies urinaires 1.
Dépression du crâne.	Céphalalgie 3.
	Coma, stupeur 3.
	Vomissement 1.
Extravasation de sang.	Délire 2.
	Coma stupeur 1.
Gangrène.	Céphalalgie 1.
	Coma, stupeur 2.
Avec carie.	Céphalalgie 2.
	Coma stupeur 3.
	Apoplexie 1.
	Imbécillité 1.

ASSERTIONS ET HISTORIETTES DE GALL SUR LA RÉGION ANTÉRIEURE DU CERVEAU.

Gall a considéré cette région antérieure comme formant l'un des deux pôles du sphéroïde encéphalique ; c'est le pôle frontal toujours en antagonisme avec le pôle occipital. Que celui-ci en effet soit prédominant, comme il y a de ce côté des mauvaises passions, des instincts, ou plutôt des penchants d'orgueil, de vanité, de gloire, de combativité, on voit les individus *s'emparer du gouvernement sur les autres* (t. V, 222) ; mais si le pôle frontal l'emporte, *les individus sont appelés à se constituer les instructeurs du genre humain*. (Loc. cit.)

Malheureusement, c'est presque toujours le pôle occipital qui l'emporte, tandis que *la région frontale ne surpasse que rarement un très médiocre développement.* (220.)

De là l'abrutissement général de l'espèce humaine. En effet, s'écrie Gall, *d'où arriveraient à ces individus les pensées élevées, les vues profondes, les attraits pour les beaux-arts et pour les sciences!*

Ainsi tout s'explique naturellement. Si tant de gens aujourd'hui veulent s'emparer du gouvernement, c'est que chez eux la région occipitale est très développée ; et, d'autre part, on ne conçoit pas comment, sans un vaste développement frontal, on pourrait avoir quelque élévation dans l'esprit ou quelque profondeur dans les idées. La question est judicieusement posée par Gall : *d'où cela pourrait-il arriver* aux individus qui n'ont pas de front ? De même pour les beaux-arts : qui pourrait les cultiver ou seulement les aimer, s'il n'a reçu du ciel un front proéminent. Qui pourrait enfin exceller dans les sciences ou seulement les estimer, si son front n'est haut et large ?

Ceci une fois admis, on sent que Gall a dû placer bien des qualités, bien des facultés dans cette région sublime. En effet, et comme le terrain était à ménager, il a d'abord glissé sous le plancher de l'orbite trois organes : *le sens des mots, le sens du langage, et la mémoire des personnes.* Puis il a placé sur deux rangs huit autres facultés, savoir, pour le premier rang : *le sens des nombres, le sens des couleurs, le sens des localités et la mémoire des choses;* pour le second rang : *le sens des tons, l'esprit caustique, l'esprit métaphysique et la sagacité comparative.*

Mais c'est ici qu'il faut véritablement admirer Spurzheim ; il faut voir quel parti il a su tirer de cette région frontale ! Il n'y a pas fait entrer moins de seize organes ! Il est vrai que ceux-ci n'y sont pas fort au large ; j'ai déjà dit qu'il en a mis six dans la longueur du sourcil ; mais en les plaçant pour ainsi dire de champ, sur leur tranche, et comme de côté, il a pu parvenir à les empiler ; c'est du moins l'idée que rappellent ses têtes d'études et les inscriptions tracées sur le bord inférieur de la région frontale.

Cette partie de la carte crâniologique est donc la plus belle, la plus intéressante ; c'est, en comparaison du reste, comme une contrée favorisée du ciel, comme un pays civilisé, plein de lumières, entouré de peuplades encore barbares. Il est de fait que lorsque pour la première fois on jette les yeux sur cette topographie de Spurzheim, on croirait voir, ou l'une de ces cartes anciennes au milieu desquelles apparaît la Hellade aux villes populeuses et serrées, entourée des vastes déserts de la Scythie ; ou bien, dans nos cartes modernes, les provinces non moins fréquentes de la France et de l'Angleterre, et plus loin des espaces à peine habités. Aussi, et pour donner une idée un peu exacte de l'économie de cette carte, nous supposerons qu'un voyageur parti des confins de la région occipitale, arrive pour la première fois vers le pôle frontal et découvre tout à coup un pays en pleine civilisation.

Ce nouvel Anacharsis, après avoir traversé à grand peine les parties latérales et aplaties du globe encéphalique, là où se trouvent tant de mauvaises passions, telles que la *combativité*, la *sécrétivité et la destructivité*, touche aux frontières du nouvel état, marquées sur la carte de Spurzheim par un double filet rouge et bleu. Il entre alors dans la *région des idées*, contrée beaucoup plus calme que celle des *instincts* qu'il vient de quitter ; s'avançant alors de dehors en dedans, il découvre successivement *les sens des nombres*, celui *de l'ordre, du coloris, de la pesanteur, de l'étendue et de l'individualité.*

Cette première exploration terminée, il pourra, en revenant sur ses pas, et au-dessus des organes précédents, trouver rangés dans le même ordre, mais de dedans en dehors, *l'éventualité, la localité, le temps et les tons ;* si on joint à cela deux organes tout à fait excentriques, *le langage* et la *configuration*, le premier au fond de l'œil, et le second dans son grand angle, on aura tout ce qui compose la région des idées ; région estimable sans doute, puisqu'elle est dans la partie frontale, mais on doit remarquer qu'elle n'en occupe que la moitié inférieure et qu'elle se trouve latéralement en contact avec la région des instincts. Notre voyageur se hâte donc de quitter ces basses contrées pour s'élever au point culminant du pôle frontal. Or, là il découvre une région toute nouvelle, délimitée par Spurzheim, à l'aide d'un filet vert, en forme de carré long, de parallélogramme. Il faut s'incliner, c'est le pays *de la raison !* Il n'est pas étendu, il ne renferme que deux organes : *la comparativité* et la *causalité ;* mais il n'en est que plus précieux aux yeux du phrénologiste. Heureux ! trois fois heureux celui dont le front peut loger ces deux organes !

Il a fallu les mettre à part ; *l'esprit de saillie* et *l'idéalité* se trouvaient sur la même ligne, mais Spurzheim ne les a pas jugés dignes d'entrer dans le liseré vert, dans le domaine de la raison ; il les a relégués dans la région des sentiments, marquée par un filet jaune.

Nous ne pousserons pas plus loin cette excursion, qu'il était impossible de faire d'un manière sérieuse. Spurzheim a voulu dépasser Gall ; il a véritablement bouleversé l'économie frontale de son maître ; toutefois, et comme c'est la doctrine du fondateur que nous examinons ici, nous allons reprendre les prétendues preuves que celui-ci a bien voulu nous donner.

Reprenant de dedans en dehors les organes placés sous les arcades orbitaires ; nous trouvons d'abord *la mémoire des choses ;* mais, dans son historique, Gall a oublié complètement de nous dire comment il en avait fait la découverte ; il nous apprend seulement comment il démontrait son existence à ses auditeurs. Il leur montrait ses planches XXX, XLVIII et LVI ; on y voyait la tête d'un médecin qui avait adopté tous les systèmes préconisés de son temps. Vient ensuite *le sens des localités.* Pour en prouver la réalité, Gall a un bon nombre d'histoires ; c'est ce sens qui donne la passion des voyages. Deux exemples montreront comment Gall a fini par être bien convaincu de son existence : « Une » demoiselle, dit-il (t. IV, p. 457), avait eu

» de tout temps une grande envie de voya-
» ger ; elle se laissa enlever de la maison pater-
» nelle par un officier. » On voit qu'il y a toujours un petit bout de moralité dans les histoires
de Gall. D'autres pourraient croire que la demoiselle, en quittant le toit paternel pour suivre un
officier, avait obéi à un penchant quelque peu
condamnable ; mais non, c'était le désir de
voyager ; on va en avoir la preuve phrénologique. Accablée de chagrin et de remords, elle
tombe malade ; Gall lui donne des soins et alors
elle lui fit remarquer *deux grandes proéminences
que les peines qu'elle souffrait lui avaient fait
pousser au front!* (Sic. loc. cit.) Jugez du volume que devaient avoir ces excroissances ;
elles étaient tellement effrayantes, dit Gall, *qu'elles
paraissaient* à la pauvre demoiselle *un effet de la
colère céleste!* (Sic.) *Mais dans le fait*, reprend
Gall, *c'était l'organe des localités auquel elle n'a-
vait auparavant jamais fait attention.*

Tout autre que Gall aurait eu de bonnes mé-
prises à raconter, car dans un métier comme le
sien on devait souvent le mettre à l'épreuve, et
lui-même se hasardait inconsidérément ; mais il
avait toujours une explication satisfaisante ; de
sorte que loin de taire les faits un peu embarras-
sants, il n'hésite pas à les raconter lui-même.

L'anecdote qui suit l'histoire de la demoiselle
enlevée par un officier en est une preuve très
curieuse ; la voici :

« Je rencontrai, dit-il, dans une rue de Vienne,
» une femme assez âgée qui me frappa par le
» développement énorme qu'avait acquis chez
» elle l'organe des localités, ou la passion des
» voyages. »

Dans l'intérêt de la science, ou plutôt de sa science, Gall aborde cette bonne dame et *engage avec elle une conversation.* (Sic.) elle va sans doute lui apprendre qu'elle a fait de longs voyages, qu'elle a parcouru bien des pays. Point ; elle lui raconte *avec feu* qu'elle s'est enfuie de Munich et qu'elle est *cuisinière* à Vienne !! Que signifie alors son organe des localités ? Le voici d'après Gall ; en attendant qu'elle puisse voyager, *elle change de maître tous les mois, il lui est impossible de rester longtemps dans la même maison !!* (t. IV, p. 458.)

Le sens des couleurs et le sens des nombres sont encore recouverts par l'arcade orbitaire. Gall *assure* qu'il a constaté l'existence du premier chez tous les coloristes et en particulier chez un M. Lamby. Quant au *sens des nombres*, deux jeunes garçons, très forts sur les calculs, firent naître en lui l'idée que ce talent pouvait bien dépendre d'une saillie aux angles externes des yeux (132).

Ainsi, voilà quatre organes placés le long de l'arcade et accusés par autant d'éminences. Mais ici s'élève une petite difficulté anatomique : c'est que ces prétendues protubérances, ou plutôt cette saillie extérieure étendue de la racine du nez à l'angle externe de l'œil, *ne peut pas* correspondre à des saillies, à des circonvolutions cérébrales, par la raison qu'il y a là une véritable chambre vide, une excavation, qui se trouve placée au-dessous, en un mot, le sinus frontal; de sorte que plus ce rebord mousse est saillant plus le sinus est vaste, et plus le lobe antérieur du cerveau se trouve déprimé. En effet, lorsque sans prévention aucune on examine toutes ces dispositions sur un crâne scié transversalement, on voit que la protubérance de la mémoire des choses et celle du sens des localités sont uniquement dues à la saillie formée par la table externe du sinus frontal, et qu'elles sont d'autant plus accusées que ce sinus est espacé. De même pour le sens des couleurs. Mais quant au sens des nombres, sa saillie ne correspond plus même au sinus, elle appartient à cette portion du rebord orbitaire qui s'abaisse pour former l'angle externe de l'œil et pour loger la grande lacrymale. Voilà comment Gall a tenu compte des dispositions anatomiques.

Mais nous avons déjà vu qu'au-dessus de ces prétendus organes il en a placé quatre autres, savoir : *la sagacité comparative*, *l'esprit métaphysique*, *l'esprit caustique* et le *sens des tons*; or ici encore il n'a pas tenu plus compte de la forme du crâne que s'il ne s'était jamais donné la peine de l'examiner.

On n'a qu'à jeter les yeux sur le frontal d'un adulte, on trouvera tout simplement dans la partie moyenne deux excavations bien marquées qui correspondent aux bosses frontales extérieures ; ce qui n'a pas empêché Gall de soutenir qu'il y a là quatre protubérances extérieures et quatre excavations intérieures. Notez qu'au point de jonction des deux moitiés primitives du frontal : il y a un épaississement considérable des os et que la suture y correspond à une sorte de bourrelet vertical. Peu importe : Gall y a placé sa sagacité comparative et tout à côté son esprit métaphysique. Quant au sens des tons, il l'a mis sur une surface entièrement plane.

Que penser dès lors de tout ce qu'il a vu dans le monde moral, quand il a ainsi traité le monde physique ? Comment pourrait-on ajouter foi à une seule de ses histoires, quand on le voit avec le même aplomb prendre un crâne et affirmer qu'il y a des protubérances et des enfoncements là où il est impossible d'en trouver même l'apparence ?

Il n'y a plus à s'étonner en vérité s'il a marché si vite en besogne ; Bacon a dit quelque part que dans les sciences il faut s'avancer avec des semelles de plomb ; mais Gall ne l'entendait pas ainsi, et d'un seul jet il vous a créé une science de toutes pièces. Du reste, rien de plus facile pour lui : nous venons de voir comment il s'y prenait. Sa méthode était fort simple, avait-il une surface osseuse uniformément arrondie comme l'est le front, par exemple, à la partie supérieure? il se disait: il y a là de la place pour sept ou huit organes, *donc* vous allez convenir qu'il y a là sept ou huit protubérances extérieures correspondant à sept ou huit enfoncements qui logent autant de circonvolutions cérébrales. Si vous ne voyez aucune trace de ces protubérances, c'est que les sujets dont vous examinez les crânes étaient privés des facultés correspondantes. Voilà pour le côté anatomique. Maintenant, et pour nous prouver que lui Gall a vu ces protubérances *énormément* développées, il aura toujours à son service deux sortes de démonstrations : 1° Il aura trouvé dans les rues de Vienne, ou dans telle société à Paris, *un personnage* ou même *deux personnages* qui avaient ces organes développés au plus haut degré ; 2° Il vous montrera dans ses planches les portraits de dix, de quinze, de trente personnages illustres, grecs, romains, allemands, français, etc., qui tous avaient encore les dits organes extraordinairement développés ; pour vous en convaincre voyez-les planches.

Jamais Gall n'a procédé autrement, et, pour les organes dont il nous reste à parler, on va voir qu'il a invariablement usé de la même méthode. *Sagacité comparative :* il a connu un savant doué d'une grande vivacité d'esprit, qui avait toujours recours à des comparaisons (t. v., p. 195) ; or ce savant avait dans l'endroit voulu du frontal *une grande protubérance allongée* (loc. cit.); voyez pour les portraits, pl. LXXXIII. *Esprit métaphysique* : il a connu à Vienne des zélés sectateurs de Kant, il a vu le plâtre de Kant lui-même, et c'est avec *un vif plaisir* qu'il a trouvé *la saillie extraordinaire* (sic) sur l'os frontal : pour les portraits de Socrate, Démocrite, Bacon, Cicéron, etc., etc., voyez pl. IX, pl. LXXIII, fig. 3, etc., etc. *Esprit caustique* : il a connu des personnes éminemment douées de cette faculté ; chez elles, les surfaces indiquées étaient considérablement bombées en segment de sphère (213); pour les portraits d'Aristophane, de Diogène, Henri IV, Cicéron, Rabelais, etc., voyez pl. LXXXIII et pl. LXXXIV, etc. *Sens des tons* : il a connu à Vienne des musiciens *du premier mérite et il réussit à découvrir* chez eux une proéminence bombée (104); pour les portraits, voyez Haydn, Gluck, Mozart, etc., etc.

Voilà, comme on le voit, des procédés expéditifs, et qu'il faut accepter en toute confiance. Gall vous parle de protubérances osseuses que vous cherchez sans pouvoir les trouver; il vous dit qu'il a personnellement connu tels et tels personnages que vous ne pourrez jamais rencontrer, et il termine en vous renvoyant à ses planches ; il faudrait être bien difficile pour ne pas se contenter de pareils documents.

Ajoutez à cela qu'il fait preuve par ses raisonnements de la plus haute philosophie, et qu'il coupe court aux questions les plus ardues ; il ne conçoit pas, qu'après avoir lu son ouvrage, il soit encore possible de discuter une seule des questions qui de tout temps avaient été agitées dans les écoles. Nous avons vu comment il a tranché la question de l'existence de Dieu ; par l'exhibition d'une protubérance, il a mis fin à tout débat sur ce sujet. A l'occasion de son organe de la bienveillance, découvert comme tous les autres, il va clore une autre discussion. Il s'agit du *sens moral*, du *sentiment du juste* et *de l'injuste*. Est-ce un sens intime, inné ? la notion du juste ou de l'injuste est-elle naturelle dans l'homme, ou le fruit de l'éducation ? est-ce un fait *absolu*, ou une simple *convention* humaine ? Qu'est-ce ensuite que la *conscience ?* quel cas doit-on faire des *remords ?* Depuis qu'il y a des philosophes, on disserte sur toutes ces questions, et le plus souvent sans pouvoir s'entendre. Gall arrive enfin, et c'est de lui seulement qu'on apprendra le dernier mot. Le voici : il y a parfois, à la partie supérieure antérieure de l'os frontal, une protubérance allongée ; d'autres fois, il y a, au lieu d'une protubérance, une dépression (297). Eh ! bien, dans le premier cas, il y a chez les individus sens moral, sentiment du juste et de l'injuste, conscience et remords ; donc chez quelques individus, ces sentiments sont innés ; dans le second cas, il n'y a rien de tout cela chez les individus, et, s'ils en parlent, c'est comme d'une simple convention. Voilà, comme on le voit, le débat à jamais terminé, grâce à la découverte de Gall. Quant aux preuves de cette découverte, elles sont toujours de même espèce. Pour constater la dépression, voyez les portraits de Tibère, Caligula, Néron, Danton, Robespierre, pl. LXIX, fig. 3 et fig. 4, et, pour la protubérance, voyez les portraits de Trajan, Marc-Aurèle, Antonin-le-Pieux, pl. XCIII, etc., etc.

Il nous reste à dire un mot du *talent poétique* et de la *faculté d'imiter*. Il va sans dire que ces deux organes ont été découverts par Gall, comme tous les autres, et qu'il en prouve l'existence de la même manière, par une anecdote et des planches. L'anecdote pour le talent poétique, c'est qu'il s'aperçut un beau jour que l'un de ses amis, grand improvisateur, ressemblait de tout point à Ovide, qu'il avait un front absolument comme celui du poète latin; pour les portraits, voyez Pindare, pl. XCII, fig. 5; Euripide, fig. 6, Sophocle, Héraclide, Plaute, Térence, Virgile, etc., etc.

L'anecdote, pour la faculté d'imiter, est encore relative à un ami : celui-ci prit un jour la main de Gall, et lui fit remarquer qu'il avait sur la tête un segment de *sphère très considérable* (328); or, cet ami avait un talent particulier pour l'imitation. Quant aux portraits, ce sont ceux des grands comédiens; voyez Shakespeare, pl. XCIII, fig. 3, Lekain, Garrick, etc., etc.

Mais de toute cette large surface que les anatomistes désignent sous le nom de *base du cerveau*, région importante pour eux, puisque ses moindres lésions sont suivies d'accidents redoutables, tandis que la région supérieure peut être, en certains cas, impunément lésée ; de toute cette surface, dis-je, Gall n'a pris qu'une très petite partie pour y mettre deux ou trois de ses organes : c'est cette portion des lobes antérieurs qui recouvre les orbites. Pourquoi la nature, si prodigue d'organes dans toutes les régions périphériques, et surtout dans la région frontale, n'a-t-elle rien placé à la face inférieure de l'encéphale? Par une raison tout simple sans doute : c'est que des organes placés dans cette partie n'auraient pu être accusés par aucune protubérance extérieure, et dès lors les phrénologistes n'auraient pu les explorer et les montrer à leurs disciples. Il n'y avait donc, et tout au plus, qu'un seul endroit qui pût recevoir des organes : c'est cette partie des lobes antérieurs qui repose sur le plancher de l'orbite, attendu qu'ici il peut y avoir des indices appréciables du développement des prétendus organes. En effet, l'œil est alors repoussé en avant, il est à fleur de tête, et le phrénologiste n'est pas mis en défaut ; c'est pour cela que Gall a placé sur le plancher de l'orbite *la mémoire des personnes, le sens du langage* et *le sens des mots ;* organes importants, et dont l'existence est mise hors de doute par des anecdotes et des portraits.

Nous voici enfin arrivé au terme de cette longue et fastidieuse exposition des prétendus organes encéphaliques ; nous avons vu quelles sortes de preuves Gall a pu donner comme fondement de sa doctrine, et quels sont les faits que nous lui avons opposés.

Vingt fois, dans le cours de son ouvrage, il nous avait renvoyés à ces mêmes preuves, vingt fois il nous avait dit qu'elles seraient *irréfragables, inébranlables ;* que ses doctrines se trouveraient appuyées sur des fondements tels que jamais on n'oserait en entreprendre la réfutation ; or, maintenant, ces preuves nous sont connues ; nous les avons comptées et pesées ; nous savons ce qu'elles valent.

Cet examen était nécessaire, indispensable ; on sentira bien à cette heure quelle différence il y a entre une science proprement dite et une pseudo-science. Dans un cas comme dans l'autre, on prétend s'appuyer sur des faits. Mais voyez quelle différence ! ceux qui cultivent une véritable science ne récusent aucun fait ; ils font des emprunts à tous les observateurs reconnus de bonne foi, et suffisamment éclairés ; ils leur empruntent tous les faits qu'ils ont pu recueillir, que ceux-ci soient confirmatifs ou négatifs des propositions déjà avancées ; ils y joignent les faits qu'ils ont pu observer par eux-mêmes ; puis, quand ils ont par devers eux une masse de faits déjà imposante, ils distribuent ces faits en catégories diverses ; et ils cherchent de bonne foi, sans prévention aucune, s'il est possible ou non d'en tirer quelques inductions générales, quelques systématisations au moins partielles ; car la science ne consiste pas en faits isolés, mais en faits systématisés. C'est là ce que font aujourd'hui les physiologistes dignes de ce nom : ils rassemblent des faits ; ils observent des phénomènes, et ils en cherchent les lois.

Mais, nous l'avons vu, ce n'est pas du tout ainsi que Gall a procédé ; il a raconté des anecdotes *à lui* connues personnellement ; et il a renvoyé à des planches, à des portraits gravés dans son recueil *à lui* : deux sortes de documents qui ne valent pas mieux les uns que les autres. Sans doute le procédé est plus expéditif ; mais, aux yeux des hommes de science, on n'a rien prouvé, absolument rien.

Et cependant nous avons vu que dès le premier de ses six volumes Gall a prétendu faire des applications de sa doctrine, soit en considérant l'homme *comme objet d'éducation*, soit en le considérant *comme objet de punition ;* nous n'avons pas voulu alors entrer dans ces questions ; nous devions avant tout prendre connaissance de sa doctrine, examiner ses preuves, en discuter la valeur ; c'était là l'ordre logique, nous l'avons suivi ; nous sommes donc en mesure de juger les applications qu'il a prétendu en faire : et c'est par là que nous terminerons notre examen de sa prétendue physiologie du cerveau.

APPLICATIONS PRATIQUES.

Si Gall n'avait entendu faire de sa science qu'une conception purement spéculative, qu'un objet de curiosité ou d'amusement, il n'y aurait pas à s'en préoccuper sérieusement. Qu'importe en effet que quelques désœuvrés, frottés de physiologie, se soient emparés de sa doctrine pour se grandir un moment aux yeux d'autres désœuvrés? Qu'importe qu'ils aient ainsi réussi à se faire passer pour des espèces de savants? Mais Gall avait d'autres prétentions ; il lui répugnait qu'on s'avisât seulement de le prendre pour le tome second de Lavater. C'était pour lui chose très secondaire que ses disciples fussent ou non capables de reconnaître un fripon, un meurtrier au milieu de la bonne société, ou de mettre la main sur un honnête homme au milieu d'un bagne? Non, non ; il voulait qu'on fît de sa doctrine des applications pratiques d'une bien autre importance ; il prétendait d'abord résoudre toutes les questions philosophiques sans exception, et mettre ainsi d'accord les moralistes ; puis il soutenait que sa doctrine devait être appliquée à l'homme comme *objet d'éducation* et comme *objet de punition* ; de sorte, disait-il, que les instituteurs du genre humain, aussi bien que ses législateurs, pour agir avec discernement, pour ne jamais commettre de méprise, n'auront qu'à bien se pénétrer de ma physiologie du cerveau. Les premiers, une fois nantis de ces précieuses connaissances, sauront, jusque dans le sein des écoles primaires, aller déchiffrer sur la tête de chaque enfant toute une destinée de gloire et de grandeur, de même qu'ils pourront y signaler une pépinière de fripons et de scélérats; dès lors, et dans l'intérêt de la société, ils seront en mesure de faire un triage dans ce peuple d'enfants; ils condamneront hardiment les uns aux occupations les plus abjectes et les plus pénibles, réservant aux autres la culture des sciences et des arts; ils entoureront de soins ceux qui, par la forme de leur tête, promettront des hommes de génie, et étoufferont en quelque sorte dans leur germe ceux qui, par une conformation opposée, ne promettront que des agents de perturbation.

D'autre part, les législateurs, les magistrats, une fois bien pénétrés des mêmes connaissances, pourront à la fois punir judicieusement tous les crimes commis et en prévenir non moins judicieusement le retour; ils n'auront plus besoin, pour graduer leur peine, pour la proportionner aux délits, de longues et minutieuses instructions judiciaires; il leur suffira de parcourir les maisons d'arrêts et d'y palper les têtes des prévenus ; ils sauront alors, et bien mieux que par les dépositions des témoins, si les prévenus ont réellement commis ce qu'on appelle des délits et des crimes dans la société ; ils sauront surtout si, bien qu'ayant commis les plus grands forfaits, on doit les considérer comme *coupables*, ou bien comme ayant simplement obéi à leur organisation cérébrale.

Tel était le rêve de Gall. L'a-t-il pris lui-même au sérieux ? nous n'en savons rien. Ses successeurs y attachent-ils une confiance bien réelle ? nous n'en savons rien encore ; mais le maître a prétendu que ce sont là les applications qu'on doit faire de sa doctrine ; ses successeurs tiennent le même langage ; c'est pour cela que nous nous sommes décidés à les suivre sur ce dernier terrain.

Nous venons de dire qu'il n'est pas de question morale ou philosophique que Gall n'ait jugé à propos non pas seulement de soulever, de traiter, mais bien de décider, de trancher, à l'aide de son hypothèse de la pluralité des organes encéphaliques : *le matérialisme, le fatalisme, le juste et l'injuste, le bien et le mal, le libre arbitre, la liberté illimitée, la liberté absolue, illusoire, morale*, etc., etc., tout lui a passé par les mains, il n'a reculé devant aucun problème, par la raison que sa doctrine, à l'en croire, pouvait rendre raison de tout.

Avec lui, nous allons rapidement examiner

ces questions et voir comment il les a résolues.

DU MATÉRIALISME.

Ici Gall ne s'inquiète que d'une seule chose, il tient avant tout à se défendre du reproche de matérialisme qui lui avait été adressé ; et cependant il répugnait si fort à toute idée de spiritualisme, qu'il avait d'abord déclaré que c'est là une question tout à fait *oiseuse* pour un physiologiste de son espèce : *Le physiologiste*, disait-il, *ne doit jamais se hasarder au-delà du monde matériel, il ne doit pas entrer dans ces questions de métaphysique*. (T. I. p. 190.) Il avait ensuite consacré un chapitre tout entier à prouver que ces entités qu'on désigne sous les noms abstraits d'intelligence, d'esprit, d'âme, etc., ne sont que de simples *fonctions* des organes encéphaliques, et des fonctions d'autant plus *énergiques*, que les organes sont plus *développés* (200), mais il ne s'était pas contenté de poser ces prémisses, qui après tout n'avaient rien de bien neuf, il les avait arrangées à sa façon : ainsi, distribuant toutes les têtes humaines en trois classes : les petites, les médiocres et les grandes, il avait donné les premières aux idiots, les secondes aux hommes ordinaires, et les troisièmes aux hommes de génie ; et il en avait conclu que la *portion d'âme distribuée à chacun de nous est exactement proportionnelle* à l'étendue des organes encéphaliques ! singulière manière de prouver son spiritualisme ! Mais ce n'est pas tout : jusque là il n'aurait fait que suivre une voie ouverte par d'autres écoles. Cabanis, nous l'avons vu, avait déjà considéré l'âme comme un simple produit du cerveau, comme une véritable *secrétion* ; Gall, dans son matérialisme, a été bien plus loin ; il s'est fait fort de trouver, pour chaque faculté de l'entendement humain, pour chaque penchant, pour chaque instinct, une petite portion de matière cérébrale distincte ou non distincte. Aussi Broussais, croyant interpréter dignement celui qu'il avait fini par adopter comme son maître, Broussais, sur la tombe de Gall, s'écriait que ce grand phrénologiste avait enfin trouvé l'admirable secret de matérialiser l'âme !

Il a eu, en effet, la prétention de décomposer ce que d'autres comprenaient avant lui sous les noms d'intelligence, d'âme, d'esprit, instinct, talent, vices, vertus, grandeur, sagesse, justice, moralité, conscience, remords, etc., etc. De tout cela il a fait 27 ou 30 qualités ou facultés ; puis il a prétendu qu'il y a, dans tout cerveau humain, 27 à 30 portions de matière nerveuse dont le développement est dans un rapport constant avec ces mêmes facultés; de sorte que, non content de matérialiser l'âme, il a voulu encore matérialiser et ses forces actives, et ses plus simples modalités, et ses acquisitions les plus manifestes.

DU FATALISME.

De son propre aveu, Gall est à demi fataliste : il pose en principe que l'homme est soumis à l'influence d'une foule de choses, sans pouvoir rien ajouter à cette influence, ni rien en retrancher ; qu'ainsi personne ne peut s'appeler à la vie, ce qui est vrai ; que personne ne peut se dire : Je serai homme ou femme, ce qui est incontestable. Puis, pour être conséquent avec sa doctrine, il ajoute, comme vérité également démontrée, que personne ne peut se dire non plus : *Je serai sot ou intelligent, étourdi ou circonspect, modeste ou fier,* etc., etc. (T. I. p. 247). De sorte qu'on ne comprend plus comment Gall ne serait pas complètement fataliste ; ajoutons qu'il cherche précisément ici à faire de l'éloquence pour le prouver. « Dans plusieurs des moments les plus importants de sa vie, dit-il, l'homme est soumis à l'empire d'un destin qui tantôt le fixe contre un rocher comme le coquillage inerte, et tantôt l'enlève en tourbillon comme de la poussière ! » (Loc. cit.) A la bonne heure ! mais alors il faut avouer que l'éducation et la volonté ne sont pour rien dans les actions humaines, que celles-ci ne sont par conséquent ni punissables ni méritoires.

DU BIEN ET DU MAL MORAL.

L'homme, dans la doctrine de Gall, est un être

essentiellement méchant; il est naturellement porté à mal faire; il y a plus, la plupart de ses bons penchants, pour peu qu'ils prennent de l'activité, ou qu'ils tombent dans l'inertie, deviennent des penchants détestables. Ainsi, que l'organe de l'amour des enfants soit trop prononcé, *les pères et mères se permettent des misères envers leurs enfants* (sic. p· 263), tandis qu'un trop petit développement devient une *cause d'infanticide!* Le sentiment de la propriété est chose louable: *donnez-lui trop d'énergie*, il tourne à la fraude et au vol, etc. (Loc. cit.)

Mais qui a permis à Gall de qualifier ainsi les actions humaines? d'où vient que jusqu'à tel point l'exercice d'un organe est louable, est un *bien moral*, tandis qu'en deçà ou au-delà, c'est un fait blâmable; c'est un *mal moral?* Comment ces faits peuvent-ils coïncider avec une souveraine intelligence? La grande question est là, Gall ne l'a pas abordée.

DU LIBRE ARBITRE.

On avait dit à Gall. De votre aveu l'homme ne peut en aucune manière arrêter le développement de ses organes, ni, par conséquent, ralentir l'énergie de leurs fonctions; donc il est irrésistiblement poussé à faire le bien ou le mal, ses actions sont soumises à cette fatalité, il n'a point de libre arbitre.

Gall, pour justifier sa doctrine, a voulu se tenir dans un juste milieu ; *la liberté illimitée* lui a paru en contradiction avec la nature humaine (2,67); *la liberté absolue* lui a paru complètement impossible (2. 68). C'est donc vers la *liberté morale* qu'il a voulu se reporter ; et voici quel a été le juste milieu dans lequel il a prétendu se tenir. Il a d'abord distingué, et avec juste raison, les *penchants*, les *désirs*, les *concupiscences*, les *velléités*, des actes de la volonté, c'est-à-dire des *déterminations*. il a reconnu que les premirs sont complètement en dehors de la volonté ; en ce sens que chaque organe mis en activité suscite ces penchants, ces désirs, que l'homme le veuille ou ne le veuille pas. « De même, dit-il, qu'il ne lui est pas possible de ne pas sentir la faim quand son estomac agit d'une certaine façon, de même il lui est impossible de ne pas sentir l'aiguillon de la chair, ou tout autre penchant, lorsque les organes de ces penchants sont en état d'excitation (279). » Et il en conclut que, d'une part, il *serait injuste de rendre l'homme responsable de l'existence de ses sensations et de ses désirs*, et que d'autre part, il serait également injuste de lui faire un *mérite* de leur non existence.

Voilà, si nous ne nous trompons, cette première question parfaitement posée ; vient ensuite celle des *déterminations*.

Gall, pour éviter le reproche de fatalisme, pour prouver que, même d'après sa doctrine, l'homme jouit au moins de la *liberté morale*, Gall assure que si l'homme n'avait qu'un seul organe et partant qu'un seul penchant, il obéirait irrésistiblement, fatalement, à ce penchant, par la raison qu'il n'aurait aucune autre force pour *contrebalancer* celui-ci ; mais comme il y a en lui *pluralité* d'organes et de facultés, il jouit du privilége d'*opposer* désirs à désirs, penchants à penchants, facultés à facultés : donc il juge, il délibère, il se décide et c'est en cela que consiste la liberté morale.

On voit que nous n'avons cherché nullement à affaiblir ses arguments : c'est bien ainsi qu'il a cru résoudre la seconde question. Mais de deux choses l'une : ou il s'est étrangement abusé, ou il a voulu rendre sa doctrine moins immorale qu'elle ne l'est réellement.

Pour résister à ses appétits grossiers, à ses penchants criminels, appétits et penchants suscités par des organes normalement développés en lui, l'homme, si l'on en croit Gall, a le sentiment de la honte et de la décence, *du juste et de l'injuste !* (t. 1. p. 283) ; il est pourvu d'organes intérieurs pour la *morale et pour la religion ;* d'organes pour connaître et honorer *un être éternel et indépendant*. Mais Gall n'est qu'un misérable sophiste ; je vais lui prouver qu'en subordonnant, comme il l'a fait, l'existence de *la raison humaine* à un morceau de substance cérébrale, qu'en subordonnant à d'autres morceaux de cette même substance *la notion du juste et de l'injuste* celle des principes de *moralité*, celle de *l'existence de Dieu*, il a enlevé à l'homme toute liberté morale. Il a dit, en effet, que la raison chez lui tient *uniquement* au développement des circonvolutions cérébrales marquées dans son atlas, pl. VIII, IX. p. 24; il a dit en propres termes (p. 273, t. 5) que le *sens moral, le sentiment du juste et de l'injuste,* que la *conscience* (284), dépendent tout simplement d'un organe ayant son siége sous la partie supérieure de l'os frontal (296). Il a dit enfin (386) que la notion de l'existence d'un Dieu tient uniquement chez l'homme à un organe qui fait *bomber* la partie postérieure moyenne de la moitié supérieure du frontal; or, il peut arriver, et il arrive fréquemment, c'est Gall qui nous l'a dit et répété, que ces organes manquent de développement, à tel point qu'au lieu d'une protubérance, on trouve une dépression. Alors que devient la liberté morale? que devient le libre arbitre? comment voulez-vous que celui-là raisonne à qui manque l'organe de la raison? comment voulez-vous que celui-là sente que ses penchants sont immoraux à qui manque l'organe, le sens de la moralité? comment voulez-vous que celui-là sente l'injustice de ses désirs à qui manque l'organe de la notion du juste et de l'injuste? comment voulez-vous enfin que celui-là craigne un juge éternel et indépendant à qui manque l'organe de la religion?

Gall n'a pas voulu qu'on put rendre l'homme responsable de l'existence de ses penchants les plus odieux, par la raison que ces penchants naissent en lui sans l'intervention de sa volonté. Mais vous voyez bien qu'on ne peut pas le rendre responsable de ses déterminations, puisque le pouvoir de délibérer a pu lui être refusé; palpez son front, vous n'y trouvez ni le sens moral, ni le sentiment du juste et de l'injuste, ni l'aptitude à reconnaître l'existence de Dieu, etc., etc. Comment, dès lors, pourrez-vous le rendre responsable de ses déterminations, de ses *actes ?* Le fatalisme qui, d'après votre doctrine, a mis en relief dans son cerveau tous les mauvais penchants, y a également déprimé toutes les nobles qualités; donc il obéit en aveugle à son organisation, donc il est soumis au fatalisme le plus complet. Vous êtes convenu, d'une part, que l'homme ne peut en aucune manière arrêter le développement de ses organes malfaisants, ni par conséquent, ralentir l'énergie de leurs fonctions. Eh! bien, vous êtes également forcé de convenir qu'il ne peut pas davantage activer le développement de ses organes bienfaisants et exciter l'énergie de leurs fonctions; ces deux questions sont du même ordre. S'il est irresponsable dans un cas, il l'est également dans l'autre; on ne saurait, comme vous l'avez dit, lui imputer à crime ses désirs, ses penchants les plus odieux, on ne saurait, non plus, lui faire un crime de ses déterminations, de ses actes les plus atroces. Vous avez été plus loin, vous avez dit qu'on ne saurait, d'après votre doctrine, lui faire un mérite de la non existence en lui des mauvais penchants ; car ceci tiendrait seulement à l'absence d'organes correspondants, accident auquel il serait complètement étranger ; eh! bien, par contre, je dis qu'on ne saurait, non plus, d'après votre doctrine, lui faire un mérite de ses bonnes actions, attendu que celles-ci ne seraient que le résultat d'organes correspondants, accident auquel il serait encore complètement étranger.

Ainsi, de tout ce qui précède il faut conclure que Gall a organisé l'homme de manière à le subordonner au fatalisme le plus complet. Que si cependant on veut se retrancher dans ce fait, que du moins exceptionnellement il pouvait se faire que son homme eût à la fois en partage et de mauvais penchants et de bonnes qualités, de manière à pouvoir raisonner certaines propensions, les peser, les apprécier, et par suite les faire taire ; à cela je répondrai que c'est encore là une affaire de simple proportion matérielle. Si les organes malfaisans sont plus actifs que les organes bienfaisants, ils l'emporteront ; si, au contraire, ils sont plus faibles que ceux-ci, ils céderont ; mais, dans tous les cas, l'homme sera complètement irresponsable, il vous dira : examinez ma tête et mesurez proportionnellement toutes mes proéminences, puis vous me jugerez.

Voilà cependant où conduit la logique rigoureusement appliquée à la doctrine de Gall; voilà ce qui devrait résulter de ce système, s'il était vrai. Là où vous ne laissez plus rien à l'éducation, où vous ne reconnaissez plus rien d'acquis, ni penchants, ni désirs, ni talents, ni vices, ni vertus, ni conscience, ni remords, il est évident qu'il ne peut plus y avoir rien de libre, et partant rien de méritoire et rien de blâmable.

Quand la moralité est attachée accidentellement à un morceau de substance cérébrale, il n'y a plus de moralité; quand la notion du juste et de l'injuste ne peut également provenir que d'une circonvolution cérébrale, il n'y a plus de notion du juste ou de l'injuste; quand, enfin, l'existence de Dieu ne peut trouver sa preuve que dans une autre circonvolution, il n'y a plus de Dieu. Heureusement, l'absurdité de ces conclusions révèle l'absurdité de la doctrine; et il en sera de même pour tout ce qui tient à la mise en pratique de ce système.

Nous avons dit que Gall avait encore prétendu en faire deux grandes applications : l'une à l'homme considéré comme objet d'éducation, l'autre à l'homme considéré comme objet de punition; ce sont les deux seuls sujets que nous ayons encore à examiner.

DE L'HOMME CONSIDÉRÉ COMME OBJET D'ÉDUCATION.

La doctrine imaginée par Gall est telle qu'il est sans cesse forcé, dans ses applications, ou de se mettre en contradiction avec lui-même ou de se jeter dans l'absurde. Ainsi, après avoir rattaché tous les mauvais penchants à l'organisation cérébrale, après avoir cité une foule d'historiettes, pour prouver que dans tous les cas on trouve sur le crâne des sujets une ou plusieurs protubérances, indices du développement d'organes inférieurs, Gall va complètement abandonner ces principes et répéter avec tout le monde que l'éducation est de la plus haute importance pour l'avenir des hommes. Lui, qui auparavant et dans toutes ses pérégrinations, dans toutes ses visites de maisons de correction et d'hospices, marchait de succès en succès, dénonçant d'avance les qualités et les défauts des sujets à la seule inspection de leurs têtes ; ou bien, car il avait établi cette double voie, ou bien, dénonçant d'avance quelle devait être la forme de leurs têtes à la seule audition de leurs actes, de leurs mœurs, ce même Gall ne va plus trouver dans ces établissements que les fruits amers et déplorables d'une mauvaise éducation.

«Dans les prisons, dit-il, dont nous avons visité
» un très grand nombre, nous nous sommes as-
» surés que la plupart des criminels étaient nés

» dans des provinces et dans des conditions où
» *l'instruction* et *l'éducation* tant morales que ci-
» viles sont le plus négligées. » (T. 1, p. 329.)

Il n'est plus question d'organes et de protubérances ; au lieu de voir dans les basses classes de la société *des enfants de la nature* portés au bien ou au mal en vertu de leur conformation cérébrale, Gall y voit des hommes « plongés dans *une profonde ignorance*, privés de tout ce qui aurait *pu former les qualités du cœur et de l'âme*; il assure que dans les classes inférieures ils n'ont que des *notions très inexactes de la morale et de la religion*, etc., etc. » (Loc. cit.)

Mais, grand philosophe, soyez donc d'accord avec vous-même. Qu'importe que l'homme soit plongé dans une ignorance profonde, puisque tout est *inné* en lui, la vertu aussi bien que le vice, le sens moral aussi bien que l'immoralité? Eh quoi! vous regrettez que dans les classes inrieures de la société l'homme soit privé *de tout ce qui aurait pu former les qualités de son cœur et de son âme*; mais vous oubliez que c'est la nature *qui forme* d'elle-même ces qualités au pourtour du cerveau. Vous dites que dans cette position sociale *l'homme n'a que des notions très inexactes de la morale et de la religion*; mais vous oubliez vos grands principes : vous avez dit que ce n'est ni l'éducation ni l'instruction qui donnent à l'homme ces qualités, vous avez découvert au sommet de l'os frontal l'organe du sens moral, et tout près de là celui du sentiment religieux. Comment! vous en êtes maintenant à déplorer la condition de l'humaine espèce, privée de toute éducation! mais vous vous applaudissiez naguère de ne rencontrer dans cette même condition que *des enfants de la nature*; vous alliez à dessein les chercher parmi les cochers de fiacre, les crocheteurs, les portefaix de Vienne! Vous souteniez que si parmi eux quelques-uns avaient horreur du vol, c'étaient précisément ceux qui n'avaient reçu aucune espèce d'éducation. Grand argument en faveur de votre système; car ils n'avaient qu'une surface plane à cette région du crâne où les autres avaient la protubérance du vol.

Mais il est inutile d'insister sur ce point. Gall s'est livré ici à une longue et lourde déclamation sur les avantages de l'éducation et de l'instruction; il a fait du pathos, pour démontrer que dans les siècles de lumières il y a moins de crimes que dans les temps de ténèbres; il a fait une tirade contre le fanatisme et la superstition; et, avec son aplomb ordinaire, il a donné pour titre à tout cela : *Application de* MES *principes à l'homme considéré comme objet d'éducation*. Or, on a vu comment *ses* principes se sont trouvés ici appliqués; nous allons voir si, dans le chapitre suivant, il sera plus conséquent avec lui-même.

DE L'HOMME CONSIDÉRÉ COMME OBJET DE PUNITION.

Gall a cherché véritablement ici à appliquer ses principes ; il disait que toute législation devrait être en rapport avec ce qu'il appellait la nature de l'homme, c'est-à-dire, avec sa doctrine de l'innéité et de l'irrésistibilité des penchants. En supposant, en effet, que l'homme, par suite du développement des organes supérieurs, puisse parfois résister à ses inclinations criminelles, *mes lecteurs*, dit Gall, *doivent savoir qu'il existe des penchants dont l'excessive activité constitue des penchants illégaux* (sic) *dont l'action abusive entraîne au mal ;* et qu'ainsi la même action qui pour l'un est un sujet de blâme et de juste punition n'est pour un autre qu'un sujet de compassion (338). Bien certainement le législateur savait cela avant que Gall n'eût publié ses idées ; on avait toujours tenu compte, dans la graduation des peines, et de l'influence de certaines passions, et de l'état d'ivresse, et de l'aliénation, et de l'âge des sujets, etc. Mais ceci ne suffit pas à Gall : il veut qu'on tienne compte avant tout de la conformation du crâne des accusés ; et encore, pour bien apprécier cette influence des organes encéphaliques, il faudrait une intelligence presque divine. «Tout cela n'est possible, dit-il, qu'*à celui qui sonde les reins et les cœurs!* » (339) On pourrait cependant et jusqu'à un certain point suppléer à cette insuffisance ; Gall en donne les moyens. Comme il est bien avéré pour lui que les grands malfaiteurs n'ont *ni repentir, ni conscience naturels*, attendu qu'ils sont privés des circonvolutions cérébrales qni donnent ces facultés, il propose de créer en eux *un repentir*, ou plutôt *une conscience artificielle !* Le mot est curieux, il appartient à Gall (355). Nous allons voir son procédé : ce ne doit pas être chose facile. Mettons-nous donc au point de vue de Gall, afin de bien comprendre cette nouvelle méthode.

Nous venons de dire comment il se fait que la plupart des grands criminels n'ont ni conscience ni repentir. D'autres, moins éclairés en morale que notre phrénologiste, ont pu s'imaginer que tel grand scélérat pouvait bien avoir eu, au début de son infâme carrière, quelques scrupules de conscience, faibles indices, dernières lueurs d'une éducation imparfaite ; que sa main avait pu d'abord trembler, et que son âme avait pu être accessible à quelques remords. La doctrine de Gall, nous l'avons vu, explique les choses d'une manière bien plus nette. On a ou on n'a pas une saillie à la partie supérieure de l'os frontal, saillie qui constitue, qui réalise matériellement et intellectuellement chez l'homme le sens moral et la conscience (t. V, 254). Si on a cette saillie, on pourra éprouver des remords, du repentir, etc.; si au lieu de cette saillie, on a une surface plane, ou même une dépression, on n'aura ni conscience, ni remords, ni repentir ; voilà qui est bien clair. Mais comment faire pour créer en l'homme ce qui lui manque? Comment suppléer à cette imperfection organique? Assurément on ne saurait faire naître des organes qui n'existent pas, et partant des facultés qui sont en défaut; aussi Gall propose de produire non une conscience *naturelle*, mais une *conscience artificielle*.

« Comme l'expérience nous démontre, dit-il,
» que cette classe de criminels n'est pas déter-
» minée par le repentir ou par des remords *na-*
» *turels* à combattre leurs penchants violents, *il*
» *ne reste qu'à produire en eux une conscience ar-*
» *tificielle!* » (T. I, 355.)

Mais comment donc doit-on s'y prendre pour cela? Gall n'est pas entré dans les détails ; il s'est borné à dire qu'il entend par conscience artificielle *au moins une idée claire, une conviction vive de l'immoralité de leurs actions* (loc. cit.). Fort bien. Gall disait cela dans son premier volume, mais il n'avait pas prévu que dans son cinquième, c'est-à-dire, lorsqu'il développerait sa doctrine, il ferait de l'aptitude à discerner le juste de l'injuste, le moral de l'immoral, une faculté dépendant elle-même d'une circonvolution cérébrale. Comment donc donner à ces réprouvés une *conviction vive*, *une idée claire* de l'immoralité de leurs actions? Comment leur faire comprendre le mal qui pourrait en résulter pour la société et même pour eux? Gall s'est complètement fourvoyé ici, il s'est mis de lui-même dans l'impossibilité de créer son sens moral artificiel, sa conscience artificielle ; il s'est lié par son propre syllogisme.

« Nul, dit-il, ne peut avoir de conscience, de sens moral, de notion du juste et de l'injuste, de repentir, de remords, etc., s'il n'a certain organe à la région supérieure et antérieure du cerveau ; or, les grands scélérats sont privés de cet organe ; donc on ne saurait leur donner une *idée claire*, une *conviction vive* de l'immoralité de leurs actions. »

Quoi qu'il en soit, et lorsque Gall veut nous démontrer que pour bien connaître le degré de culpabilité et d'expiation, il faut connaître la conformation du crâne des individus, Gall, dis-je, se sent pris d'un profond découragement; non pas qu'il ait défiance de sa propre doctrine, non pas qu'elle ne soit infaillible pour lui, mais parce qu'il prévoit qu'il s'écoulera encore bien des années avant que cette doctrine puisse prévaloir sur toutes les autres et servir de guide aux législateurs. « Je prévois avec douleur, dit-il,
» qu'il s'écoulera encore bien des années avant
» que ma doctrine sur la nature de l'homme soit
» universellement adoptée (356). »

En vérité, il n'aurait manqué qu'un peu de persécution pour achever ce tableau de douleur; mais Gall, pour hâter la venue de cette bienheureuse époque, *va soumettre à la méditation des jurisconsultes* DEUX AXIOMES *qu'il a puisés,* dit-il, *dans la connaissance détaillée de la nature humaine* (sic, 358).

Ces deux axiomes sont trop curieux pour les passer sous silence.

Voici le premier.

Les délits et les crimes ne se commettent pas d'eux-mêmes. Ils ne peuvent donc pas être considérés comme des êtres abstraits (loc. cit.).

Il ne fallait rien moins qu'une connaissance *détaillée* de la nature humaine pour établir une proposition aussi savante ! Voilà ce que les jurisconsultes n'auraient jamais soupçonné. Montesquieu, d'Aguesseau et Beccaria n'ont pas même entrevu cette grande vérité, car ils n'en ont point parlé.

Voici le second.

Les délits et les crimes sont des produits d'individus agissants. Ils ne sauraient être estimés, déterminés que d'après la nature ou la situation de ces mêmes individus.

Vous avez l'air de nier ces axiomes, s'écrie Gall (textuel). *Eh bien ! je vous les prouve* (loc. cit.)

Vous avez l'air ! est une apostrophe digne du raisonnement ; mais nous n'attendrons pas les les preuves.

Il nous suffit de savoir que tout crime, tout délit pour le phrénologiste est un texte de compassion; *l'être agissant* qui *produit* le crime ou le délit est plus digne de compassion que celui qui les éprouve, c'est-à-dire que *l'être patient*; et Gall, au besoin, vous prouverait, par des anecdotes nombreuses, que si pour les actions ordinaires de la vie on peut encore admettre *un certain degré* de liberté morale, il n'en est plus de même pour tout ce qu'on a appelé crime ou délit; car ici il y a un organe très développé, ou très excité, qui *anéantit* toute liberté morale.

C'est en effet par là que Gall termine ce qu'il avait à dire sur l'application de ses doctrines, en matière dite criminelle. Il a d'abord cité des anecdotes pour prouver ce fait en général ; puis il en a d'autres pour montrer : 1° comment le *penchant exalté au vol* anéantit la liberté morale (412), 2° comment le *penchant exalté à tuer* a un semblable résultat (416), etc.; puis enfin il n'est plus même besoin que ces penchants soient exaltés, il suffit que les facultés intellectuelles soient affaiblies pour amener des actes de la même nature : d'où nouvelles séries d'anecdoctes.

Tel a été le côté pratique de la doctrine de Gall ; il serait déplorable si sa doctrine était vraie ; mais c'était pour l'exposer sans danger que nous l'avons fait précéder de l'examen de cette même doctrine ; celle-ci ne nous ayant offert aucune apparence de réalité, les applications tombent d'elles-mêmes.

Terminons par un dernier mot sur cette doctrine considérée dans son ensemble. Un physiologiste éminent que j'ai déjà eu plus d'une fois occasion de citer, le professeur J. Muller, a dit, en parlant de la doctrine de Gall, *qu'il n'y a pas* UN SEUL FAIT *qui prouve, même de la manière la plus éloignée, ni qu'elle soit vraie, en la considérant sous un point de vue purement général, ni que ses applications spéciales soient exactes* (Syst. nerv., t. I. p. 417). Quiconque aura lu avec quelque attention les recherches auxquelles nous nous sommes livrés sur les travaux de Gall, sera convaincu désormais de la vérité de cette proposition ; non, dira-t-il, il n'y a pas *un seul fait* à l'appui de cette doctrine, il y a des assertions tranchantes et pédantesques, des histoires, ou plutôt des anecdotes ridicules, faites à plaisir, et rien de plus.

Muller est donc parfaitement dans le vrai quand il ajoute que *l'organologie de Gall n'a point de bases expérimentales* (loc. cit.) C'est aussi ce que vient de démontrer un physiologiste français non moins versé dans ces matières, M. Flourens. Fort de belles expériences et de longues études sur cette questions, ce savant a prouvé que la doctrine de Gall est absolument sans fondement, et que la science aujourd'hui marche dans d'autres voies. De son côté, M. Magendie l'avait reléguée au même rang que l'astrologie ; M. Rochoux, dans son langage pittoresque, avait dit que c'est une des grandes mystifications de ce siècle, et il avait raison. Encore un coup, il n'y a point de bases expérimentales dans cette doctrine, il n'y a point de faits, et partant il n'y a pas de conclusions scientifiques à en tirer.

Qu'on cherche, au contraire, la signification générale des faits que nous avons cités; nous en avons réuni une masse imposante, et cependant nous n'avons pu en déduire que des propositions très générales et depuis longtemps formulées dans la science; c'est qu'aussi nous avons voulu procéder avec rigueur et accepter toutes les difficultés du problème. Assurément, dans cette masse d'observations, rien ne nous aurait été plus facile que de réunir 10, 15, 20 ou 30, ou même 100 faits, en faveur d'une opinion, et de chercher ainsi à la faire prévaloir; mais précisément parce que nous avions une masse considérable de faits par devers nous, nous ne pouvions ignorer que ces chiffres se trouveraient dépassés par d'autres chiffres contradictoires; de sorte que, pour ne pas aller au delà du vrai, nous avons dû nous borner à quelques résultats généraux. Ces résultats, nous les avons exposés pour les quatre régions de l'encéphale : pour la région du cervelet, pour la partie postérieure, pour les lobes moyens et pour la région frontale. En réunissant toutes ces catégories, nous avons toujours retrouvé, comme phénomènes prédominants, des lésions dans les fonctions du cerveau considéré comme agent intellectuel, et des lésions de ce même viscère considéré comme agent nerveux. Mais avec cette masse imposante de faits, c'est à peine si, pour le second ordre de fonctions, c'est à dire pour la *mécanique* du cerveau, nous avons pu arriver à quelques résultats particuliers. Et quant au premier ordre de fonctions, aux fonctions de l'intelligence proprement dite, nous n'avons pu aller au delà de cette proposition générale, que les hémisphères sont destinés à l'accomplissement de ces fonctions. Les expérimentateurs, nous l'avons dit, ont trouvé quelques faits particuliers, spéciaux, pour la mécanique du cerveau ; mais ils n'ont rien pu trouver de semblable pour les phénomènes de l'intelligence. Gall et ses sectateurs ont trouvé, eux, une science toute faite, une doctrine complète, un système tout édifié. Mais comment ont-ils procédé ? quelle a été leur méthode ? Ils ont procédé par voie d'assertions et par voie anecdotique. Qu'en est-il résulté ? Qu'un moment ils ont ébloui, engoué la multitude ignorante ; qu'ils ont exercé les imaginations, amusé les esprits oisifs ; mais qu'aucun de leurs arguments n'a pu résister à l'examen sérieux et impartial des physiologistes. Que si on objectait qu'aujourd'hui encore l'organologie de Gall a pour elle quelques sociétés dites savantes, des journaux, des cours, des professeurs destinés à la propager et à la défendre, nous dirions que ceci ne lui donne pas plus de consistance; les physiologistes en ont fait justice depuis longtemps, et tous répètent aujourd'hui, avec Muller, à l'égard de la phrénologie, *qu'on ne peut s'empêcher de repousser du sanctuaire de la science, ce tissu d'assertions arbitraires qui ne reposent sur aucun fondement réel.* (Syst. nerv., t. I, p. 417.)

www.ingramcontent.com/pod-product-compliance
Lightning Source LLC
Chambersburg PA
CBHW050545170426
43201CB00011B/1564